香港‧格局‧變異

張少強　鄧鍵一　曾仲堅 主編

匯智出版

責任編輯：羅國洪
封面設計：張錦良

香港・格局・變異

張少強、鄧鍵一、曾仲堅　主編

出　　版：匯智出版有限公司
　　　　　香港九龍尖沙咀赫德道2A首邦行8樓803室
　　　　　電話：2390 0605　　傳真：2142 3161
　　　　　網址：http://www.ip.com.hk

發　　行：香港聯合書刊物流有限公司
　　　　　香港新界荃灣德士古道220-248號荃灣工業中心16樓
　　　　　電話：2150 2100　　傳真：2407 3062

印　　刷：陽光(彩美)印刷有限公司

版　　次：2021年1月初版

國際書號：978-988-75441-0-4

作者簡介 （按文章先後排序）

鄧鍵一，香港恒生大學社會科學系助理教授，研究興趣包括政治傳播、社交媒介、社會運動。文章見 *Social Science Computer Review*、*China Review*、*Asian Journal of Communication* 等期刊。

馮應謙，香港中文大學新聞與傳播學院教授，香港亞太研究所所長，研究興趣包括流行文化、文化產業、文化政策，近期著作包括 *Cultural Logistics*、*Cultural Policy and East Asian Rivalry: The Hong Kong Gaming Industry*、*Youth Cultures in China* 等等。

趙永佳，香港教育大學社會科學系社會學講座教授、香港教育大學香港研究學院聯席總監，研究方向主要是以比較及歷史視野對香港進行社會學研究。近期研究項目包括教育、社會分層與不平等、社會運動、文化產業、青年研究、中國傳統醫學等等，當中許多項目對公共政策有所影響。同時，也活躍於媒體上政策議題的公共討論。

梁洛宜，香港中文大學新聞與傳播學院碩士研究生，研究興趣包括青年文化、普及文化、社交媒介、大眾媒體、移民論述。

陳智傑，香港恒生大學傳播學院副教授、新聞及傳播課程副主任。其研究興趣為新聞學、傳播學、香港身分及風險傳播，文章見於國際學術期刊 *Chinese Journal of Communication*、*China Perspectives*、*Journalism* 等，以及不同學術出版社的書目。常於本地報章撰寫評論，亦不時擔任電視及電台時事評論節目的嘉賓或評論員。

袁慧儀，香港浸會大學國際學院講師、傳理學學科統籌，主要任教傳播學、廣告及公共關係學科。曾任職廣告公司及從事市場推廣工作，研究興趣包括廣告、公共關係、教學方法，現正參與虛擬教學與國際互動的試驗計劃。

葉蔭聰，嶺南大學文化研究系客座助理教授。研究領域包括社會運動、後殖民研究及資訊社會。近著包括 *Hong Kong's New Identity Politics: Longing for the Local in the Shadow of China* (Routledge, 2020)。

鄧潤棠，英國曼徹斯特大學博士候選人，研究興趣包括社會運動、政治文化及情感政治。

鍾曉烽，香港中文大學新聞與傳播學院碩士，研究興趣包括社會運動、公民社會、社區研究。

梁寶山，香港中文大學文化及宗教研究系博士，藝評人。憑藉《我愛Art Basel——論盡藝術與資本》一書獲得香港藝術發展局的年度藝評人獎項。曾為 Para / Site 藝術空間、獨立媒體（香港）、伙炭及文化監察成員；現為 Art Appraisal Club 成員。研究範圍包括香港藝術、藝術生態、城市空間及文化政治等。文章散見於《信報》、《號外》、《藝術界》和《今藝術》等。

彭家維，香港中文大學文化及宗教研究系講師。研究興趣包括性別研究、生命故事及健康人文學。

陳嘉銘，香港中文大學文化研究博士畢業，專事電影和流行文化研究；過去十多年亦開發研究動物議題，當中涉及日常生活、媒介現象

以及城市發展對動物的種種影響。近作包括《寫在牠們滅絕之前——香港動物文化誌》，並在《立場新聞》及《香港動物報》撰寫生態評論。現為香港恒生大學社會科學系講師。

梁卓恒，英國倫敦大學學院哲學博士，現任教於香港中文大學通識教育部。研究興趣包括教育理論、公民教育、價值教育及高等教育等，尤着重教育與政治的交匯和互動。論文發表於 *Educational Philosophy and Theory*、《教育學刊》、《教育學報》等期刊。

謝曉陽，法國巴黎第八大學哲學系博士，現為澳門大學傳播系高級導師。研究領域為後殖民、檔案研究及動物研究。主要著作及論文包括《馴化與慾望：人和動物關係的暗黑史》、「公屋空間與生命政治：以香港公共房屋為例」、「統計與統治：人口普查作為管治藝術」、「一套動物權益視角的野豬論述」、《你必須改變你的生活》（合著）。

目　錄

政策論述

回顧殖民

導言：香港有沒有範式轉移？

　　範式轉移（paradigm shift）本在哲學層面，屬於知識論的理論主題，旨在檢視科學知識如何好像革命那樣崛起，一直都不是以漸進遞增的方式累積下來，而是以新的取代舊的思潮方式推動出來（Kuhn, 1962）。時至今天，範式轉移這個理論主題，正如 Martin Cohen（2015）指出已廣被延伸到科學知識以外的知識探討，以至成為了一個學術內外的常見措辭。然而，就其理論涵意來說，範式轉移一般是指舊的已被新的模式取代，從根本的層面出現徹底的變化，由已不一樣的想法主導實踐。是故，嚴格來說，範式轉移是頗難出現的。由範式轉移帶來的新舊交替，也總是在現實中帶來新舊糾纏、難分難解而又或長或短的歷史折騰，借用 Antonio Gramsci 的話來說，就是陷入「舊的在死，新的未生」的紛亂狀況（1971：276）。

　　隨着 1997 年中國重申主權，香港由殖民地變成特別行政區，統治模式由殖民主義變成愛國主義，殖民年代的「香港故事」無法延續，範式轉移確是勢所難免的（張少強、梁啟智、陳嘉銘，2013）。正如 Gordon Mathews（2008）預警，這個城市總要面臨新的權力支配，注定是要「學習歸屬國族」。可是，這並不代表香港已跟自己的過去道別，既有的格局已不復存，一切都已在新的範式之內運作。就以中國對後九七香港的管治政策為例，現有研究已然指出，本來也是以一國兩制之名沿用殖民年代遺留下來的支配體制與實踐，並無在管治層面進行範式轉移（張少強，2017）。現有研究亦曾就香港人的價值及政

治取向進行調查（王家英、尹寶珊，2008；李立峯、鄧鍵一，2014），結果顯示屬後物質主義的香港人，尤其是年輕一代，確在持續增加，可是屬物質主義的香港人所佔比率仍然不少，未到有明確的範式轉移可言。即使由物質主義走向後物質主義的範式轉移勢將（甚或已然）成為事實，這亦不意味物質主義跟後物質主義有必然衝突而不可同時存在（李立峯，2016）。具後物質主義特質的香港人如何較支持民主也好，同樣可以矛盾地持抱較強的排外傾向，並不一定較具開放的態度（李立峯，2017）。因此，對於這個城市的探討確有需要把研究範圍「移離高調的政治」，探尋香港精神在不同層面有何變易（羅金義，2017），同時也應找出有何事物總在「永劫回歸」（羅永生，2014）。

後九七香港的整個格局，經歷一波接一波的政治事件而出現一回復一回的重大轉化。從2003年的七一遊行，2014年的雨傘運動，到2019年開始的反修例運動，無不構成衝擊整體格局的關鍵事件（critical event），每一件事都深刻改變政府與社會的相互關係，包括權力菁英內部、民間社會內部的互動模式。經歷每次關鍵事件後，人們總說「香港從此再不一樣」，但原來每次「再不一樣」之後，還有下一次的「再不一樣」。香港人對於當前的格局，可說是感到圓鑿方枘，無所適從，跟自己所認識的香港有着極大的差異。於20多年以來的後九七時期，就是接連受到內部震盪折騰，在格局變異當中探索自己的出路。因此，本書題為《香港・格局・變異》，並以「第八屆香港文化與社會研討會」收集所得的論文嘗試作出扣連。全書共分為四個章節：中港身分、社運文化、政策論述、回顧殖民，從各篇論文所要檢視的研究主題

看到，新的範式對於整體格局如何產生變異，同時有何內捲（involution）。

在「中港身分」部分，鄧鍵一、馮應謙、趙永佳、梁洛宜的研究顯然有助開拓視線，以「移民」作為討論香港政治的主要課題，從對中港人口進行比較，指出新移民來港的青年人，其實比香港土生土長的青年人，對香港的政治狀況更加敏感，更大機會由於政治原因離開香港。然而，由陳智傑、袁慧儀所做的量化研究，卻讓我們清楚看到，中國重申香港主權已逾20年，復以權力陣營一直都在加緊中港融合，透過功利愛國主義來提高香港人民族意識和連繫，即使已在意識形態層面帶來重大變異，可是在真實的生活層面，香港人跟內地的人際關係原來並無預期那樣深厚。

社會運動一直都是香港研究極之關注的研究範疇，而且已有許多精闢見解。例如，李立峯和陳韜文提出「自發動員」是香港社運動員的特徵（Lee & Chan, 2011），馬嶽形容香港的公民社會為「防禦式公民社會」（Ma, 2007）。在本書中，葉蔭聰和鄧潤棠則分別以較獨特的角度，剖析香港社運文化，指出當前的香港社運在本質上有着甚麼新的重要轉向。透過跟年輕抗爭者的深入訪談，葉蔭聰發現他們對於抗爭運動的時間意識，原來是存在着重大的「斷裂性」與強烈的「急切感」，以致他們的行動情緒也在日形猛烈。鄧潤棠也嘗試以政治情感為切入點，分析情感因素怎樣影響香港的社運動員，如何使得當前的社運出現新的運作模式，並跟上一代的社運有着明顯分歧。有別於葉蔭聰和鄧潤棠集中分析抗爭狀況，鍾曉烽的文章探討傘後在「深耕細作」的目標下，民間團體怎樣培養居民的社區意識，並轉化為民間行動的新潛能。

　　恰恰相反的是，特區政府的政策方針往往卻是徒具變革的姿態而無實在的改進。正如梁寶山從香港內部的政策發展入手，就是指出了特區政府成立之初，雖然一度高舉創意產業出來，作為推動經濟轉型的創新發展策略，可是此項創新發展策略先是有名無實，繼而落入既有的地產運作，最終退回殖民年代的處理方式，僅為文康服務的工作範疇。接着下來，彭家維研究防治乳癌的宣傳，透過解拆大眾媒體和官方機構的乳癌隱喻，同樣發現這些政策論述其實沒有跳出錯誤的認知，對於既有的刻板定型和迷思，總是沒有突破，倒是常在裏頭打轉。

　　最後，陳嘉銘、梁卓恒和謝曉陽的三篇文章，分別以不同個案探討殖民餘緒（colonial legacy）如何既在減退，也在衍生，為甚麼這些殖民餘緒總能與時俱進，總對現有格局帶來無法割斷的持續衝擊。概括來說，陳嘉銘以「兵頭花園」，即今天的香港動植物公園為個案，分析公園與動植物如何擔當港英政府、香港民間、中國政府三者的「中介角色」，參與建構「非政治化」的香港社會。梁卓恒嘗試從歷史制度主義的角度來看，重新了解中文大學的成立，是怎樣作為在帝國統治的框架下，香港大學與港英政府協商的結果，以致中文大學的自我認同長期有着難以擺脫的受殖心結。至於謝曉陽的文章則分析黃華麒主理的《獅子山下》。從中可見，在「獅子山下精神」尚未成為官方意識形態之前，黃華麒製作的《獅子山下》，定位是反映香港基層民情的處境喜劇。一系列的《獅子山下》，既建立了香港人的歸屬感，同時加強了港英政府的管治認受性。梁卓恒和謝曉陽兩文不約而同都在闡明，這個（後）殖民城市經常回顧戰後港英殖民政府的「善治」，正正是要保存一片可供不同演繹的開放空間，好讓各種力量能以共同的（後）殖民措辭互相

交涉協商、談判較勁，從而推動合乎各方理想的制度和文化建
設。

張少強、鄧鍵一、曾仲堅

香港社會文化研究計劃編輯

參考書目

王家英、尹寶珊。2008。「香港人的後物質主義觀念與政治取向：發展和變
　　化」，《香港社會科學學報》，第34期，頁1-25。

李立峯。2016。「再看世代差異和香港青年人的後物質主義」，張少強、梁
　　啟智、陳嘉銘(編)，《香港‧社會‧角力》，頁47-79。香港：匯智出版。

李立峯。2017。「社會價值中的世代差異：信任、包容，和對移民的態
　　度」，《香港社會科學學報》，第50期，頁21-46。

李立峯、鄧鍵一。2014。「經濟發展、政治轉變，和香港青年人的後物質
　　轉向」，張少強、梁啟智、陳嘉銘(編)。《香港‧城市‧想像》，頁176-
　　207。香港：匯智出版。

張少強。2017。「思前想後『一國兩制』二十年：後九七香港的後殖民情
　　狀」，《香港社會科學學報》，第50期，頁3-20。

張少強、梁啟智、陳嘉銘。2013。「範式轉移」，張少強、梁啟智、陳嘉銘
　　(編)。《香港‧論述‧傳媒》，頁xii-xx。香港：牛津大學出版社。

羅永生。2014。《殖民家國外》。香港：牛津大學出版社。

羅金義。2017。《回歸20年：香港精神的變易》。香港：香港城市大學出版
　　社。

Cohen, Martin. 2015. *Paradigm Shift: How Expert Opinions Keep Changing on
　　Life, the Universe, and Everything*. Bedfordshire: Andrews UK.

Gramsci, Antonio. 1971. *Selections from the prison notebooks of Antonio Gramsci*.
　　New York: International Publishers.

Kuhn, Thomas S. 1962. *The Structure of Scientific Revolution*. Chicago: The
　　University of Chicago Press.

Lee, Francis, L. F. & Chan, Joseph M. 2011. *Media, Social Mobilization, and the
　　Pro-Democracy Protest Movement in Post-Handover Hong Kong: The Power of a
　　Critical Event*. London: Routledge.

Ma, Ngok. 2007. *Political Development in Hong Kong: State, Political Society, and
　　Civil Society*. Hong Kong: Hong Kong University Press.

Mathews, Gordon. 2008. *Hong Kong, China: Learning to belong to a nation.* London: Routledge.

中港身分

移民與「再移民」：比較香港與內地出生青年人的移民動機及考慮因素

鄧鍵一、馮應謙、趙永佳、梁洛宜

摘要

從1980年代過渡期到主權移交後20年，移民一直是香港社會的討論話題。大部分時候，社會都把移民的主體集中在土生土長的香港人，甚少把內地來港的新移民放入這個問題的視野。為了更完整了解移民與香港社會，本文透過問卷調查量化分析（N=777），比較香港與內地出生的青年人的移民動機，包括當中涉及的因素。主要的研究結果顯示，移民確如常見的公共討論所言關乎各種政治因素，但內地出生的青年人在考慮移民的時候，其實比香港出生的青年人對政治因素更加敏感。同時，對個人學業或事業未來樂觀的內地出生青年人，比土生土長的香港青年更有移民的打算。

關鍵詞

青年、新移民、移民、移民動機、對未來的認知

引言

　　移民一直是構成香港社會的重要成分。一方面,香港作為一個「移民城市」,來自內地的移民佔了香港一整代人的大部分人口。直至戰後香港出現「嬰兒潮」世代,這些土生人口大部分都是移民人口的下一代。這個歷史與人口結構建立了戰後香港初期作為「難民社會」的政治態度和意識形態(Lau, 1984)。另一方面,自從1980年代中英談判開始,香港面對各種政治不穩定,移民一直是香港人回應政治局勢的選項之一(Wong, 1992)。主權移交後初期,移民潮稍為冷卻,甚至有已經移民海外的香港人回流定居。但是過去幾年,因應雨傘運動、反對「逃犯條例」修訂等政治事件,移民再次成為公共討論的話題,[1]也有智庫及研究機構因應輿論氣氛,進行關於香港人移民動機的民意調查(民主思路,2018;香港亞太研究所,2019)。基於由「移民潮」而來的既有集體經驗,當香港人面對政治不穩、生活質素問題的時候,移民仍然屬於公共討論的重要議題。與此同時,香港人也由於集體地曾有移民經驗,確於海外有不同程度的親朋支援網絡(Wong & Salaff, 1998),因此對部分香港人來說,移民是面對不穩定的時候,一個十分具體的選項。

　　不過,香港社會討論移民的時候,往往有兩種偏頗:(一)基於1980至1990年代「移民潮」的集體經驗,相關討論傾向

1　如果在Google Trend回顧過去10年在香港地區於Google搜尋「移民」的記錄,共有三個高峰。三次都涉及香港重要的政治事件:(1)2014年雨傘運動期間;(2)2017年曾俊華和林鄭月娥競選特首期間;(3)2019年「逃犯條例」修訂的爭議期間。

聚焦政治因素對移民動機的影響。過去幾年樓價高企，也有討論涉及是否可以移民台灣等比較宜居的地方生活（李宗憲，2019；黃子為、郭樺、鄭宏泰，2019）。不過在整體輿論當中，移民與政治環境的關係，仍然根深柢固。（二）香港社會討論移民動機的時候，總傾向分析土生土長香港人。儘管來自內地的新移民越來越多，香港社會始終甚少把他們納入思考範圍或作獨立處理。這或多或少預設了，新移民離開中國到香港生活，自然就在香港落地生根。但從另一個角度來看，新移民所以離鄉背井，由大陸南來香港，就是要到一個他們認為較理想的地方生活。當香港政治或生活環境也變差的時候，他們也當然可以考慮再移民，離港到其他他們認為較好的地方。甚至乎，新移民有過一次離根經驗，他們再移民的心理門檻很可能比一般香港人低。因此，本文旨在從兩方面豐富香港研究當中關於移民的討論：（一）香港市民對未來的看法如何影響他們的移民動機？（二）內地新移民跟土生土長香港人在移民動機及考慮因素兩方面有何異同？

討論背景：移民動機及移民歷程

移民動機是人口研究的其中一個主要課題。早期的文獻比較純粹從經濟理性的角度去理解移民動機，認為移民的主要目的就是為了尋找比較理想的經濟回報（Hicks, 1932; Sjaastad, 1962; Todaro, 1969）。這個分析方向固然可以解釋不少情況下的移民決定，但畢竟十分粗糙。例如，它只足以理解從發展中國家移居到已發展國家，以及從農村移居到城市的移民動機。如果要了解已發展地區之間的移民狀況，經濟回報的角度

就略嫌不足，也難以細緻了解不同類型人口移民動機的高低比較。因此，除了一般經濟動機之外，有研究會從個人特質、價值觀、社會態度等層面解釋移民動機的高低。Van Dalen & Henkens（2007, 2013）分析荷蘭人移民動機的研究，發現個人性格及對社會的看法都影響到移民動機。個人性格方面，較喜歡探索新體驗的人（sensation-seeker）有較高移民動機。同時，不滿意荷蘭社會保障制度（例如公共醫療系統、教育服務）及環境狀況（例如噪音、人口密度）的人也有較高移民動機。Tartakovsky 及同事（Tartakovsky, Patrakov & Nikulina, 2017; Tartakovsky & Schwartz, 2001）研究俄羅斯猶太人的移民動機時，發現「自我超越」（self-enhancement）價值觀較強的人，移民動機較高。不過，有部分重視「自我超越」的猶太人，同時認為俄羅斯的生活環境與他們的價值觀相符，移民動機從而下降。除了個人特質和價值觀外，也有研究從較廣泛的生活滿意度看它對移民動機的影響。Chindarkar（2012）發覺生活滿意度與移民動機呈負面關係。這傾向在高學歷人口身上更加顯著。Ivlevs（2015）指出生活滿意度與移民動機的關係並非線性，而是向下的弧形線：在初期部分，兩者呈負面關係，但往後隨着生活滿意度增加，移民動機又隨之上升。這個結果反映出，對生活滿意並不等於渴望不變，反而生活安穩到某個地步，一些人反而會靜極思動，希望移居別處尋求轉變。此外，Huang（2017）透過實驗研究，留意到移民機動一部分來自對外國理想生活的錯誤認知，一些人因為資訊渠道、個人接收資訊的偏頗選擇等等，往往在個人認知上美化了外國的生活狀況，從而有較大的移民動機。

　　另一方面，除了探討影響移民動機的因素之外，也有文獻

討論移居作為一個持續的過程。畢竟，部分人由於各種原因，一生人會在國內不同地區，或不同國家之間遷居多過一次。相關論述在近20年強調地區融合及人口流動的新自由語境下更為普遍。例如，Florida（2002, 2005）關於「創意階層」和「創意城市」的討論，就特別強調創意階層在先進城市之間的流動能力。在較微觀的層面，Kley（2011）的研究就提到，有移民經驗的人其實比從未移民的人有較高的移民動機。另外，Kõu & Bailey（2014）研究印度高技術人士的移居經驗時，提出了「移居路徑」（migration path），指出對部分人口來說，移居到不同城市是個人向上流動的必須過程。在類似的框架，有學者特別觀察發展中國家基層人口的移居策略，如何由本國移居到二、三線地區，再跳到先進地區（Andall, 1999; Pereira, 2012）。

　　上述文獻回顧對我們了解香港人的移民動機有兩點啟示：（一）移民動機背後固然有十分具體的經濟考慮，但更多時候，這背後是一套整體的考慮因素，甚至乎是對生活快樂與否、一地是否宜居的主觀感受；（二）有些人一生只移民一次，同時對一些人來說，一次又一次移民是一種生命歷程（life-course experience）（Kley, 2011），後者對移民的看法、移民的動機，可以跟從未移民的人大相逕庭。把第二點啟示放到香港，我們更加不能忽略香港人口的移民特質。主權移交後，香港每日最多接收150個持單程證從中國來香港的新移民。20年下來，已經累計超過100萬人（保安局，2019）。這還未計算透過「專才計劃」、「投資移民」等途徑來港的中國人。基於他們的出身環境及既有的移民經驗，他們的移民動機可以跟土生土長的香港人很不一樣。對新移民來說，所謂移民動機其實是再移民的動機，這涉及他們原本認為香港是比中國優勝的地方，以及他們

移居香港後特別在意香港哪些部分的轉變。

　　從上述兩點啟示出發，本研究以香港青年人為對象，從以下三個方向了解香港青年的移民動機：（一）香港土生土長青年（本地青年）與內地出生的香港青年（新移民青年）的移民動機有沒有差異？是否如 Kley（2011）的研究所指，有移民經驗的人的移民動機較高？還是相反？新移民青年從政治狀況較差的國家到來香港，會傾向安於現狀，移民動機較低？（二）影響本地青年與新移民青年移民動機的因素有沒有差異？（三）整體上香港青年的移民動機是否一如公共論述的焦點，傾向由政治因素帶動？

研究方法和基本資料

　　這個研究的材料來自香港中文大學傳播與民意調查中心於2018年8月至9月進行的電話問卷調查。該調查以隨機抽樣方式，共訪問了803位15至30歲、能講粵語的香港青年，回應率為37%。樣本人口會按人口普查的資料，就年齡 x 性別 x 教育程度進行加權。

　　樣本當中73.3%於香港出生、24.8%於中國出生、1.8%於台灣、澳門或其他地方出生。如果只計算於香港或內地出生的人口，今次用作分析的樣本數目為777份。從表一所見，香港出生的受訪者整體上比較年輕，教育程度及家庭收入都比較高。值得留意的是，教育程度及家庭收入兩者在香港出生的青年人身上有顯著關連（$r = .238, p < .001$），在新移民青年身上則沒有關係。換言之，新移民青年在教育階梯向上爬的過程中，有可能獲得較少家庭支援。

表一：香港出生與內地出生青年的人口特徵比較

	內地（%） （N = 197）	香港（%） （N = 580）
性別		
男性	44.2	51.6
女性	55.8	48.8
年齡層*		
15-19歲	18.6	26.7
20-24歲	30.9	33.8
25-30歲	50.5	39.5
教育程度***		
初中	14.7	3.2
高中	41.4	34.0
大專（非學位課程）	12.0	14.1
大專（學位課程）或以上	31.9	48.7
家庭每月收入***		
HK$30,000 或以下	38.3	21.6
HK$30,001 至 50,000	31.4	31.4
超過 HK$50,000	30.3	47.1

註：***$p < .001$, **$p < .01$, *$p < .05$

1　比較主要變項

　　移民動機是這個研究最主要的依變項。我們問受訪者「如果有機會，你會唔會希望離開香港移民到外地呢？」受訪者的答案選項由「非常唔希望」到「非常希望」，以「5點李克特量表」（5-point Likert scale）量度。從表二所見，本地青年的移民動機雖然數字上較新移民青年略高，但兩者沒有顯著差別。

2　對未來的看法

對未來的看法是這個研究主要的自變項。正如文獻回顧部分提到，移民動機涉及各種社會認知。在這個研究中，我們考慮到香港因為過渡期歷史、政治制度、2047等宏觀因素，從歷史到宏觀框架來看，香港在各個層面都充滿不穩定。「將來」會怎樣一直是香港人充滿無力感的主要環節（呂大樂，2011）。為了豐富闡釋，本研究着重青年人對未來的看法，作為他們移民動機的主要因素。概念化方面，本研究從五個面向定義對未來的看法：

（a）受訪者所理解各種因素對影響日後生活好壞的重要性，包括就業環境、物價水平、房屋價格、自由狀況、政治制度民主化；

（b）受訪者對未來宏觀環境的想像：受訪者認為香港的經濟狀況、政治狀況、生活質素、司法獨立四方面分別會變得更好還是更壞；

（c）受訪者對未來的樂觀程度：受訪者分別對「自己未來的生活狀況」及「整體社會狀況」分別有多樂觀或悲觀；

（d）受訪者認為未來在香港生活會不會比現在快樂；

（e）受訪者認為自己五年後的學業或事業會不會比現在更好。

這五個面向既包含受訪者思考未來好壞的整體框架，也有他們從個人層面至社會層面對未來的看法。量度方面，上述變項都是從「非常悲觀」至「非常樂觀」、「非常不快樂」至「非常快樂」等方式提問，以「5點李克特量表」量度。透過比較細緻的概念化，我們可以得知香港青年對未來的哪種看法會較影響他們的移民動機。

表二：比較香港出生與內地出生青年在各個變項的分別

	內地出生 （N = 197）	香港出生 （N = 580）
各種因素對影響日後於香港生活好壞的重要性 （從「非常不重要」到「非常重要」）		
就業環境	3.92	3.88
物價水平	4.02	4.09
房屋價格	4.19	4.12
自由狀況 *	3.79	4.00
政治制度民主化 ***	3.60	3.89
對五年後香港宏觀狀況的看法 （從「一定更差」到「一定更好」）		
五年後的經濟狀況 *	3.06	2.91
五年後的政治狀況 ***	2.55	2.11
五年後的生活質素 ***	2.94	2.65
五年後的司法獨立 ***	2.65	2.19
對未來自己生活及香港社會狀況的樂觀程度 （從「十分悲觀」到「十分樂觀」）		
自己未來生活狀況 ***	6.53	5.86
未來的香港社會 ***	5.14	4.15
五年後在香港生活會否比現在更快樂 *** （從「一定更不快樂」到「一定更快樂」）	3.11	2.78
個人未來事業或學業發展 （從「一定更差」到「一定更好」）	3.80	3.70
移民動機	3.42	3.58
其他控制變項		
親友朋輩支援	3.48	3.64
時事資訊 *	4.15	4.49

註：***p < .001, **p < .01, *p < .05

　　從表二所見，本地青年在對未來看法的大部分環節中都比新移民青年悲觀。尤其值得注意的是，本地青年比新移民青年更重視香港各種自由價值及政制民主化對未來的關鍵影響。這個結果基本上印證了黃鶴回、馬嶽、林蔚文所講的自我選擇機制（self-selection mechanism）（Wong, Ma & Lam, 2016, 2018）：新移民青年從政治環境較惡劣的地方移居到比較先進的地方，儘管香港社會本身亦有各種政治問題，但是他們從自己的比較基礎出發，自然會較滿意香港社會的現狀，對未來的看法也比本地青年樂觀。

　　此外，迴歸分析的控制變項除了性別、年齡、教育程度、家庭收入之外，也包括親友朋輩的支援及對關注時事資訊的程度。前者是問受訪者「如果生活遇到困難，是否容易得到家人、親戚或朋友的支援」；後者則從三方面量度：受訪者有多經常透過傳統媒介接觸時事資訊、受訪者有多經常透過互聯網及社交媒介接觸時事資訊、受訪者有多留意政治團體、政治人物或意見領袖的資訊。[2] 整體上香港青年比新移民青年較多接觸時事資訊。

分析結果

　　表三模型1是本地青年及新移民青年的人口特徵與移民動機的關係。兩者在這方面的分別頗為明顯。新移民青年的樣本當中，女性的移民動機比較高。其中一個可能的原因是，女性新移民身處的結構弱勢，很多時候比男性新移民更加嚴重

2　「關注時事資訊」的 Cronbach's Alpha 是 0.60。

（Yeoh & Willis, 1999）。家庭收入及時事資訊關注度則對本地青年有顯著影響。社會階層較高、較留意時事資訊的本地青年，會較想移民。另外，生活上有較多親友朋輩支援的青年人，無論本地青年及新移民青年，移民動機都比較低。所謂「親友朋輩支援」，除了是具體物質支持之外，也意味着受訪者在香港親友朋輩紐帶的強弱。換言之，在香港有較好人事網絡紐帶的青年人，移民意欲會較低。這個結果也符合一些傳媒報道及公共討論中提到，很多親人朋友在香港是令人難以下決心移民的因素。

　　表三中模型2和模型3是受訪者所理解影響日後生活好壞的因素與移民動機的關係。兩地出生的青年人在這方面的差異十分明顯。對本地青年來說，物價對日後生活好壞的重要性與移民動機有正面關係；但這因素在新移民青年身上沒有影響。另外，傾向認為政制民主化對日後生活有重要影響的青年人，會較想移民。值得注意的是，在90%信置區間的範圍內，這個關係的強度在新移民青年身上比較大。可以説，考慮是否移民的時候，新移民青年其實比本地青年更加考慮到政制發展的因素。

　　為了更具體分析物質因素與政治因素對兩類青年人移民機動的影響，我們把「就業環境」、「物價水平」、「房屋價格」歸納為「物質因素」；「香港的各種自由」和「政制民主化」則歸納為「政治因素」，然後再做一次分析。[3]出來的結果更加明顯：對本地青年來說，物質因素對未來的影響比政治因素更影響他們的移民動機；而且在90%信置區間的範圍內，物質因素對本

3　「物質因素」及「政治因素」的Cronbach's Alpha分別是0.53和0.80。

表三：對未來的看法與移民動機的關係，比較香港與內地出生的青年

	模型 1		模型 2		模型 3		模型 4	
	內地出生	香港出生	內地出生	香港出生	內地出生	香港出生	內地出生	香港出生
性別（女性＝0）	-.182*	-.071	-.121	-.055	-.135	-.061	-.206**	-.077
年齡	-.134	-.036	-.115	.019	-.108	-.028	-.106	-.045
教育程度	.098	-.053	.072	-.082	.067	-.079	.033	-.114*
家庭收入	.040	.120*	.015	.143***	.016	.140***	.020	.100*
親友朋輩支援	-.148*	-.174***	-.122	-.185***	-.126	-.182***	-.091	-.121**
時事資訊	.047	.098*	-.010	.067	-.002	.067	.055	.073
各種因素對影響未來生活好壞的重要性								
就業環境			.014	.034				
物價水平			-.006 [a]	.190*** [a]				
房屋價格			.076	.070				
自由狀況			.090	-.098				
政治制度民主化			.189* [b](sig=.085)	.122* [b]				
物質因素					.059 [c](sig=.071)	.216*** [c]		
政治因素					.251*** [d]	.027 [d]		
對五年後香港宏觀狀況的看法								
五年後的經濟狀況							-.042	-.040
五年後的政治狀況							-.059	-.102
五年後的生活質素							-.063	-.082
五年後的司法獨立							-.234**	-.133*
調節後的 R^2	4.6%***	4.2%***	9.5%***	10.1%***	10.4%***	8.7%***	13.2%***	10.9%***

註：***p＜.001，**p＜.01，*p＜.05 模型內的數字為標準化系數（standardized coefficient）。缺失數據（missing values）由平均數代替。內地出生和香港出生青年的樣本人數分別是197和580。系數旁的字母表示兩個系數有顯著差異。

表三（續）：對未來的看法與移民動機的關係，比較香港與內地出生的青年

	模型 5		模型 6		模型 7	
	內地出生	香港出生	內地出生	香港出生	內地出生	香港出生
性別（女性 = 0）	-.198**	-.084*	-.190**	-.058	-.187*	-.070
年齡	-.131	-.042	-.111	-.040	-.133	-.028
教育程度	.081	-.083	.080	-.075	.068	-.050
家庭收入	.013	.117**	.015	.097*	.026	.125**
親友明靠支援	-.113	-.090*	-.109	-.100*	-.168*	-.166***
時事資訊	.057	.068	.031	.078*	.040	.094*
對自己未來生活狀況的樂觀程度	.065	-.115*				
對未來香港社會的樂觀程度	-.352***	-.250***				
五年後在香港生活會否比現在更快樂			-.160**[e]	-.313***[e]		
個人未來事業或學業發展					.185**[f]	-.040[f]
調節後的 R^2	14.8%***	13.3%***	6.5%***	13.3%***	7.5%**	4.1%***

註：***$p < .001$, **$p < .01$, *$p < .05$ 模型內的數字為標準化系數（standardized coefficient）。缺失數據（missing values）由平均數代替。內地出生和港出生青年人的樣本人數分別是 197 和 580。數字旁的字母表示兩個系數有顯著差異。

地青年的影響，顯著地比新移民青年大。但對新移民青年來說，政治因素才是影響他們移民動機的顯著因素。

　　至於對香港未來宏觀環境的看法（表三模型4），認為五年後香港司法獨立會變差的青年，不論香港出生還是內地出生，移民動機都較高，而且兩組關係的強度沒有顯著分別。至於五年後的經濟狀況、政治狀況、生活質素，在兩組青年身上都沒有顯著影響。

　　對未來的樂觀程度方面（表三模型5），對未來香港社會越悲觀的青年人，移民動機越高，香港及內地出生的青年皆是。不過對香港青年來說，自己未來生活狀況的評估也影響到移民動機。對自己未來生活狀況較悲觀的受訪者，移民動機較高，而這個因素在新移民青年身上並不顯著。

　　主觀感受方面（表三模型6），認為五年後在香港生活會比現在不快樂的受訪者，會比較想移民。雖然這個關連在香港與內地出生的青年身上皆為顯著，但在本地青年身上明顯較強。換言之，未來在港生活是否快樂作為考慮是否移民的因素，在本地青年身上比較重要。最後，個人事業或學業前景與移民動機兩者，在新移民青年身上，有正面顯著關係；對本地青年則沒有顯著影響（表三模型7）。就這一點，我們可以說，新移民青年比本地青年其實更加有移民的心理準備。只要個人可見將來的前景大致上樂觀，新移民青年就會考慮移民離港的可能性。

討論和結論

　　本文旨在探討香港青年對未來的看法與移民動機的關係。整體上，這個研究有三點主要發現：（一）本地青年與新移民青

年的移民動機其實相若。這雖然不符合一些文獻指出，有移民經驗的人有較高再移民的動機，但是在本地公共論述的層面，這發現指出，本地青年的移民動機並不比新移民青年顯著地高，後者對移民的看法，同樣值得社會討論。（二）整體上香港青年的移民動機，包括本地的和新移民的，有部分仍然繫於政治因素，民主政制的發展及未來司法獨立的狀況都很影響他們移民的動機，也可以說，香港日後的政治、法治前景對他們決定香港未來是否宜居有關鍵影響。（三）比較本地青年及新移民青年，雖然影響他們移民機動的因素有相通之處（例如對未來司法獨立的看法），但兩者的差異亦十分明顯。

整體上，本地青年的移民動機既有政治面向，個人及物質面向也不容忽視，例如在表三模型3所見，他們所理解物質因素對將來的影響，比政治因素更影響他們的移民動機。同樣，對未來的樂觀程度對本地青年移民動機的影響，也是複合的，對自己未來生活狀況的樂觀程度，以及對未來香港社會的樂觀程度同時發揮作用（模型5）。放在日常的公共討論，我們的確不難發覺，政治與生活質素兩套論述，在本地青年社群中同樣普遍。除了政治環境驅使移民作為主流論述，在青年人的語境中，他們還會討論台灣及日本的房價及生活水平，也會討論到外國尋求其他生活方式的可能性（Leung & Vetter, 2018；李智智、李穎霖，2019）。也因此，日後在香港生活是否快樂與移民動機，有顯著的反向關係。這有別於「移民潮」留下來的政治論述，基於物質及生活質素考慮的移民動機，在青年人當中並不微弱。這個實際情況與主流論述的落差，可能因為移民潮於過渡期出現的時候，香港仍然處於經濟起飛階段。對當時的香港人來說，移民與否，的確是生活質素與政治穩定之間的取

捨。但是對現在的青年人來說，香港社會已經很難讓他們憑自己努力改善生活（李立峯、鄧鍵一，2014）。因此，物質及生活質素也成為了他們決定移民與否的動機之一。

新移民青年在考慮移民的時候，比本地青年更重視政治因素，是意想不到的發現。如果回到移民作為經濟理性的決定，新移民作為社經地位處於弱勢的社群，一般理解下他們應該較重視經濟因素。然而，研究結果反映出他們其實比本地青年對政治因素更加敏感。其中一個解釋是：他們作為內地新移民，出於自身過去經驗及內地仍然維繫的親友網絡，他們心底裏其實更清楚惡劣政治環境對個人生活的影響，他們（或他們的父母）其中一部分移居香港就是為了更好的政治及社會環境多於更好的物質生活（Wang, 2013）。至於物質因素，既然他們移民到哪裏都或多或少是「從頭來過」，需要在缺乏支援下自己打拼，他們考慮移民的時候，自然較少出於物質考慮或未來是否快樂等主觀感受。

然而，新移民青年的移民動機是否完全不考慮物質呢？表三模型7的發現可以幫助我們進一步闡釋新移民青年的移民動機。正如之前講到，香港的物質因素不會影響他們的移民動機，但是，當他們對自己的學業或事業前景感到樂觀的時候，他們會較考慮移民。在一般情況下，個人的「學業或事業前景」總意味將來物質生活的預期。這就是說，新移民青年很可能比較相信憑個人能力改善物質生活，而不是透過移民改善物質生活；當他們憑個人能力做出了初步成果，同時感到香港政治環境越來越差的時候，他們就會認真考慮再移民到其他地方。

當然，上述只是我們在有限數據下的粗淺觀察，影響移民動機的因素還有很多，我們難以在單一調查完全收錄。但是，

這個結果為我們研究香港社會開啟了一些新方向。首先，雖然香港並不缺乏關於內地新移民的研究，但由於新移民在社經結構上處於劣勢，很多研究往往以此為出發點，分析新移民的生活狀況及面對的各種困難，以致研究數量雖然豐富，但研究範圍不算廣闊。黃鶴回、馬嶽、林蔚文（Wong, Ma & Lam, 2016, 2018）對新移民政治態度及投票取向的研究，算是比較新鮮的研究角度。這個研究藉着把香港社會幾十年來普遍討論的議題，放到新移民青年身上觀察，嘗試進一步開拓研究內地新移民的其他方向。

　　這個研究的結果同時引申出另一個值得進一步探討的問題：如果一如前人研究及本文觀察所知，新移民比較傾向政治保守及較支持建制派的話，為甚麼他們考慮去留的時候，反而比一般香港人更加在意政治前景？其中一個可能的解釋是，他們在「自我選擇機制」下滿意現狀，也因此傾向支持建制派，然而他們其實不太清楚建制派力量強弱對香港政治及法治前景的影響，也不大熱衷去認真區別建制派與民主派的立場和議程。而民主派追求改變現狀的政治議程，反而威脅到新移民青年追求維持現狀的渴望。

　　最後，由於這個研究於2018年進行，當時香港仍然處於傘運之後的政治低氣壓，甚少出現大規模的社會動員。因此，這個研究只能夠反映在一般情況下，香港青年人與新移民青年的移民動機。筆者們在修訂本文稿的時候，香港已經發生了反修例運動，「港版國安法」已經實施。經歷了一年多的抗爭事件，「一國兩制」面對空前危機，香港青年與新移民青年的移民動機會不會因此出現顯著差異？物質因素是否仍然影響香港青年的移民動機，還是相反過來，香港在風雨飄搖的時候，他們

反而更渴望留下？這些，都是在這個歷史大時代下，我們需要進一步探討的問題。

鳴謝

　　　本文所節錄的研究數據來自研究項目「未來軌跡：香港年輕世代對將來的想像、視野、抱負」（編號 2017.A4.040.17D），項目由政府政策創新與統籌辦事處公共政策研究資助計劃撥款資助。

參考書目

香港特別行政區保安局。2019。「1997 年 7 月至 2018 年按年齡組別劃分持單程證（即《前往港澳通行證》）來港人士數目」。https://gia.info.gov.hk/general/201903/20/P2019032000535_306548_1_1553066343642.pdf。 查詢日期：2019 年 7 月 17 日。

香港中文大學香港亞太研究所。2019。「中大香港亞太研究所民調：三成港人欲移民　宜居城市評分降」。http://www.hkiaps.cuhk.edu.hk/wd/ni/20190103-123827_1.pdf。查詢日期：2019 年 7 月 16 日。

李立峯、鄧鍵一。2014。「經濟發展、政治轉變，和香港青年人的後物質轉向」。張少強、梁啟智、陳嘉銘（編）。《香港．城市．想像》，頁 176-207。香港：匯智出版。

李智智、李穎霖。2019。「80 後移民台灣變 KOL　在台掙扎求存：總比在港快樂」。https://www.hk01.com/ 社區專題 /283131/ 出走台灣 1-80 後移民台灣變 kol- 在台掙扎求存 - 總比在港快樂。查詢日期：2019 年 7 月 19 日。

李宗憲。2019。「香港人移民台灣升溫：政治氛圍與高房價壓力下的出走」。https://www.bbc.com/zhongwen/simp/chinese-news-48690473。 查詢日期：2019 年 7 月 19 日。

呂大樂。2011。「終於需要面對未來：香港回歸及其設計上的錯誤」。《思想》，第 19 期，頁 89-102。

民主思路。2018。「『一國兩制』指數」。http://pathofdemocracy.hk/zh-hant/60894/。查詢日期：2019 年 7 月 18 日。

黃子為、郭樺、鄭宏泰。2019。「本土派本地歸屬感不算強烈　有移民打算」。《明報》，觀點版，1 月 17 日。

Andall, J. 1999. 'Cape Verdean women on the move: "Immigration shopping" in Italy and Europe.' *Modern Italy,* 4(2): 241-257.

Chindarkar, N. 2012. 'Is subjective well-being of concern to potential migrants from Latin America?' *Social Indicators Research, 115*(1): 159-182.

Hicks, R. 1932. *The theory of wages.* London: Macmillan.

Florida, R. 2002. *The rise of the creative class: And how it's transforming work, leisure, community and everyday life.* New York: Basic Books.

Florida, R. 2005. *Cities and the creative class.* London: Routledge.

Huang, H. 2017. 'Who wants to leave China?' *Journal of East Asian Studies*, 17: 191-213.

Ivlevs, A. 2015. 'Happy moves? Assessing the link between life satisfaction and emigration intentions.' *KYKLOS*, 68: 335-356.

Kley, S. 2011. 'Explaining the stages of migration within a life-course framework.' *European Sociological Review*, 27(4): 469-486.

Kõu, A. & Bailey, A. 2014. '"Movement is a constant feature in my life": Contextualising migration processes of highly skilled Indians.' *Geoforum*, 52: 113-122.

Lau, S. K. 1984. *Society and politics in Hong Kong.* Hong Kong: Chinese University Press.

Leung, R. & Vetter, D. 2018. 'Young professionals are leaving Hong Kong in droves in search of better lives where family, friends, and fun comes first.' Retrieved July 19, 2019, from https://www.scmp.com/news/hong-kong/politics/article/2160161/young-professionals-are-leaving-hong-kong-droves-search.

Pereira, S. 2012. 'Immigrant workers (im)mobilities and their re-emigration strategies.' *Employee Relations*, 34(6): 642-657.

Sjaastad, L. A. 1962. 'The costs and returns of human migration.' *Journal of Political Economy*, 70: 80-93.

Tartakovsky, E., Patrakov, E. & Nikulina, M. 2017. 'Factors affecting emigration intentions in the diaspora population: The case of Russian Jews.' *International Journal of Intercultural Relations*, 59: 53-67.

Tartakovsky, E. & Schwartz, S. H. 2001. 'Motivation for emigration, values, wellbeing, and identification among young Russian Jews.' *International Journal of Psychology*, 36(2): 88-99.

Todaro, M. P. 1969. 'A model of labor migration and urban unemployment in less developed countries.' *American Economic Review*, 59: 139-148.

van Dalen, H. P. 2007. 'Longing for the good life: Understanding emigration from a high-income country.' *Population and Development Review*, 33(1): 37-65.

van Dalen, H. P. & Henkens, K. 2013. 'Explaining emigration intentions and behaviour in the Netherlands, 2005-10.' *Population Studies: A Journal of Demography*, 67(2): 225-241.

Wang, C. 2013. 'Place of desire: Skilled migration from Mainland China to post-colonial Hong Kong.' *Asia Pacific Viewpoint*, 54(3): 388-397.

Wong, S. H. W., Ma, N., & Lam, W. M. 2016. 'Migrants and democratization: The political economy of Chinese immigrants in Hong Kong.' *Contemporary Chinese Political Economy and Strategic Relations: An International Journal*, 2(2): 909-940.

Wong, S. H. W., Ma, N., & Lam, W. M. 2018. 'Immigrants as voters in electoral autocracies: The case of Mainland Chinese immigrants in Hong Kong.' *Journal of East Asian Studies,* 18: 67-95.

Wong, S. L. 1992. *Emigration and stability in Hong Kong*. Hong Kong: Social Science Research Centre, The University of Hong Kong.

Wong, S. L. & Salaff, J. W. 1998. 'Network capital: Emigration from Hong Kong.' *British Journal of Sociology,* 49(3): 358-374.

Yeoh, B. S. A. & Willis, K. 1999. '"Heart" and "wing", nation and diaspora: Gendered discourses in Singapore's regionalisation process.' *Gender, Place & Culture,* 6(4): 355-372.

中港矛盾的世代差異：
生活經驗與身分認同

陳智傑、袁慧儀

摘要

　　自 2019 年反修例運動以來，中國大陸與香港關係空前緊張。然而，中港矛盾的情緒，早於香港主權移交以來，便醞釀於民間，並於一連串社會運動中發酵。本文探討香港居民的生活經驗，對香港社會的身分認同與中港矛盾情緒有何影響。我們以 2016 年一項全港民意調查數據，分析受訪香港居民跟內地社會的家族聯繫、對內地社會的語言及文化熟悉程度、北上內地的頻密程度、內地人南下到香港社區，是如何影響受訪者的身分認同，以及中港矛盾的情緒。調查發現，內地人出現於受訪者居住的社區，跟香港年輕人覺得中港矛盾問題的嚴重程度息息相關，而北上內地生活的經驗則跟中港矛盾的文化感覺呈負面關係。香港年輕組群從生活經驗中，較其他年齡組群感受到更大的中港矛盾。我們將從香港近年圍繞世代差異的討論，嘗試探討為何年輕組群跟其他年齡組群對生活經驗體會出現不同的中港矛盾。

關鍵詞

身分認同、中港矛盾、世代差異、跨境生活經驗、中國、香港

引言

中國大陸和香港之間的關係，自2019年中的反修例運動以來，持續陷入空前的緊張局勢：香港示威運動由初期要求香港政府撤回提出修訂引渡逃犯條例（修訂容許香港引渡疑犯到包括中國大陸在內等和香港沒有引渡協議的地方），漸漸發展為爭取普選、控訴警方濫權，以至支持激進抗爭（Lee et al, 2019）。其後於2020年，中國大陸迅速訂立《港區國家安全法》，授權內地部門、香港法院及警政單位權力拘留、審訊、以至把違反中國國家安全的人押解往中國大陸，惹來香港及國際社會十分擔憂香港的高度自治及公民自由再難獲保障（Hong Kong Journalists Association, 2020）。

中港矛盾其實早已延續多年，不斷發酵，最終於2019年中的反修例風波後，變得一發不可收拾。中國大陸和香港之間的政治及社會張力，持續成為香港以至是國際學術界關注的課題。自2014年佔領運動至香港主權移交20周年之際，不少學者都討論中國的威權體制及其於香港的代理人如何跟香港的公民社會角力（Cheng, 2016; Cheng & Chan, 2017; Fong, 2014; 2017）。中國因素在香港民主化、國民身分認同、社會運動走向，以至香港本土及獨立思潮所起的作用，多年來亦引起學術圈子的討論（Ip, 2015; Jones, 2014; Kaeding, 2017; Lee, 2015; Lee & Chan, 2011）。除了學術討論外，中港兩地人口流動，也見惹起香港輿論的反彈。來自內地的香港新移民，往往成為社會資源分配以至是社會安定的爭議對象（Ku, 2007）。另一方面，內地來港旅客數字持續攀升。在2019年首三個月，已有超過1,400萬人次的內地旅客訪港，較去年同期上升約兩成（Tsang,

29/04/2019）。內地旅客大量來港，亦令香港各區的居民覺得內地旅客人數過多，影響生活（Chen & Chong, 2019）。

在中港關係屢屢出現緊張之際，我們卻難以否定兩地社會卻仍有着深厚聯繫。概括來說，香港的人口膨脹期，主要源自國共內戰、山河變色後來自北方的難民潮（Mathews, Lui & Ma, 2008）。中港兩地的人口管理和邊界政策，亦主要於港英殖民地晚期最後的30年時間形成；在此之前，中港之間並無嚴厲的邊境管理，人們大多能自由出入（Ku, 2004）。是故，香港不少居民跟內地各處，都有着或深或淺的家族和社交脈絡。即使在港英殖民地晚期邊境政策較嚴厲的時期，不少香港人也趁着中國大陸自1978年以來的改革開放政策，北上大陸設廠、經商以至生活（Lui, 2014; Ma, 2012）。故此，不少香港居民有豐富的跨境生活經驗，並影響他們對中國社會的文化想像（Ma, 2007; Ma & Fung, 2007）。

本文旨在探討香港居民跟內地社會不同的聯繫，包括家族聯繫、社交聯繫、北上中國大陸的跨境生活經驗，如何影響其國民身分認同，以及對中港矛盾有何感覺。另一方面，大量內地旅客訪港，影響香港各個社區，又會否帶來政治影響？我們希望在中港關係的學術討論中，補上一筆有關跨境生活聯繫的分析，並嘗試梳理不同跨境生活經驗的政治影響有何異同。另外，研究香港社會及政治狀況的文獻亦指出，香港青年對主權移交以來對生活質素及政治發展的評價，與成年組群漸漸出現差異，評分指標較低，而且傾向認同香港本土身分（鄭宏泰、尹寶珊，2019）。李立峯的研究亦發現，香港社會近年的確出現了「後物質」思潮，然而世代差異卻並非「後物質」足以概括——年輕人對社會運動事件的集體回憶、對中港關係的判斷等

身分問題，也包含其中（李立峯，2017）。所以在本研究，我
們亦會嘗試查找世代差異的足印。

文獻回顧

　　1970年代香港經濟起飛之前，香港民間並未有強烈的香
港身分認同；反而中國國族身分認同，則更早在香港落地生
根（Mathews, Lui & Ma, 2008）。香港在近代中國史上，一直都
是華南政治及文化圈的一員：在民國時期的1920年代，曾爆
發「省港大罷工」；在二戰後的「六七暴動」也是內地文化大革
命在港的延伸；1950至1990年代期間，香港一直是中國共產黨
與退守台灣的國民黨政府展開輿論戰的陣地（Tsang, 2007; Yep
& Bickers, 2009）。即使「六七暴動」後，「親中」的政治立場於
香港社會蒙上污名，但香港社會仍不時出現同情中國的國族主
義。最明顯的例子是1970年代的爭取中文為法定語言運動，
以及保衛釣魚台運動（Vickers & Kan, 2003）。在香港土生土長
的嬰兒潮世代，大部分都是內地南下移民的下一代，他們和
父母輩仍然與家鄉保持着一定的家族聯繫（Mathews, Lui & Ma,
2008）。主權移交後出現的居港權爭議，其主要的訴求便是以
家庭團聚作為基本人權（Ku, 2007）。這足以反映香港社會仍
有相當部分的人有親屬在內地。除了家族和親屬關係外，隨着
不斷有內地人移居本港，香港人亦多了機會跟內地人交往。這
些香港人與內地社會的人際網絡，是研究中港關係中的重要因
素。
　　除了內地人移居香港外，不少香港人也隨內地改革開放後
北上投資、工作和生活。這些香港人北上內地的生活經驗，促

成一種「草根國族主義」：頻繁的跨境生活和工作，使北上港人習慣了內地社會的生活模式，以至社會價值，從而對中國大陸多了一份認同感（Ma, 2007）。香港人北上尋找商機和消費，北望內地市場機遇，亦漸漸產生了「功利國族主義」：一種集中談論內地工作營商機遇，卻淡化大陸社會的自由和人權問題，自圓其說地強調「經濟中國」的論述（Ma & Fung, 2007）。香港統計處的資料顯示，在內地工作的香港市民，平均年紀越來越大，亦較傾向從事管理階層的職位（Lui, 2014）。這可能意味年紀越大的香港人，越有機會感受到這種北上而來的跨境生活經驗，並從中受到「草根」和「功利」國族主義的雙重影響。此外，隨着中國大陸的政治及經濟影響力越來越大，香港社會漸漸受其語言和文化影響。例如，有來港求學的內地人，就感到香港人的普通話日益進步，在香港說普通話也十分容易與人溝通（陳智傑，2017）。

　　然而，自香港與內地政府於 2003 年至 2009 年簽訂並擴大內地居民以個人身分來港的「自由行」協議後，來港內地旅客大增，並引起廣泛爭議（Chan, 2018）。一個社會的人口組成出現劇變，往往會影響到市民的政治態度、投票行為和身分認同（Hopkins, 2010）。然而，相關討論的焦點，很多時針對外來移民，不是遊客。如今，香港這個彈丸之地，在 2019 年首三個月已接待了約 1,400 萬人次的內地旅客，是全港人口約兩倍（Tsang, 29/04/2019）。大量內地遊客及一些干擾民生的問題，也逐漸波及香港各區（Chen & Chong, 2019）。

　　主權移交超過 20 年，兩地經濟、文化廣泛融合，香港公民社會跟中央政府於香港政制問題上卻衝突連連（Ma, 2007; Fong, 2014），最終出現 2014 年的佔領運動（Lee, 2015; Kaeding,

2017）。此外，訪港內地遊客數量大增，再加上香港社會素來都對內地新移民有所芥蒂（Ku, 2007），使「反中」成為香港近年選舉的議題之一（Ma, 2015）。日趨熾熱的中港矛盾，加上對中央政府的各種不滿，和對中港融合的不安，在社會抗爭的氣氛下，部分情緒甚至激進化為分離主義（Chan, 2017），以及香港國族主義的政治意識（Fong, 2017）。

中港矛盾的文化感覺，源起於兩地的政治衝突，亦來自香港人的生活感受。過往的研究顯示，不同年齡層的受訪者對生活的感受及政治判斷，都存有差異。青年人的定義，一是以年齡劃分，多數學說以大概15至30歲左右的人定義為青年人；二是按人生階段去理解青年的意義：青年是介乎童年與成年之間、身分認同混淆、不時與社會主流價值相佐的成長經歷（鄭宏泰、尹寶珊，2019，頁6-9）。綜合西方的青年學說後，鄭宏泰和尹寶珊指出，青年時期的社會集體經驗，會對同一時期成長的青年人，產生一些社會價值影響，並塑造一代青年人日後的一些集體特質。他們分析香港主權移交以來的追蹤調查，認為香港青年人成長於一個物質條件進步、但貧富懸殊加劇的社會，同時香港本土意識抬頭、對內地社會的親近感退卻。他們的觀察，跟我們在文獻回顧中提及的中港矛盾頗為脗合：香港30來歲的青年，成長於內地旅客站滿香港街頭、學校和社區越來越多人說普通話、中港矛盾由政治層面蔓延至社區衝突、本土思潮抬頭的日子。這些成長經歷，與上一代香港人跟內地社會存有宗親血緣關係、北上把握中國發展機遇的時光截然不同。

除了自主權移交以來的政治社會觀察外，李立峯（2017）的研究指出，香港的青年組群（18至29歲）在不同的社會價值，

均與成年組群有所差異。概括來説，香港青年人較成年組群更傾向「後物質」的社會價值（例如覺得市民要有更大的社區話事權、重視言論自由、包容態度、人情味、歷史傳統和文化氣息等）。這些觀察，讓我們認為成長於主權移後的香港青年組群，跟成年人有不同的社會價值，以至是生活經驗和政治判斷。

就此，本文將以一項全港民意調查的數據，嘗試探討在中港矛盾持續白熱化之際，香港人於內地的人際及家族聯繫、北上內地的跨境生活經驗，以至其他跟內地社會接觸的體驗，對身分認同有何影響，以及對中港矛盾有甚麼文化感覺。我們亦會嘗試把受訪者中的青年組群（18至29歲），跟其他年齡層作比較，觀察兩者的生活感受及對中港矛盾的感覺是否存有落差。

研究方法

我們於2016年6月委託香港中文大學傳播與民意研究中心，以隨機抽樣的方式，利用電腦輔助電話訪問系統，於10天內成功訪問了1,003位18歲以上、能操廣東話的香港市民。調查以最新的住宅電話簿中的所有電話號碼，刪除最後兩位數字，再剔除重複號碼，然後編配00至99共100組的兩位數字於每個號碼後方，再從號碼庫中隨機抽出號碼。研究員在成功抽出住戶後，若家中有多於一位合資格受訪者，則會以「即將生日」的方式來選出一位最快到達生日日期的合資格受訪者。調查的回應率為44%，抽樣誤差3.1%，可信度95%。所有樣本數據均按香港人口普查的年齡、性別和教育程度分佈作出加權處理，讓分析結果更貼近香港社會的真實情況。

研究主要詢問受訪者有關中港矛盾的文化感覺、圍繞中國

人與香港人的身分認同、於內地的人際網絡、北上內地的生活
經驗、對內地語言與文化的熟知程度、在香港遇見南下內地人
的情況，以及基本的個人資料如年齡、性別、家庭收入等。為
方便受訪者回應，研究員會以1至5分，讓受訪者表達有多強烈
地認同相關的文化感覺，又或者多頻繁地碰上所描述的情況（1
分為「最不同意」或「最不常見」，5分為「最同意」或「最常見」）。

研究發現

　　表一顯示受訪者對中港矛盾的文化感覺有多強烈，分數越
高，表示越覺得中港矛盾嚴重。然而，為免受訪者於回答問題
時「慣性」地給予同一分數，最後兩道題目刻意設定為反向數
值：分數越高，越是覺得中港矛盾的威脅越少。結果顯示，受
訪者最感到近年中港矛盾惡化，其平均分高達4.06分。此外，
受訪者亦較傾向覺得北京一直漠視香港民意，以及香港可能會
被大陸同化——這兩條題目的平均分都明顯地超過3分。受訪
者是否覺得中央政府恪守一國兩制，以及對香港是否寬容，則
靠近3分的中游位置。

表一：受訪者對中港矛盾的文化感覺

文化感覺	具體問題	平均分*（標準差）
中港矛盾	近年中港矛盾惡化	4.06（1.11）
	北京一直漠視香港民意	3.42（1.34）
	香港可能會被大陸同化	3.47（1.35）
	中央一直都信守一國兩制#	2.99（1.41）
	整體而言中央對香港十分寬容#	3.14（1.34）

*題目讓受訪者選擇1至5分，1分為最不同意，5分為最同意
#題目為反向數值：數值越高，中港矛盾的感覺越少

　　表二顯示了受訪者對香港人和中國人的身分認同。受訪者可以選「香港人」、「中國人」、「是香港人，但都是中國人」（傾向香港人），或「是中國人，但都是香港人」（傾向中國人）。最後兩者可視為「混合身分」。結果發現，大部分受訪者都傾向認同自己是香港人。只有兩成多人選擇「是中國人，但都是香港人」；選擇「中國人」的只有約一成。

表二：受訪者的身分認同

身分認同	百分比（人數）
香港人	25.7（258）
是香港人，但都是中國人	40.6（407）
是中國人，但都是香港人	22.9（230）
中國人	9.5（95）
無答案／拒絕回答	1.3（13）

　　表三列出了受訪者與中國內地社會交流的不同面向。資料顯示，香港人經常在居住地碰見來自中國內地的人士（平均分為 3.72 分）。在主權移交多年後，香港人亦較能操普通話和看懂簡體字——兩項的平均分均高於 3 分。然而，受訪者於內地社會的人際網絡，以及北上內地的生活經驗，全是在 3 分以下。即使不少香港人是內地移民的後代，再加上內地與香港頻繁的經貿往來和社會交流，但香港人如今與內地社會的人際聯繫，未必如文獻中所描述的深厚。

表三：受訪者與中國社會的交流面向

交流面向	具體問題	平均分*（標準差）
遇見內地人南下香港	經常在居住地見到大陸人	3.72（1.25）
內地的人際網絡	親人在大陸居住	2.62（1.29）
	同事或朋友為大陸人	2.40（1.31）

北上內地的生活經驗	經常回大陸消遣	2.03（0.96）
	經常因旅遊、探親或其他原因在大陸逗留一晚或以上	2.17（0.89）
語言及文化上與內地親近	能說普通話	3.22（1.37）
	看懂簡體字	3.61（1.28）

*題目讓受訪者選擇1至5分，1分為最不經常／無，5分為最經常／大部分都是

　　表四和表五是迴歸分析的模型，列出各種因素與身分認同，以及對中港矛盾的文化感覺的關係。自變項包括受訪者的個人與家庭背景、媒介使用、內地的人際網絡、北上生活的經驗等等。另外，我們把受訪者分為年輕組群（18至29歲）及成年組群（30歲或以上），以觀察成長於九七前後的青年人，跟曾經歷港英管治、較為年長的香港人，於身分認同及對中港矛盾的看法有何不同。

表四：中國人身分認同的迴歸分析

	18-29歲	30歲或以上
性別（女 =0）	.017	.116***
教育程度	.136	-.083*
家庭收入	-.029	.098*
在香港出世（否 =0）	-.203**	-.255***
是否在職（否 =0）	-.037	-.083*
R^2 的變化	4.9%	9.0%***
使用社交媒體	-.081	-.041
使用主流媒體	.040	-.001
R^2 的變化	0.6%	0.1%
內地的人際網絡	.052	.188***
語言與文化上親近	.143	.131***
北上內地的經驗	.119	.071*

在居住地碰見內地人	.019	-.064
R^2 的變化	4.6%	6.9%***
調節後的 R^2	4.0%	14.9%***

*p < .05, **p < .01, ***p < .001

　　表四的依變項是身分認同，數值越高表示越傾向中國人的身分。在30歲以上的組群中，男性、家庭收入較高、並非在香港出生、教育程度較低的受訪者有較強的中國人身分認同。他們在內地的人際網絡、熟悉簡體字和普通話的能力、北上的生活經驗的密度，都跟中國人身分認同有正相關。成年組群迴歸分析模型的調節後 R 平方達到統計上的顯著度，故此成年組群的分析結果有參考價值。反之，表四的年輕組群的調節後 R 平方並未達統計上的顯著度，其分析結果的參考價值不大。

　　表五的依變項是中港矛盾的文化感覺。年輕組群和成年組群的調節後 R 平方都達到統計上的顯著度，分析結果都值得參考。成年組群中，女性、教育程度較高、在職人士、在香港出生的受訪者，均傾向覺得中港矛盾嚴重。相反，個人和家庭背景在年輕組群的作用不大。然而在年輕組群中，越是使用社交媒體，則越覺得中港矛盾嚴重；在成年組群中，對中港矛盾的文化感覺跟社交與主流媒體的使用頻率都有正面關係。最後，無論是年輕人或成年人，北上生活經驗都跟中港矛盾有負面關係。然而，中港矛盾的感覺與內地社會的人際網絡，以及語言和文化上的親近則並沒有關連。值得留意的是，年輕組群對內地人出現於居住的社區頗有強烈反應，越多在居住地碰到內地人，越是覺得中港矛盾嚴重，成年組群則沒有這種關連。

表五：中港矛盾感覺的迴歸分析

	18-29歲	30歲或以上
性別（女=0）	-.066	-.076*
教育程度	.137	.228***
家庭收入	.079	-.078
在香港出世（否=0）	.108	.271***
是否在職（否=0）	-.067	.118***
R^2的變化	5.6%	16.6%***
使用社交媒體	.346***	.086*
使用主流媒體	.049	.081*
R^2的變化	11.5%***	1.6%
內地的人際網絡	.094	-.041
語言與文化上親近	.000	-.051
北上內地的經驗	-.163*	-.181***
在居住地碰見內地人	.259***	.059
R^2的變化	8.3%**	4.3%***
調節後的 R^2	20.2%***	21.5%***

*p < .05, **p < .01, ***p < .001

延伸討論

　　本文的研究發現，跟文獻回顧中有關中港關係的討論，有類同亦有所不同。誠然，成年受訪者跟內地社會的人際網絡，以至是對簡體字和普通話的熟悉程度，有助提升他們的中國人身分認同。然而，在中港矛盾轉向熾熱的大環境下，跟內地社會的人際網絡及語言和文化熟悉程度，並未能緩和這種文化衝突的感覺。反而，港人北上跨境生活經驗，則跟中港矛盾感覺有負面關係，也有較強的中國人身分的認同。另外，我們的研

究發現，使用社交媒體、在居住地看見內地人的次數，都會導致青年人感到中港矛盾嚴重。近年內地遊客來港數目急增，香港各區都感受到內地旅客增多帶來的問題，再加上社交媒體上有關內地遊客的負面行為，以及與他們有關在港發生的衝突，都使香港年輕人對中國有較強的負面情緒。

　　而除了青年人之外，使用社交媒體與中港矛盾感覺的關係，也見於成年組群。由此可見，媒體的中國視角，以及社交媒體上有關內地社會和內地人的討論和呈現，均影響香港居民的中國經驗和對中港矛盾的感覺。媒體中介經驗（mediated experience）對中港關係的影響，在香港流行文化研究探討已久（例如 Ma, 2012），未來相信會繼續是中港關係的研究重點，讓我們重新理解媒體經驗於「草根國族主義」所發揮的作用。即使是沒有親身踏足內地社會的香港居民，亦可以藉其媒體中介經驗，建立對中國的印象和視角，並與現實的生活經驗相結合。

　　再者，研究發現在職人士和教育程度較高的人士，傾向不認同中國人身分，以及感到中港矛盾嚴重。這研究發現與「功利國族主義」並不盡相同：在職場「搵食」的專業人士，多少都會接觸中國內地市場和客戶，但這種功利的接觸，並不一定會消弭中港矛盾的文化感覺。為何中港兩地的商業交往，並不能促進港人的中國人身分認同，是值得進一步研究的課題。

　　最後，表四和表五的成年組群顯示，並非在香港出生的人較傾向認同中國身分，而在香港出生的人則較感受到中港矛盾。我們加以分析受訪者的出生地，發現在18至29歲組群中，有77.6%在香港出生、30至49歲組群則是67.2%、50歲或以上則為51.2%。明顯地，年逾50歲的組群較30至49歲的青

壯組群，有較多人並非在香港出生。再結合表四和表五的數據推斷，我們認為 50 歲或以上組群較多人出生於內地後移民到香港，並較其他年齡組群認同中國。

結語

　　綜合本文的研究資料，我們有以下三項觀察。首先，中港矛盾早於 2019 年反修例運動以前，已經扎根於香港社區，尤其是香港青年人的生活經驗中。香港青年人於自己社區目睹中國大陸民眾的體驗，跟其中港矛盾的感覺有明顯的正向關係。我們推斷，在香港青年人眼中，中港矛盾已於近年升溫至「保衛家園」的濃烈政治情緒。雖然成年人的數據則未有出現這種正向關係，但受訪者於我們在 2016 年的調查中，已普遍覺得中港矛盾嚴重（表一）。故此當特區政府在 2019 年中堅持推出修訂引渡逃犯條例的時候，香港社會亦隨之出現一波又一波的反彈，而青年人更成為當中的中堅分子。

　　中港矛盾的文化感覺扎根於社區和香港青年人的生活經驗，亦反映了近年中港兩地互動的模式，由過往香港人北上經商生活，轉變為內地人南下，讓香港成為華南「生活圈」的一部分。在我們的研究中發現，香港人北上的生活經驗仍能緩解中港矛盾的文化感覺，這亦跟過往「功利國族主義」的研究相近（Ma, 2007; Ma & Fung, 2007）。然而，這些研究大都着力捕捉香港人北上的生活經驗，並未預視在主權移交 20 年後，內地人大量南下香港旅遊、公幹、上學、以至是就業的光景。近幾年的研究已經顯示，內地人大量出現於香港社區，再加上中國大陸於香港與日俱增的影響力，已在香港社會產生「大陸化」

甚至是「赤化」的恐懼（Jones, 2014; Ip, 2015）。中港關係的主軸由香港人「北上」演變為內地人「南下」，也促使了香港青年人與成年組群於生活經驗中產生不同的「中國故事」，進而受感到不同的中港矛盾。

中港關係經歷了自2019年中的社會運動、新冠肺炎疫情、以至《港區國家安全法》的爭議後，相信已經很難「回到過去」。在中港矛盾升溫以及相關社會運動下成長的香港青年人，將會如何面對多年來南下的「港漂」、可能於新冠肺炎疫情過去後重新出現的內地旅客、以至是有着不同集體經驗和中國故事的上一代香港人？對中國大陸的負面情緒，從來是香港故事的一部分：上一代香港人很多都經歷過因中國大陸的政治及社會動盪而南下來港，上世紀1980年代初因英國決定移交香港給中國而出現的移民潮，以至是1989年的北京學運。然而，在這些歷史事件中對中國大陸的負面情緒，大致並未產生否定中國人身分、強調香港文化自主性的思潮。這跟近年在中港矛盾的氣氛下出現的本土思潮不盡相似。

當然，我們不能以一次的民意調查，便為上述中港關係的問題作出總結。然而，本文希望藉這次的研究，帶出香港人不同面向的中國經驗，並且探討這些不同的中國經驗，會有甚麼樣的政治和社會作用。當北上大陸、擁有跨境生活經驗的港人覺得中港矛盾並非嚴重之際，留在香港、經常碰上內地旅客、以及經常在媒體上接觸到中國內地社會消息的香港人，則會理解到一個完全不同的中港狀況。香港社會不同群組對中港狀況的理解倘若越走越遠，會否導致香港社會內部的政治及社會論述進一步撕裂？若要避免惡化，我們就有必要一同繼續研究當前的中港關係，努力提供切實的梳理和有用的解答。

鳴謝

　　本文的研究資料，來自一項獲得香港研究資助局撥款的研究項目（編號：UGC/FDS14/H02/14）。特此鳴謝。

參考書目

李立峯。2017。「再看世代差異和香港青年人的後物質主義」。《香港・社會・角力》。香港：匯智出版。

陳智傑。2017。「身分認同與建構他者：香港生活經驗中的中港關係」。《香港・社會・角力》。香港：匯智出版。

鄭宏泰、尹寶珊。2019。《香港新青年》。香港：香港中文大學香港亞太研究所。

Chan, C. K. 2017. 'Discursive opportunity structures in post-handover Hong Kong localism: The China factor and beyond.' *Chinese Journal of Communication*, 10(4): . 413-432.

Chan, C. K. 2018. 'Undoing China's charm offensive: Chinese tourists in Hong Kong's news discourses 2003-2015.' In B. C. H. Fong & T. L. Lui (eds). *Hong Kong 20 years after the handover: Emerging social and institutional fractures after 1997*. Cham, Switzerland: Palgrave Macmillan, 287-314.

Chen, K. & Chong T. 2019. 'Rage against tourism.' *Varsity*, 152: 22-27.

Cheng, E. W. 2016. 'Street Politics in a Hybrid Regime: The Diffusion of Political Activism in Post-colonial Hong Kong.' *The China Quarterly*, 226: 383-406.

Cheng, E. W. & Chan, W. Y. 2017. 'Explaining Spontaneous Occupation: Antecedents, Contingencies and Spaces in the Umbrella Movement.' *Social Movement Studies: Journal of Social, Cultural and Political Protest*, 16(2): 222-239.

Fong, B. C. H. 2014. 'The Partnership between the Chinese Government and Hong Kong's Capitalist Class: Implications for HKSAR Governance, 1997–2012.' *The China Quarterly*, 217: 195-220.

Fong, B. C. H. 2017. 'One Country, Two Nationalisms: Center-Periphery Relations between Mainland China and Hong Kong 1997-2016.' *Modern China*, 43(5): 523-556.

Hong Kong Journalists Association. 2020. *Freedom in Danger: 2020 Annual Report*. Hong Kong: Hong Kong Journalist Association.

Hopkins, D. J. 2010. 'Politicized places: Explaining where and when immigrants provoke local opposition.' *American Political Science Review*, 104(1): 40-60.

Ip, I. C. 2015. 'Politics of Belonging: A Study of the Campaign Against Mainland Visitors in Hong Kong.' *Inter-Asia Cultural Studies*, 16(3): 410-421.

Jones, C. 2014. 'Lost in China? Mainlandisation and Resistance in post-1997 Hong Kong.' *Taiwan in Comparative Perspective,* 5: 21-46.

Kaeding, M. P. 2017. 'The rise of "Localism" in Hong Kong.' *Journal of Democracy,* 28(1): 157-171.

Ku, A. S. M. 2004. 'Immigration Policies, Discourses, and the Politics of Local Belonging in Hong Kong (1950-1980).' *Modern China*, 30(3): 326-360.

Ku, A. S. M. 2007. 'Constructing and Contesting the "Order" Imagery in Media Discourse: Implications for Civil Society in Hong Kong.' *Asian Journal of Communication*, 17(2): 186-200.

Lee, F. L. F. 2015. 'Social Movement as Civic Education: Communication Activities and Understanding of Civil Disobedience in the Umbrella Movement.' *Chinese Journal of Communication*, 8(4): 393-411.

Lee, F. L. F., Yuen S., Tang, G. & Cheng E. W. 2019. 'Hong Kong's Summer of Uprising.' *China Review*, 19(4): 1-32.

Lee F. L. F. & Chan J. M. 2011. *Media, Social Mobilization, and Mass Protests in Post-Colonial Hong Kong.* London: Routledge.

Lui, T. L. 2014. 'Fading opportunities: Hong Kong in the context of regional integration.' *China Perspectives*, No.2014/1: 35-42.

Ma. E. K. W. 2007. 'Grassroots nationalism: Changing identity in a Changing context.' *The China Review*, 7(2): 149-167.

Ma. E. K. W. 2012. *Desiring Hong Kong, consuming South China: Transborder cultural politics 1970-2010*. Hong Kong: Hong Kong University Press.

Ma, E. K. W. & Fung. A. Y. H. 2007. 'Negotiating Local and National Identifications: Hong Kong Identity Surveys 1996-2006.' *Asian Journal of Communication*, 17(2):172-185.

Ma, N. 2007. *Political development in Hong Kong: State, political society, and civil society*. Hong Kong: Hong Kong University Press.

Ma, N. 2015. 'The Rise of "Anti-China" Sentiments in Hong Kong and the 2012 Legislative Council Elections.' *The China Review*, 15(1): 39-66.

Mathews, G., Lui, T. L., & Ma, E. K. W. 2008. *Hong Kong, China: Learning to Belong to a Nation*. London: Routledge.

Tsang, D. 2019, April 29. 'Tech-savvy travelers are reshaping city's tourism.' *South China Morning Post*, A4.

Tsang, S. 2007. *A modern history of Hong Kong*. London: I. B. Tauris.

Vickers, E. & Kan, F. 2003. 'The reeducation of Hong Kong: Identity, politics and education in postcolonial Hong Kong.' *American Asian Review*, 21(4): 179–228,

Yep R. & Bickers, B. 2009. 'Studying the 1967 riots: An overdue project.' in R. Yep & B. Bickers (eds) *May Days in Hong Kong: Riot and Emergency in 1967*. Hong Kong: Hong Kong University Press.

社運文化

困於時間之中：
年輕抗爭者、時間性及身分認同

葉蔭聰

摘要

　　大約自2011年開始，香港人日漸擔憂前景，電視劇中一句「The city is dying, you know?」成為熱門話題。「邁向死亡」這個隱喻，指向一段持續沉鬱、沒落及步向死亡的過程，與此漫長的過程相反，新一代政治抗爭者，特別所謂「本土派」，抓住特定時刻進行抗爭，時間以突發的姿態進入意識，成為緊急迫切的時刻。在持續數年的政治風暴中，包括2014年的雨傘運動、2016年的旺角騷亂及一連串的中港矛盾，時間突然變成一個對象物，被賦予政治熱情及迫切行動的感覺，人們急於喚起及把握一些斷裂的時間。本文的主題，正是人們如何面對「步入死亡」及「激烈活躍」的時間之間的斷裂。我運用網絡民族志方法，發現即使抗爭者不陷入鄉愁退出政治，也無法依靠穩定的組織來連結兩種時間，投入小派系政治，以及依賴精英大學社團，只是暫時之舉，卻仍充滿內在張力，充滿不確定性。

關鍵詞

時間性、青年、社會運動、身分認同、本土主義

前言：死寂與活躍時間

　　2011年，電視劇《天與地》中出現一句對白：「The city is dying, you know?」引起不少人的共鳴，當中包含了對香港的焦慮。對白中的「邁向死亡」成為一個隱喻，指向一段失落、衰敗、憂鬱的漫長過程。雖然「死亡」這個主題在近年香港政治論述中經常出現，但沉鬱只是其中一個面向，在所謂被想像成瀕臨死亡的過程中，經常有一些亢奮激昂的時刻突然冒出來，進入人們的意識，是萬分迫切的一刻，這些時刻用「風暴」一詞來形容可能更為貼切。當中包括雨傘運動、旺角騷亂以及一連串中港矛盾，執筆之時，經歷了大約兩年的政治平靜後，又出現了因為反對《逃犯（修訂）條例》的破紀錄動員，發生了震驚本地及國際社會的佔領及警民衝突。這些運動的時間，突然變成脫離時間長流的時刻，甚至成為人們不斷把握、投注及回想的對象物（object），充滿了政治熱情及行動的迫力，人們迫切需要、喚起以至把握某種斷然中止死亡的時間。然而，這些時刻終究是短暫的，動員過後，行動者又可能回到「邁向死亡」的日子。抗爭者如何處理「死寂時間」（dead time）與「活躍時間」（active time）之間的鴻溝，正是本文的主題，我會嘗試提出一個新的視角研究香港的政治文化，特別是當中的時間演化（multiplications）。

> 「仲記唔記得你們自己的初衷是甚麼呀？仲站在草地幹甚麼，好多人已經去了馬路！幾時先識醒，死到臨頭，你們卻只懂得和理非非！」（陳景輝，2015）

「我唔知過完今日香港仲有冇抗爭、仲有冇社會運動，

但希望未來無論香港淪陷、大家移民又好，

請每一位香港人記住呢頁歷史，

記住呢一班義士嘅付出。」（Joseph，2019年6月10日，

上午1:58，Facebook貼文）

第一段引文來自陳景輝憶述，他描述了2014年雨傘運動期間衝擊特首辦公室的「升級行動」中所目睹的抗爭場面；第二段是2019年6月10日晚凌晨，在之前大遊行反對《逃犯（修訂）條例》後留下來的一位抗爭者，在立法會及金鐘一帶與警察衝突時寫下的。這些年輕人的行動呼籲，喚起了一種強烈的急迫感。緊接他們的呼籲及行動，往往是警察的警棍、胡椒噴霧，驅散示威者，或推倒在地並被捕。有些人可能覺得是徒勞無功，但對他們來說是必須，因為時間太急迫，根本沒有商量及思考的餘地，他們常掛在口邊的是「升級行動」，往往迎來更大的衝突，他們視為是唯一的選擇。這些時刻大部分時間是防衛戰，即使有些攻擊或還擊防暴警察之舉，也是短暫而臨時的。例如，2016年的旺角騷亂中投擲磚塊或點燃雜物，但很快防暴警察便反擊了，蜂擁至旺角街頭，拘捕示威者，不少人之後相繼被判入獄。這些衝擊多涉及肢體以至暴力衝突，以及「犧牲」，有意或無意間針對代表政府的警察。

令我最感興趣的，並不是他們戰術是否有效，而是他們的行動迫切感。左翼運動中的著名戰歌《國際歌》副歌中有一句「這是最後的鬥爭」，過去，我也在遊行中唱過，可是，我從來感受不到迫切感，如今我卻能從本土派青年行動中及言談中感受到。這有點諷刺，因為，這些青年絕對算不上是左翼人士，

他們部分人的口號甚至有着相當典型的右翼民粹主義修辭，例如他們反中共之外，部分人也仇恨內地人，似乎與西方政治的右翼更接近。事實上，他們也喜愛批評鼓吹和平非暴力的社運人士為「左膠」。令我更感好奇的是，他們在激烈鬥爭過後如何在日常生活中處理他們的政治經驗，在亢奮活躍及身體繃緊的抗爭瞬間，與日常生活中的規律化、沉悶、令人疲乏之間，有着巨大鴻溝，他們是如何應對的？

香港年輕人與政治衝突有獨特的連繫及歷史，1966年的天星小輪騷亂及1970年的激進青年運動之後，直至2009年以前，幾乎沒有大型標榜「青年」的社會運動。過去10年，一連串年輕人領導的抗議令政府及社會震驚。它們包括「八十後」反高鐵青年、反國教運動、雨傘運動及旺角騷亂，令政府、建制派政黨，甚至是民主派，也感到十分驚訝。政府、家長及學校也沒有預想到，年輕人史無前例地熱切投入政治，他們的政治參與是中斷或逸出了成人為他們設想好的路徑。

同時，他們的熱熾參與放在香港戰後政治文化中也有其特殊意義。劉兆佳在1970年代的香港政治文化研究（Lau, 1978, 1982），以及後續與關信基的研究（Lau & Kuan, 1988）中，指出香港低度的政治參與，社會抗爭相對較少，是功利家庭主義及低度整合的社會系統的產物。後來有研究者指出，香港的社會抗爭並不少（呂大樂、龔啟聖，1984），但他們同樣指出香港的社會抗爭是去政治化或低度政治化的。有人從階級流動及限制角度去分析政治衝突少的現象（Wong & Lui, 1992: 20-21），也有人從晚期殖民治理角度看，香港如何構成一種壓力團體式的「禮貌政治」（Ho, 2000: 284），以至僅以一種去政治化的文化或論述把政治衝突偽裝或淡化成社會活動，從而使當中的

政治性被大大減低（Lam, 2004）。羅永生（2014）更總結出港式「虛擬自由主義」，認為過渡期至回歸初期，統治階級成功操作出一種「建基於新自由主義的個人主體觀念的政治共同體想像，懸置了文化傳統、民族歸屬和國家認同問題，將香港這個共同體的自我想像為高度地管理主義化」，把政治衝突收納在一種循規蹈矩的習性及精神中。從時間向度去看，就是政治衝突沿着支配性的體制而演進，走不出循序漸進的主調。顯然，近年的政治抗爭激化，很大程度逾出了去政治化的框框，這種逾矩有多種體現，其中一種便是經常強調「不設底線」的本土派抗爭者的出現。他們的出現，與政治制度及社會結構雖然有關，但是，相對來說，由於香港沒有進行大幅度的政治改革，在「維持安定繁榮」的大方針下，社會經濟結構的轉變也非翻天覆地，因此，最大的轉變很大程度上是主觀的政治經驗，以及伴隨的政治實踐。同時，制度的相對或表面不變，與人心急劇求變之間，形成強烈對比，因此，很有需要從抗爭者的經驗去了解這種政治文化的轉移。

時間演化（Temporal multiplications）

自從上世紀八十年代，在時間的眾多特質之中，速度成為資本主義、文化及人類處境的討論話題，例如「時間壓縮」（Harvey, 1989）或「快資本主義」（Agger, 1989）的說法，描繪人類個體及社會關係，經歷急速的轉變，體現在空間上的移動，體制運作的轉變，以至影響社會生活深遠的科技創新。但時間除了關於速度，還有其他的形式、性質及結構，作為生成（constitute）現代社會生活的重要向度（Giddens, 2007[1993]:

127; Fabian, 1983: 24; Bourdieu, 2000: 206）。例如，Thompson 開啟了對工業時間的研究，指出工業資本家及政府漸漸把生產活動、以至生活跟時鐘時間與工作紀律，推動至同步進行（Thompson, 1967），其他學者則強調，現代時間意識及規訓其實有一個歷史演化及傳播的過程（Glennie & Thrift, 1996）。時間本身也非全然被自然化（naturalized）到令人不知不覺，時間有時也在日常經驗中突然冒出來，恍如有鮮明形象的一個個體，成為一個我們要把握的時刻，一個不能錯過的機會。它好像開啟了一道門，讓我們能走出困境，走上極不尋常的道路，擁抱一個新的未來（Frederiksen & Dalsgård, 2014: 5）。

　　特定時刻往往以「事件」為人感知及認知，它對自然化及常態化時間產生另類社會關係。本雅明（Walter Benjamin）在提出他的非線性歷史觀時，把革命性事件看成中斷線性及同質時間過程的救贖，標誌着一個時刻，重新連結起過去失落的訴求及鬥爭，在事件中「過去能如一個閃亮的影像般被捕捉」（Benjamin, 1968: 255）。傅柯（Michel Foucault）則把事件視為權力分析的關鍵，以區分自己的系譜學分析法與其他論述分析的差別，他提出論述作為事件，即它對權力的意義，在特定事件中，權力關係及效應發生根本性的變動而新主體得以出現（Hook, 2001; Foucault, 1991）。本雅明與傅柯彼此有相當不同的理論關懷及取向，但他們同時指出了中斷式時間（disrupted time），前者中斷了線性的歷史，後者是既有的權力關係。這個觀點對理解社會抗爭很有啟發，抗爭讓參與者以身體的強度（bodily intensity），變成了新權力關係中的主體，擺脫了被強迫服從的當下權力關係，以及被預設好的前景，重中獲取到行動力。用德勒茲（Gilles Deleuze）的話，是瓦解當下的基礎

（ungrounding），破壞長久建立及制定下的道德——政治預設及許諾（ethico-political commitment）（Deleuze, 1995: 202）。因此，抗爭猶如里柯（Paul Ricoeur）所指的虛構小說敍事，是活着時間與「世界」或「歷史」時間的斷裂（Ricoeur, 1988: 128），或洪席耶（Jacques Rancière）對美學實踐的理解 (2010：125)，即創造性斷裂，把人從既有角色、既定意義及被賦予的歷史命運中解放出來。

　　這類時間可以統稱之為批判時間性（critical temporality），這概念對應着青年研究就「青年/年輕人」範疇所作的反思成果。現有青年研究漸漸不再視年輕人為成長的必經階段，而視之為一個斷裂而特有的時間。現代兒童心理學傾向把青年的各種可能掩蓋，把它圍限在生命的過渡期，介乎於兒童或青少年的依賴階段與成人之間，即未達「成熟」或「正常」階段，例如，艾瑞克森（Erik Erikson, 1950）及皮亞傑（Inhelder & Piaget, 1958）皆以階段理論把「青年/年輕人」放在個人發展軌道上，他們把「青年/年輕人」視為進入成人的最後階段，與年輕人的偏激、不安、躁動相反，成人階段被預設為均衡、穩定、形式化規管。晚近一點的心理學家阿納德（Jeffrey Arnett）發展了「初現成人」（emerging adulthood）這個較為彈性的概念，理解探索各種未來可能（Arnett, 2000: 469）。這些觀點把生命進程的動力化約成一個累積及漸進的階段，卻沒有注意到逆向及歧途的可能（Baron et al., 1999: 484）。有學者認為該從根本上質疑發展心理學家有關「階段」的基本前提，並論證經驗差異的重要性（Bynner, 2005）。亦有觀點認為（Valentine, 2003），需要了解年輕人在各類表演性實踐中（社會運動也屬此類）的認同，逾越邁向「成人」路徑的嘗試，或持續不變的

可能，都是不應被排除的可能（Horton & Kraftl, 2006a, 2006b; Worth, 2009）。

在許多西方自由民主政體國家，年輕人的政治參與往往被學者指出，並沒有達到所謂成人期望，例如，年輕人對票箱民主的熱情正在下降（Ipsos MORI, 2015; Kimberlee, 2002; Park, 2004; Russell et al., 2002），這種說法假設了西方民主的政治參與有一固定的、常規化的路徑。年輕人去政治化的說法，多數基於政治態度及行為的大型問卷調查，這類研究大多由兩大擔憂使然，一是代議政治的危機，另一為年輕人的「政治不成熟」。與這些研究理論的預設及發現相反，越來越多研究分析年輕人的另類政治參與，他們不滿常規的政治遊戲，發展出非常規的抗爭劇目，針對特定議題或訴求的動員，有時甚至是對微觀政治的強烈關注（Norris, 2003; Benedicto, 2013; Sloam & Henn, 2019）。這些特性造就了非比尋常但情緒更高漲的政治投入時刻，例如公投、佔領，以至暴動，這一切與代議民主、立法及政治協商激烈碰撞。自由民主政體預設了漸進的時間運動，但年輕人的抗爭卻造就突然破壞性的時刻。

建基於對時間、年輕及政治的反思，本文嘗試處理一個為人忽略的議題：大型抗議一般不會持久，尤其是對初次踏足政治的年輕人來說更是如此，社會及政治動員後，抗爭者很容易陷入到個人化、無力感及冷感之中，日常生活的經驗是無奈接受與忍耐，混和着低調的抗議及抵制，直至下一個大動員時刻。於是，如何從當下及不久的將來找到意義及行動力，變成十分困難的工作。由時間的衝突及斷裂所造成的常態混亂困擾着抗爭者或任何曾熱情投入的市民。換言之，本文的主旨，就是社會動員的批判時間與常規時間的連結及斷裂。

　　我對社會抗爭與時間經驗的興趣，源自我過去兩年對30位年輕社會運動活躍分子的研究，在訪問期間，他們都介乎16歲至24歲，大部分是男性，都是中等或中下收入家庭背景的，其中有一半人自認是「本土派」，本人從中抽取三位作深入討論，以闡述幾個與時間性相關的課題。這些抗爭者的出現，既是對香港政治秩序，也是對他們自己的成長的衝擊；他們不同程度上鼓吹香港獨立或中港區隔，不為香港及北京當局所容。自2016年開始，特區政府及北京政府更利用行政手段及釋法，使不少本土派代表無法參選。媒體曾廣泛報道捲入這些事例的領袖人物，但我要研究的對象則比較不知名，是不在媒體視野中的所謂「素人」，當他們把激進抗爭與常規政治及日常生活連結起來時，往往是困難重重的。從一個更抽象的層次來看，他們的故事呼應了近年關注年輕男子對時間的焦慮（Jeffrey, 2010: 11; Cole & Durham, 2008; Comaroff & Comaroff, 2000），他們發展出不同方式的行動力（agency），但卻在斷裂的時間中受到限制、割裂及掩蓋。

　　過去兩年，我進行訪談及田野考察，了解他們的政治活動，記錄他們的線上互動。我的研究問題是：他們的政治經驗中有哪些時間結構？他們的香港身分認同敍事中，如何從時間角度去合理化自己的行為及位置？抗爭政治的激奮如何在日常生活及未來前景中處理？我採取的方法是結合網絡上下的民族志，所研究的「田野」（field）是一個開放的研究環境，包含眾多的民族地點，分佈在時刻變化演進的網絡平台，以及不同的線下及數碼地點（Hine, 2009）。我在取得受訪者同意下，記錄了他們部分的網上貼文、圖像及對話，集中在政治抗議、集會及他們日常生活的對話，分析上我專注在他們的意義生成過程

（meaning-making），並以批判論述分析（Fairclough, 2010）尋繹他們在語言、社會生活及政治之間的互動。我也有對他們進行個人訪問，嘗試了解他們的成長與政治參與的關係，並要求他們回應我的田野觀察。

香港的斷裂時間

　　為了更好地理解我的個案故事，我會先討論香港的大背景，並集中分析晚期殖民及後殖民時代政治時間是如何被想像及體驗的。大英帝國在香港的殖民經營，在十九世紀至二十世紀中期以前，沒有任何較長期的建造或發展大計，再加上人口因為中國以至周遭戰爭及政局混亂而並未穩定下來，因此本地社會也難以想像成為一個有機體，一個進入演化時間觀的現代社會。殖民政府只關心如何在變動的地緣政治及國際經濟中，維持一個穩定的社會秩序及商港。直至 1970 年代，「亞洲四小龍」說法開始出現，權力精英才為香港構造出一個資本主義式的社會及經濟發展演化願景，亦漸漸為本地社會所認同。同一時間，香港居民開始視香港為家（呂大樂，2002〔1997〕），香港成為一個在「進步」過程中展開的社會文化統一體（Chakrabarty, 2000: 256; Williams, 1985）。透過這種主導的時間觀，香港類比成其他現代化資本主義地區或國家，進入「發展」或現代化。在後冷戰中，香港更與其他東亞國家，成為上世紀八十年代中國經濟改革的資本主義模式。

　　與社群想像的地緣政治變化差不多同時發生的，是「香港政治前途問題」，在 1980 年代初出現爭議過後，最後以 1997 年「回歸」作終結，也意味着「一國兩制」、「高度自治」及「港人

治港」成為香港自我理解的關鍵政治原則，也體現在基本法的普選承諾上（雖然當時沒有政治改革路線圖）。打個譬喻，本地社群把自己想像為坐在候機室，等候回歸中國及民主化，同時，期望一種獨特的政治及社會生活，能經歷時間的沖刷仍然不變，在法律及制度上也被確認。然而，在維持香港繁榮穩定、「明天會更好」的期待中，政治不安及恐懼卻縈繞不去，例如，1989年北京政府鎮壓學生運動，為香港的回歸路帶來陰影。一方面是泛民主派政黨相信，香港及中國終究會完成民主化；另一方面，公眾對中國政府干預香港的恐懼，成為了支持泛民主派的民意。因此，相當多的人在抗拒及懷疑中接受現狀，也接受香港的過渡及回歸。

回歸後，建制派精英更努力地把香港社會發展與中國官方所宣傳的「民族復興」掛鈎起來，但泛民主派及其支持者在中國治下卻遇到更多困難，越來越難在民主化的演進時間上定位自己。北京政府對香港的政改態度日益強硬，令人們對這個城市的政治前途充滿了疑慮。承諾與現實的距離日益擴大，反過來令更多人，特別是年輕人，對政治投入熱情。同時，香港與中國大陸之間的各方面交往，也產生更大的反中國情緒。由2003年的「反二十三條」（反對國家安全立法）到2014年的雨傘運動，相當多的香港人對可見的未來無法擺脫中國影響感到十分沮喪，「中華民族偉大復興」的歷史敘事，恍如香港的末日，在這個氛圍中更多人追求分離主義。

簡單來說，民主化的說法建基在一種演進時間，但這種演進日益變成問題。對民主化的信心建立在回歸的願景，同時也是一個中國與香港更互動靠近的長時段過程，但中港關係日益成為問題，變成激烈對峙的政治衝突點，「中港矛盾」這個

籠統説法的出現即是明證。不少市民信心漸失，且被一種急迫感所濃罩，急着要「救」即將陷落的香港，成為新一代政治活躍分子投入衝突的論述與動力，並進一步令矛盾公開化。這些衝突環繞着多種矛盾，以及自己創始的政治主體及共同體之名而演化，有時它以族群統治方式顯現（Ip, 2015; Kaeding, 2017; Veg, 2017），有時也表現為制憲權（constituent power）的爭取，例如「自決」與「獨立」的説法（葉蔭聰，2016）。許多人把政治鬥爭理解為生死之戰，並使用大量地域化的語言，例如「佔領」、「光復」、「重奪」等等。這些戰意甚濃的修辭，沒有指向任何漸進過渡的時間性，相反，卻標示出獨特而激烈的時刻。這些抗爭既是充滿激情，亦已令香港進入了沒有方向的政治歷程，由一個相對能期望的時間軸，進入了斷裂的時間。

民族主義的鄉愁

受訪者Williams的政治參與由社會民主連線「三子」（即梁國雄、黃毓民及陳偉業）開始，也是反對陣營中激進行動派剛出現之時；這大概在2008年前後，既是對政治制度及實踐的不信任，也是香港以「人民」之名挑戰建制的政治開端。Williams記得，當他還是中學生時，他與父親一起觀看「三子」在立法會內的抗爭，雖然他當時不太懂得政治，但卻感到興奮。他不認為自己與父親當時有很清晰的政治立場，但父子倆卻認同蔑視及挑戰政治精英的民粹主義情感，他也從中學習了香港政治，培養了他對中共及其政治代理人的反感，以及對溫和民主派的不滿。

他喜歡黃毓民的反叛行徑與煽動性言辭，也自認自己性格

天生反叛，自然成為他的「粉絲」，後來跟着他轉向本土主義，
加入了黃的熱血公民，自稱或被稱為「熱狗」。雖然他是熱血
公民的成員，但他經常自命獨行俠。例如，他在抗議時很少穿
着熱血公民的制服，有時甚至與隊伍保持距離。他發現，這樣
給他更多空間去參與自發及衝突行動，因為，熱血公民的領導
有時並不認可某些行動，或不打算為此負責。

　　受訪時，Williams 只有22歲，還在念大學。2016年時，
他自視為大學裏唯一敢公開站出來的本土派，發起校園公投，
爭取「退出學聯」運動，因為他們不滿雨傘運動時學聯領導不
當，過於溫和，他並指控學聯的「大中華」中國民族主義立
場。他還把雨傘運動定性為「失敗」。因而，在「失敗」之後，
他與其他本土派更堅定地堅持他們的「勇武抗爭」，與其他較
溫和的反對派劃清界線。2015年，他參與了「光復香港」的行
動，抗議中國大陸來的旅客，尤其是販運水貨者，更直接到旅
客集中的地區喝罵他們，以及抗議專門做大陸旅客生意的店
舖。2016年，他甚至參加了旺角騷亂，但他僥倖沒有被捕。騷
亂後，他跟其他本土派成員一樣，士氣更高漲，派內的各個山
頭的年輕人一起幫助「本土民主前線」的梁天琦在2月底的立法
會補選中拉票，最後雖然輸了，但卻取得了15%的選票。本土
派陣營認為，自己能取得更多政治影響力，故在同年9月的立
法會選舉中，各個自稱本土派的候選人踴躍參選。有趣的是，
Williams 對自己派別的政治前景想像，完全逸出了代議政治遊
戲，想像及計劃也趨向更激進的策略及戰術：

> 「一開始可能……街邊……笠啲差佬呀。跟住，慢慢，
> 真係……去佔據一啲地方啦。講緊佔據唔係好似佔領

咁，而係癱瘓一個地方，令到嗰個地方可以唔俾政府管
治。即係，就好似 ISIS，你可以咁論。」

他的說法可能有點天馬行空，暴力手段也與他參與助選有
點不大一致。但是，可以看到他對戰術或策略的差別並不很在
意，但卻急於採取即時直接的行動，以觸發更大的衝突，相信
能造成深刻的改變，透過這種衝突，讓他最能感受「香港人」
這種身分認同。但是，他的政治熱情沒有令他理想實現。2016
年選舉期間，他與一位親建制的支持者在拉票時發生衝突，他
被控「普通襲擊」罪成，但得到緩刑。然而，最打擊他的是 9
月的選舉結果，熱血公民派出五名候選人，卻只有一位當選。
他這樣形容自己的失望：

「而家你有一席，咁你就係一個政黨。但你又係一個失
敗嘅政黨。真係好中間囉，個位。卡住卡住，上又唔
係，下又唔係。即係，如果毓民贏咗，都叫有兩席啊，
唔好話三席。但而家只係得一席，你又唔可以做地下組
織，但係做政黨我哋又唔係好夠力量嘅！」

Williams 最初跟從熱血公民的說法，如果有五席，可以再
發起五區公投，迫使中共接受修改基本法，保證香港 2047 年後
保持政治自主，但現在一切都落空了。立法會選舉，雖然蘊含
自由民主的理念，但僅限於規劃及協調政府活動，也屬於一個
緩慢的商討過程。好像 Williams 這種行動者，就是拒絕這種漸
進時間。熱血公民在選舉中的小勝，在 Williams 看來，也是沒
有意義的，甚至是阻礙了更激進而即時的行動。選舉過後，他
捲入了熱血公民及本土派的內部指罵及鬥爭中，更被某些人指

為出賣熱血公民，因為他支持另外一些本土派的人物及山頭。他感到時而煩躁，時而失落憂鬱，最後他離開了熱血公民，他甚至說自己遠離政治。

政治的失落使他回到自己的個人生活。他沉迷中國哲學、網上遊戲以至各類日本動漫等「二次元」的玩意，但他仍然保留了對香港的鄉愁，以下例子可以幫助說明。2017年，他去日本東京旅行時，特意去了靖國神社，據Williams說，這是香港本土派常去的景點，不過，他也說不清自己想去的原因。在神社中，有一家名叫「遊就館」（Yūshūkan）的博物館，是日本最早的軍事博物館。其中一幅書法卷軸特別觸動他，該書法卷軸是日本右翼文學評論家三井甲之（Mitsui Kōshi, 1883-1953）的詩句：「日本（大和島根）是由愛國者及為國犧牲的英烈，獻出悲慘生命，前仆後繼地保護着。」博物館內不准拍攝，但他還是忍不住偷偷拍下來，並迅速在Facebook上分享。

Williams的政治沮喪與民族主義想像可以用阿帕度萊（Arjun Appadurai）的「沒有記憶的鄉愁」來理解（1990: 3）。無論是日本右翼民族主義者的「大和島根」，還是他心目中的「香港」，他也沒有經歷過，也談不上失去，但他回望這樣的想像世界，在心中泛起眷戀與哀愁。這是透過互聯網、旅遊、數碼工具，拼貼起文化再生產，讓Williams對自己及社會生活產生了「神秘的親密感」（van Manen, 2010），也許，當中的反中國情緒提供了一個中介，讓香港的本土主義與日本的右翼民族主義形成了連結及文化迴路。但這並非建立在共同的歷史及敘事中，而是發生在一種含糊的文化親近性及重演之中（Iwabuchi, 2002; Jameson, 1993）。

2018年9月28日，他發出一篇貼文，內裏有一張雨傘運動

的圖片，當中有一名防暴警察發放催淚彈：

「928，政治

起床，伸個懶腰，打開手機。9 月 28 日。突然心中有感
而發，回想起來，政治令我失去太多。」

這段回想是有體驗及記憶的，雖然只是幾年光景。正如
他說，他在政治參與中得到熱情、希望、生命意義及朋友，但
是，所有也離他而去。他描述自己在雨傘運動及之後的起與
跌。每一個運動都點燃了他的希望，令他感到興奮但又再次沮
喪，現在「無一不被撲滅，煙消雲散」，他接着說：

「以前，政治就像我唯一的意義，總覺得自己能做些甚
麼，改變些甚麼，現在我卻發現我連自己都改變不了，
如何改變世界？現在回頭，參與政治那幾年是空白的，
我沒有得到過甚麼，更甚者，我失去不少。因為政治與
別人爭執，因為政治失去朋友，因為政治失去自我。」

2017 年，Williams 曾以筆名經營了一個網誌，該網誌名稱
出自黃宗羲（1610-1695）的《明夷待訪錄》，包含了複雜的意
義。在十七世紀明清交際之時，黃在此書中對中國專制主義作
出批判，並提出儒家王道的原則。其書名意指黑暗的力量仍然
主導，光明的力量韜光養晦，等待邪惡的消去，聖王賢君（黎
明）的到來（de Bary, 1993: 6）。但 Williams 已兩年沒有更新了，
他現在只在一些大型抗爭時，在電腦、手機螢幕及社交媒體前
為「勇武抗爭」搖旗吶喊一下，因為他已失去了做一個參與者
的動力，我也不肯定他是否還有耐性及決心去等待。

在小宗派裏成長

不少本土派在2017年後，往往保持低調，[1]但卻有一些人一直堅持下去，甚至在低潮期中冒出頭來。另一名受訪者Charles在訪問時不足16歲，在新界西一家排名比較差的中學就讀。2016年，他成立了一個獨派組織，相比起Williams，他的政治經驗跟互聯網更有關係；黃之鋒等成立的「學民思潮」對他也有示範作用，他們矢志要組成跟黃的政治立場及成員背景不同的中學生組織。他雖然也參與了雨傘運動的佔領，但印象不深，他自己認為對他最有意思的是2015年的「光復香港」運動。Charles承認，民主運動並不是他很重視的關懷，而大陸旅客帶來的「大陸化」令他更在意，這也令他更有決心捍衛香港的族群利益、權力及資源（Ip, 2015）。他居住在新界西的某區，經常看到大量大陸遊客及水貨客湧入，他深深感到中國的威脅，令他生活的社區面目全非。

「光復香港」行動最早可以追溯至2012年上水居民開始發起的零星行動，經過了Facebook上的新聞、影像及網民評論，到了2015年在一些本土派組織（例如本土民主前線、熱血公民等）的推動下，成為擴及全港的運動，也吸引了像Charles這樣的中學生參與。這些行動的特點之一，是發生在社區，而非香港傳統的遊行路線（例如港島區），抗議對象甚至不是或不限於政府，而是旅客或相關的對象。同時，運動中沒有多少政治明星，甚至社運組織也很少。運動中的民粹主義修辭、姿態及行動方式吸引了Charles這樣的非精英學生。

1　不少青年人在2019年的「反送中」運動中又站出來了，屬於後話，在此不談。

Charles 由網絡上獲取了大量政治辭彙及知識，漸漸找到自己的政治定位，比起 Williams，他在不少議題上更認同常見的右翼議題及觀點，例如反對福利、反女性主義、否定自由左翼的關懷及價值，亦由此他視自己的政治策略及行動方式為「勇武」，有別於溫和泛民。對他來說，「勇武」的意義十分混雜，包括勇於承認自己支持獨立，支持獨派候選人，直接與抗議對象交鋒，無論是大陸旅客還是警察。由於泛民主派都不認同他有份參與的「光復香港」行動及旺角騷亂，所以，他更看到自己與泛民主派的差別，反過來更清晰自己的定位。在 2016 年的選舉中，本土派候選人與泛民主派競逐議席，使他更清楚確定自己的政治立場。

這一年，他為好幾位本土派候選人拉票，也從中認識了後來一起成立學生組織的同道。選舉後，本土派陣營的內鬥，雖然他也有捲入其中，但對這位中學生並無太大影響。後來對本土派的打擊，包括取消參選資格及監禁旺角騷亂參與者，也沒有令 Charles 有太多挫敗感。相反，他們更熱切地繼續以青少年及學生身分為「港獨」宣傳，他們每幾個星期便設立街站，散播一種存亡之秋的感覺，例如，香港正在「水深火熱」，要立即行動反抗中國的「文化清洗」及「洗腦」，港獨是香港唯一出路等等。儘管他們在香港政治中奇特卻一直並不顯眼，但自 2018 年之後，Charles 的小宗派團體成為最重要、最活躍的本土派組織（其次便是香港民族黨），親北京報章對他進行追蹤偷拍，並大幅報道，以說明香港的港獨仍然活躍，他們比之前更受矚目。但是，他們的活動沒有多少實質效應。街站宣傳外，他們聲援過一些因為支持港獨而受罰的中學生，也有抗議嚴厲執行普教中的學校。他們港獨立場鮮明，但沒有任何過渡方

案，在沒有大型動員的時刻，加上他們有點極端的公共形象，令其他團體對他們的呼籲也沒有多少迴響，他的小團體只能困在自己的小宗派。但他也參與了不少較隱秘的獨派 Telegram 群組，這個小宗派也在一個鬆散的本土派人際網絡中，除了討論政事外，偶然也有些人組織讀書組或「軍事營」，後者指學習自衛術及街頭抗爭戰術。

Charles 的團體內部也很鬆散，雖然曾經有過百中學生加入，但他們來了又去。兩年前，幾名成員每星期在一個獨派網上頻道做節目，開始時，Charles 是最腼腆不起眼的一位，但如今他已成為唯一恆常出席的主持，自然也成為團體的發言人。在每一次街頭行動中，都不超過五位成員出席，他們的宣傳沒有甚麼反響，只引來奇異的目光。但這一切並沒有捻熄 Charles 的熱情，相反，他為自己的毅力感到自豪。相較他的同班同學，Charles 對香港政治前途有更多的想法，例如，他跟大部分本土派一樣，認為現在至 2047 年是香港爭取獨立的最重要時機，但他身邊的同學完全沒有同感：

> 「2047 年之後點樣我哋唔知㗎喎！咁我都有咁同同學講過，同學就同我講，『2047 年都死咗啦』。但係，其實，睇番個時間，2047 年果陣我哋仲好後生㗎喎！……四、五十歲㗎咋嘛，2047 年。我哋而家先十零歲。即係去到 2047 年，假如無意外嘅話，我哋仲有好長命㗎囉！係我哋需要面對嘅嘢囉！」

Charles 的同學的回答有點滑稽，但是，也許一般香港中學生真的並不如他那樣，對這個遙遠的政治問題有那麼大的興趣。Charles 雖然沒有計劃，但他對香港獨立之路充滿信心，這

信心又反過來使他感到自己的小宗派存在是有意義的。但是，他的進取態度及決心與他對自己前途的想像形成鮮明的對比，他對後者感到十分迷茫，對自己的前途沒有頭緒。事實上，他今年（2019年）參加「香港中學文憑考試」（DSE），他在自己的學校裏成績也不好，他經常說自己「讀極都唔識」，能否在DSE中全科合格也成疑問，更不要說上大學了。至於大學以外的路，他也沒有多少計劃。雖然這樣，但他又無法擺脫香港大部分政治人物的社經背景想像——中產階級及大學畢業等等，他曾告訴我，希望像梁天琦一樣進大學讀政治學，但他馬上以網絡俚語來說明，這只是他的「FF」（意指不會實現的幻想或夢想）。

　　Charles外貌平庸，成績及口才本來也不出眾，但他的激進政治立場及鼓吹港獨的政見，令他成為學校裏的另類「風頭躉」。儘管學校內沒有多少人認同他的政治理念，但他卻受到校內師生的注目。因為他的成績及政見，常遭受老師及同學的恥笑，但是，Charles的小宗派政治活動，令他感到在日常生活中充滿力量。我觀察了他超過兩年，他談吐舉止也比以前有信心，面對外界對他的指責、嘲笑或其他壓力也從容了很多。從他的Facebook個人頭像照片（profile picture）中也可看到當中的差異。大約2016年時，即我跟他剛相識時，他的照片是黑白照，只顯示自己的背面，看不到正面。後來，他比較願意以正面示人，開始有些照片貼上「香港獨立」之類的口號。例如，他用過與梁天琦的合照，也用過自己站在街站的照片有一段日子，雖然標語比他本人要大及顯眼。漸漸地，他偏向用近攝的半身照或頭像照作為個人頭像照片，例如，他半身正面對着鏡頭，挺直腰板，一臉嚴肅，光線由背後發出，「香港獨立」四個大字放在照片四角。另外有一張照片是他常用的，是他身

穿上「Hong Kong is not China」T-shirt 的正面半身照。他的自信不獨限於他的公共形象，還有他對學校老師的回應：

> 「講我成績唔緊要（但我係合格囉），成日咁多人面前潤我都唔緊要，但係咁多同學面前暗示我淨係識做鍵盤戰士（只）識係上網寫文之前其實有冇諗清楚先講？就係琴日我先又比差佬圍，會唔會覺得對你所講嘅有啲諷刺？都係個句啦，洗唔洗我做咩之前都自拍打卡先做？我比得你見到嘅就梗係得上網打飛機啦，如果我淨係識上網打飛機你就唔會知我嘅身份啦。」（Facebook，2017年6月5日）

　　發出以上一篇貼文之前的一天，是 Charles 在支聯會六四晚會前，在東角道擺攤呼籲人們不要支持支聯會。當日，我在現場看到警察滋擾他們，期間多次抄寫他們成員的身份證，又有大隊警察包圍他們，要求他們把攤位移到其他地方。之前兩年，有不少本土派組織會過來支聯會的晚會叫陣，如今只剩下他們了，沒有本土派明星級的人助陣，整晚只有一位中年男子——自稱是「初一的人」（即參與過旺角騷亂的人）站在他們旁邊支持。Charles 反過來把這種經歷看成歷練與成就，敢於面向當權者，也以此來向看不起他的老師及同學示威。所謂勇武抗爭，爭取香港獨立，讓他經歷一個自我充權的過程。雖然他對自己即將到來的前途不確定，與他斷言遙遠未來香港獨立必能實現之間，有着巨大反差及距離，但對小宗派政治教條及活動的投入，讓他可以暫時忘卻這個難題。他享受在街頭以至學校內的鬥爭，同學視他為怪人，學校內的老師，以至建制派，大概只認為他是青春期的反叛，相對其他港獨鼓吹者，他的政治

威脅不大。然而，他的中學生涯即將結束，他是否能在自己的
政治實踐、個人學業及事業規劃中與香港政治前途之間建立起
有意義的聯繫，還是未知之數。

事業與政治之間

　　在受訪者中，Patrick的家庭背景與Williams及Charles相
差不遠，但他的成長及政治經驗都頗為不同。他自中學開始便
是一位精英學生，憑着優異成績，他入讀了某本地精英大學裏
被視為最精英的專業學科之一。事實上，他的政治參與起點跟
兩人也不同，他表示，自己開始關心政治，始於中一時閱讀余
杰的書，開始產生了「反共」的思想。他在學校裏又是辯論隊
成員，自然關心時事。2011年左右，他開始關心國民教育科，
在2012年他加入了黃之鋒的「學民思潮」，不過，到了2013年
下半年，他退出了組織，大概是跟黃之鋒等的領導層不和，而
自己又想專注其他跟教育相關的關注組有關。2014年，在雨傘
運動期間，他是中六學生，9月時，他成為自己學校的政改關
注組成員，組織罷課，以及動員學生拒唱國歌、背向國旗旗杆
等行動。他從雨傘運動開始，已認為應採取更激進的行動，例
如衝擊特首辦，故此他認為「雙學」太過溫和，例如，他曾說
道：「攻贏守輸。現時需要的，是將一切親手摧毀後再重建的
氣概。」（Facebook，2014年10月4日）他在旺角佔領區沒有參
與很多跟警察的衝突，在訪談中他也不願意多談，但他後來這
樣描述自己當時在旺角的日子：

　　「記得我第一日去到旺角佔領區，望住由木板堆疊以

（而）成既（嘅）防線，嗰個彷（恍）如睇緊孤星淚既（嘅）畫面，我就知道，呢個城市既（嘅）命運從此不再一樣，我亦都一生不會忘記呢幾個月既（嘅）一切，唔會忘記我係（喺）物資站食既（嘅）嗰一碗最難忘既（嘅）冷麵，同時，亦唔會忘記成隊速龍係（喺）身邊衝出黎（嚟）一人一支棍見人就打、見人就拉既（嘅）畫面，同嗰一種好驚好嬲但又冇後路可以退既（嘅）心情。」（Facebook，2018 年 9 月 28 日）

　　從這段貼文可見，令他成為支持勇武抗爭的年輕人的經歷，包含了其他抗爭者的行動（如街壘）、警察（「速龍」），[2]以及在旺角物資站中的佔領生活。與此同時，跟許多差不多想法的抗爭者一樣，他也有許多暴力抗爭的想像。例如，當時佔領者被稱為「村民」，他曾說「村民搶槍嗰日就係開始有機會贏嘅一日」（Facebook，2014 年 10 月 2 日）。

　　自此，他開始融入了一個本土派色彩更濃厚的人際網絡。2015 年 9 月，他入大學，與校內其他本土派學生進一步連結，成為學生會屬下一個關心時事的委員會會員，與學生活躍分子一起抗議親北京人士干預校政。同時，也認識了一些本土派年輕領袖，與本土民主前線、青年新政的人開始相熟，成為本土派大專學生一員。2016 年初的旺角騷亂，他於半夜時分接到網上訊息，「之後先再即刻撲出去。去到都係 meet up 番 X 大個班人咁」（與自己的大學同學會合），他當晚在旺角街頭留至早上才離去。而 2016 年的泛本土派參選，他也有幫忙拉

2　「速龍」正式名稱為 Tactical Special Squad，是香港警方在處理大型衝突時的隊伍。

票。本土派在2017至2019年間被打壓，更堅定了他的本土派甚至港獨派立場，他除了反對中共、特區政府及建制派外，也把大部分泛民主派視為「政棍」。他認為，整個香港的政局甚至命運，完全掌握在他們本土派年輕人身上。不過，他對全身投入某個政治團體十分猶豫：「我個人上係冇參與任何政黨嘅。個原因係因為我覺得，即係所謂入黨其實都係一個好大嘅commitment。一個未必番到轉頭嘅一條路。所以都想睇得更加清楚先，之後先再做呢一個決定……」。

2015年，他在Facebook上這樣說：

「其實我真係好想做港豬，好想乜鬼政治／社運都唔再理，好想專心讀書同做自己鍾意做嘅事。社運呢樣嘢真心好難玩好辛苦，付出同收入完全唔成正比。本身同自己講九月退出社運（第三次話作出類似決定），但最後都係下定唔到決心走。三年啦，點解呢個社會最沉重最難頂嘅工作，要由一班死仔去承擔，我相信我地呢一代十之八九都劫到唔想再頂落去。但就係因為生於一個咁嘅時代咁嘅社會就中左伏，走唔到。呢個現象其實好唔健康。」（Facebook，2015年9月12日）

因為有這些抗爭背景，當我第一次訪問他時（2016年），他顯得有點尷尬。他也跟我說，由於自己有精英專業學科背景，日後未必有許多政治參與。他亦預期，香港政治參與要付出的代價越來越大，包括可能會犧牲自己的專業前途，因此，他也不確定自己該做甚麼。

事實上，除了政治活動外，他也積極參與各類學生活動，他甚至是某個全港的精英學生組織的幹事，也代表同學出席學

術會議及交流活動，就像一位漸漸在體制內爬升的青年才俊。他常把抗爭中的「豪言」發上臉書，同時，又有一些西裝筆挺與同學及他的專業前輩的合照，兩者形成巨大落差。更重要的是，他就讀的學科需要專業資格，也不容許他因為參與抗爭而犯法受刑，這等同斷送自己的前途。例如，他說：「我喺呢四年，始終唔夠勇氣，始終好多顧忌，有好多藉口令自己唔搏咁盡。而呢四年間香港日漸淪落，我地最驚嘅係過多幾年，可能連一個機會都未必再有，唔好話用咩實事推動咩改變，好快，只要你輕輕講一句你嘅政治信念，分分鐘已經換來極大麻煩。」（Facebook，2018 年 9 月 28 日）

　　他在訪問後，還算是相當積極參與政治，例如最近他也積極反對《逃犯（修訂）條例》，也是他們學校的「反送中」關注組成員，他覺得，以大學生身分參與抗爭，對他來說是最順理成章的。他扮演「好學生」，與作為一位勇武抗爭者之間，他還勉強做到平衡，但當中充滿了張力及焦慮：既認為是政治末日來臨，覺得有責任要堅持下去，覺得要盡力一搏，把握着每一個機會，但又怕壞了自己前途事業（所以「唔搏咁盡」）。雖然如此，但他還是引述了梁天琦的一番話來說出自己的取態，當中談到孫中山的革命歷程後說：「我唔想掃大家興，唔想潑大家冷水，但係革命係一條長嘅路，冇可能一時三刻就成功，但係又有可能突然之間一時三刻就會成功，係一樣好弔詭、好好笑嘅一件事。但係我哋要保持呢一個革命嘅精神。」（Facebook，2018 年 11 月 30 日）Patrick 懷着這種「革命精神」，在勇武抗爭與學業／事業之間不安地跳躍，在漫長的等待裏，等着這個「突然之間一時三刻」的成功，也正如他經常引用的魯迅名句：「絕望之為虛妄，正與希望相同。」

結論：被掏空意義的「可見未來」

本研究有一個方法論上的缺點及偏差，就是在受訪者中男性偏多，女性太少，未能看到是否存在性別的差異與關係，也未能確認這些政治經驗是否同時也是性別經驗。但從他們的修辭及論述來看，例如「勇武」的強調，可以見到一種在本土主義運動中的「雄性特質」（masculinity）。晚近的研究指出「雄性特質」是眾數（masculinities），並嵌入在地社會處境而存在，與眾多因素如階級、種族等結合，並不單純關於男性支配女性，也非單一性別層級的延伸或複製（Connell, 2017; Morrell, Jewkes & Lindegger, 2012: 25）。麥度維（Linda McDowell）在她的經驗研究中，更指出了一種處於危機之中的「雄性特質」，在全球流動空間中，男性既感到被困於地方，又在增強對地方所投注的情感，產生一種排拒外來威脅的疆域忠誠（territorial loyalty）（McDowell, 2003: 202）。因此，「雄性特質」這個概念，原來用作描繪一種主流社會中被隱藏、不被標注（unmarked）的文化霸權，如今變成用來理解種種彰顯突出雄性特質的「可見政治」（visibility politics）（Robinson, 2000: 2）。本文可以被理解為這類現象的本地個案。

因為時日尚短，組織化程度較低，再加陣營內鬥及政府打壓本土派的參政之路，因此，相較其他政治反對派，本土派年輕人面對的危機更深，更難依靠既存體制或公民社會團體來在「死亡」時間中支持下去。然而，在他們激烈肢體及語言衝突之外，他們也在尋找政治空間。雖然有人像Williams那樣，退出了政治，轉而沉思及緬懷，但仍有不少人像Charles與Patrick般並沒有放棄，Charles的小宗派與Patrick以大學生及準專業

團體為本，構成有趣的對比。他們的未來發展仍有待觀察，因為表面上相同或相似的本土派口號，內裏有不同的政治邏輯，構成不同的成長歷程，不過 Charles 與 Patrick 起碼能把短暫的政治抗爭時刻與日常生活產生有意義的連結。

　　政治時間所帶來的困惑，並不是香港獨有。廣義來說，香港的個案也是新時代政治文化的一個例子。人類學家該亞（Guyer, 2007）指出，全球發生了一種文化轉移，即「可見未來」（near future）被掏空意義，新自由主義及新宗教興起正是例證，在當下及遙遠的未來之間，沒有多少空間去規劃及想像，故難以構造中間階段去達成。這個掏空過程很重要的部分，是去體制化（de-institutionalization），人們越來越感到無法依靠政治體制——無論是成熟的自由政體，又或是香港的半調子民主法治制度——去構想一個漸進的政治時間，本土主義作為一個政治選項的興起，是不少人在喪失了對體制的依賴後，感到需要追求自主性，創造自己的政治經驗。這些追求體現在「即時的社會行動主義」（instant activism），有力地甚至以暴力衝擊建制，但是，這通常欠缺了持久的組織及具體的規劃。香港本土派固然也令自己身處在這種政治處境中，但是近年香港及北京政府的威權主義，以打擊分離主義之名，打壓一整批年輕政治活躍分子，正是加劇掏空了整個城市的未來的主要原因。禁止本土派參選及取締港獨政黨，製造寒蟬效應，令可見的未來更見黯淡。

　　社會動員與衝突，令本土派青年能彰顯自己的政治主體，感受到自己的集體政治能動性，這是深深體會團結、力量及自由的時刻，並暫時克服了常規時間裏的孤獨、麻木、緩慢、壓抑、邁向死亡的感覺。然而，動員與衝突都不能經常發生，對

任何社會活躍分子而言，都需要一些處於兩種時間之間的「中途站」（Gamson, 1991），以安撫疲乏的身心，從事一些有意義的實務或規律工作，反過來使日常生活與持續的鬥爭及政治生活連繫起來。這些「中途站」既是時間，也是空間，為未來的想像與當下壓抑建立橋樑，這對香港本土派青年都不是一件容易的事。身處於一個極度破碎及個人化的政治圈，他們的豐富街頭鬥爭經驗，與他們弱小的組織基礎，形成十分明顯的反差。

政治哲學家泰勒（Taylor, 1994）曾提出「承認的政治」，描繪自由民主政體中的少數團體爭取政治代表，如何在政治體制中取得承認，承認他們的存在價值，以及得到體制保護的地位。相反，香港本土派政治可以說是不被「承認」的政治，內裏的成員各自尋找他們的政治空間，有些人甚至完全找不到。Williams只能把自己的政治認同埋在自己的鄉愁之中；Charles雖然政治活躍，但他也只能以小宗派身分示人，難以在公民社會或較大的政治場域中活動，令人擔心這只是他掩蓋個人成長困惑的表演；Patrick可能算是最幸運，因為他成為精英大學的一員，可以在這個身分及大專學生組織下，持續關注政治，能在每一次政治動員中以這個身分及資源來行動，但是，他也要處理他的激烈政治主張及行動，與個人前途之間的巨大張力。他們的身分政治既是困於當下，也是霍爾（Hall, 1994）所說的身分認同「化成」（becoming），流向一個陌生、難以想像、無法控制的未來。

鳴謝

本研究得到研究資助局的傑出青年學者計劃資助（計劃編號：236006161）、嶺南大學文學院研究撥款資助（計劃編號：DA14A8）、直接資助（計劃編號：DR20A7）。

參考書目

陳景輝。2015。「莫忘初衷的詛咒（我的回顧之一）」。《香港獨立媒體網》，9月22日。https://bit.ly/2X6sizm。查詢日期：2019年1月10日。

呂大樂、龔啟聖。1984。《城市縱橫：香港居民運動及城市政治研究》。香港：廣角鏡出版社。

呂大樂。2002 [1997]。「自我一體的香港社會」，吳俊雄、張志偉（編）。《閱讀香港普及文化 1970–2000》，頁668-675。香港：牛津大學出版社。

羅永生。2014。「反思七一：兼論公民共和的後殖主體性」，《殖民家國外》，頁40-41。香港：牛津大學出版社。

葉蔭聰。2016。「爭鬥式民主與公共文化：關於香港政治的觀察」，《二十一世紀雙月刊》，第158期，頁19-27。

Agger, Ben. 1989. *Fast Capitalism: A Critical Theory of Significance*. London: Routledge.

Appadurai, Arjun. 1990. 'Disjuncture and Difference in the Global Cultural Economy.' *Public Culture*, 2(2): 1-24.

Arnett, Jeffrey Jenson. 2000. 'Emerging Adulthood: A Theory of Development from the Late Teens Through the Twenties.' *American Psychology,* 55(5): 469-480.

Baron, Stephen, Sheila Riddell & Alastair Wilson. 1999. 'The secret of eternal youth: identity, risk and learning difficulties.' British Journal of Sociology of Education, 20(4): 483–499.

Benedicto, Jorge. 2013. 'The political cultures of young people: an uncertain and unstable combinatorial logic.' *Journal of Youth Studies*, 16(6): 712-729.

Benjamin, Walter. 1968. 'Thesis on the Philosophy of History.' In Hannah Arendt (ed.) *Illuminations*. New York: Schoken Books, 253-264.

Bourdieu, Pierre. 2000. *Pascalian Meditations*. Cambridge: Polity Press.

Bynner, John. 2005. 'Rethinking the youth phase of the life-course: the case for emerging adulthood?' *Journal of Youth Studies*, 8(4): 367–384.

Chakrabarty, Dipesh. 2000. *Provincializing Europe: Postcolonial Thought and Historical Difference*. Princeton: Princeton University Press.

Cole, Jennifer & Deborah Durham. (eds.) 2008. *Figuring the Future: Children, Youth, and Globalization*. Santa Fe, NM: School of American Research Press.

Comaroff, Jean & John L. Comaroff. 2000. 'Millennial Capitalism: First Thoughts on a Second Coming.' *Public Culture*, 12(2): 291-343.

Connell, Raewyn. 2017. 'Masculinity Politics on a World Scale.' in Bonnie Kime Scott, Susan Cayleff, Anne Donadey & Irena Lara Chichester. (eds.) *Women in culture an intersectional anthology for gender and women's studies*. West Sussex: John Wiley & Sons, 234-238.

de Bary, Wm. Theodore. 1993. *Waiting for the Dawn: A Plan for the Prince: Huang Tsung-hsi's Ming-i-tai-fang lu*. New York: Columbia University Press.

Deleuze, Gilles. 1995. *Negotiations 1972-1990*, Martin Joughin (tran), Columbia: University of Columbia Press.

Erikson, Erik. 1950. *Childhood and Society*. New York: W.W. Norton & Co.

Fabian, Johannes. 1983. *Time and the Other: How Anthropology Makes Its Object*. New York: Columbia University Press.

Frederiksen, Martin Demant & Anne Line Dalsgård. 2014. 'Introduction: Time Objectified.' in Anne Line Dalsgård, Martin Demant Frederiksen, Susanne Højlund, & Lotte Meinert. (eds.) *Ethnographies of Youth and Temporality: Time Objectified*. Philadelphia: Temple University Press, 1-22.

Fairclough, Norman. 2010. *Critical discourse analysis: the critical study of language*. Harlow: Longman.

Foucault, Michel. 1991. 'Questions of Method.' in Graham Burchell, Colin Gordon & Peter Miller (eds.) *Foucault Effect: Studies in Governmentality with Two Lectures by and an Interview with Michel Foucault*. Chicago: Chicago University Press, 73-86.

Gamson, William. 1991. 'Commitment and Agency in Social Movement.' *Sociological Forum*, 6(1): 27-50.

Glennie, Paul & Nigel Thrift. 1996. 'Reworking E. P. Thompson's "Time, Work-Discipline and Industrial Capitalism".' *Time & Society*, 5(3): 275-299.

Giddens, Anthony. 2007[1993]. *New Rules of Sociological Method: A Positive Critique of Interpretative Sociologies*. London: John Wiley & Sons.

Guyer, Jane I. 2007. 'Prophecy and the Near Future: Thoughts on Macroeconomic, Evangelical, and Punctuated Time.' *American Ethnologist*, 34(3): 409–421.

Hall, Stuart. 1994. 'Cultural Identity and Diaspora.' in Patrick Williams and Laura Chrisman. (eds.) *Colonial Discourse and Post-colonial Theory*. London: Harvest Wheatsheaf, 227-237.

Harvey, David. 1989. *The Condition of Postmodernity*. London: Polity.

Hine, Christine. 2009. 'Question One: How can Internet Researchers Define the Boundaries of Their Project.' in Nancy K. Baym & Annette. N. Markham. (eds.) *Internet Inquiry: Conversations about Method*. Sage, London, 1-20.

Ho, Kwok-leung. 2000. *Polite Politics: a Sociological Analysis of an Urban Protest in Hong Kong*. Aldershot: Ashgate.

Hook, Derek. 2001. 'Discourse, Knowledge, Materiality, History: Foucault and Discourse Analysis.' *Theory & Psychology*, 11(4): 521-547.

Horton, John & Peter Kraftl. 2006a. 'What else? Some more ways of thinking and doing "Children's Geographies".' *Children's Geographies*, 4(1): 69-95.

Horton, John & Peter Kraftl. 2006b. 'Not just growing up, but going on: Materials, Spacings, Bodies, Situations.' *Children's Geographies*, 4(3): 259-276.

Inhelder, Bärbel & Piaget, Jean. 1958. *The growth of logical thinking from childhood to adolescence*. New York: Basic Books.

Ip, Iam-chong. 2015. 'Politics of belonging: a study of the campaign against mainland visitors in Hong Kong.' *Inter-Asia Cultural Studies*, 16(3): 410-421.

Ipsos MORI. 2015. *How Britain voted in the 2015 general election*. Retrieved April 14, 2019, from https://www.ipsos.com/ipsos-mori/en-uk/how-britain-voted-2015.

Iwabuchi, Koichi. 2002. *Recentering Globalization: Popular Culture and Japanese Transnationalism*. Durham: Duke University Press.

Jameson, Frederic. 1993. 'Postmodernism, or the Cultural Logic of Late Capitalism.' *Utopian Studies*, 4(2): 216-217.

Jeffrey, Craig. 2010. *Timepass: Youth, Class, and the Politics of Waiting in India*. Stanford: Stanford University Press.

Kaeding, Malte Phillipp. 2017. 'The Rise of Localism in Hong Kong.' *Journal of Democracy*, 28(1): 157-171.

Kimberlee, Richard H. 2002. 'Why don't British young people vote at general elections?' Journal of Youth Studies, 5(1): 85-98.

Lam, Wai-man. 2004. *Understanding the Political Culture of Hong Kong: The Paradox of Activism and Depoliticization*. Armonk, NY and London: M.E. Sharpe.

Lau, Siu-Kai 1978. *From Traditional Familism to Utilitarianistic Familism: The Metamorphosis of Familial Ethos among the Hong Kong Chinese*. Hong Kong: Social Research Centre, The Chinese University of Hong Kong.

—. 1982. *Society and Politics in Hong Kong*. Hong Kong: The Chinese University Press.

Lau, Siu-kai & Hsin-chi Kuan. 1988. *The Ethos of the Hong Kong Chinese*. Hong Kong: The Chinese University of Hong Kong.

McDowell, Linda. 2003. *Redundant Masculinities?: Employment Change and White Working Class Youth*. Oxford: Blackwell Publishing.

Morrell, Robert, Rachel Jewkes & Graham Lindegger. 2012. 'Hegemonic Masculinity/Masculinities in South Africa: Culture, Power, and Gender Politics.' *Men and Masculinities*, 15(1):11-30.

Norris, Pippa. 2003. 'Young people and political activism: From the politics of loyalties to the politics of choice?' *Report for the Council of Europe Symposium, Young people and democratic institutions: From disillusionment to participation*, Strasbourg. Retrieved May 25, 2019, from https://sites.hks.harvard.edu/fs/pnorris/Acrobat/COE%20Young%20People%20and%20Political%20Activism.pdf

Park, Alison. 2004. 'Has modern politics disenchanted the young?' in Alison Park, John Curtis, Katarina Thomson, Catherine Bromley & Miranda Phillips. (eds.) *British social attitudes: The 21st report*. Thousand Oaks: Sage, 23-48.

Rancière, Jacques. 2010. *Dissensus: On Politics and Aesthetics*. London and New York: Continuum.

Ricoeur, Paul. 1988. *Time and Narrative, Vol. 3*. Chicago and London: The University of Chicago Press.

Robinson, Sally. 2000. *Marked Men: White Masculinity in Crisis*. New York: Columbia University Press.

Russell, Andrew, Edward Fieldhouse, Kingsley Purdam, & Virinder Kalra. 2002. *Voter engagement and young people*. London: The Electoral Commission.

Sloam, James & Matt Henn. 2019. 'The Silent Revolution in Youth Political Engagement.' in James Sloam & Matt Henn. (eds.) *Youthquake 2017: The Rise of Young Cosmopolitans in Britain*. Cham: Palgrave Macmillan, 43-69.

Taylor, Charles. 1994. 'The Politics of Recognition.' *Multiculturalism: Examining the Politics of Recognition*. New York: Princeton University Press, 25-74.

Thompson, Edward Palmer. 1967. 'Time, work-discipline and industrial capitalism.' *Past & Present*, 38(1): 56–97.

Valentine, Gill. 2003. 'Boundary crossings: transitions from childhood to adulthood.' *Children's Geographies*, 1(1): 37–52.

Williams, Raymond. 1985. *Keyword: A Vocabulary of Culture and Society*. Oxford: Oxford University Press.

Wong, Thomas W. P. & Tai-lok Lui. 1992. *Reinstating Class: A Structural and Development Study of Hong Kong Society*. Hong Kong: Department of Sociology, The University of Hong Kong.

Worth, Nancy. 2009. *Understanding youth transition as 'Becoming': Identity, time and futurity*. Geoforum, 40(6): 1050-1060.

van Manen, Max. 2010. 'The Pedagogy of Momus Technologies: Facebook, Privacy, and Online Intimacy.' *Qualitative Health Research*, 20(8): 1023-1032.

Veg, Sebastian. 2017. 'The Rise of "Localism" and Civic Identity in Post-handover Hong Kong: Questioning the Chinese Nation-state.' *China Quarterly*, 230, June: 323-347.

從社會運動看香港情感文化的建立與爭奪：2003 至 2014 年

鄧潤棠

摘要

　　西方文獻指出，社會運動與情感關係密不可分，但相關研究在香港仍是寥寥可數。本文分析三場大型社運的情感政治（2009-2010 年反高鐵運動、2012 年反國民教育科運動、2014 年雨傘運動），探討社運動員及行動中的情感因素，並分析社運組織者如何透過建構情感守則，影響或改變公眾的情感狀態，與當權者所倡導的情感守則抗衡。本文發現除了恐共外，香港的政治領域存在着各式各樣的情感。它們在社運不同階段影響着運動的動員、形態，以至成敗。最後，本文會對香港情感文化作初步窺探，勾畫 2003 至 2014 年間如何由情感單一化過渡至情感多元化，再回到情感單一化的狀態。

關鍵詞

情感、情感文化、情感政治、社會運動

引言

　　2014年的雨傘運動對不少參與者來說是一個深刻的情感經歷。由對香港警方施放催淚彈的憤怒，到運動初期對於被警方「清場」的焦慮和不安，再到運動中後期對於運動裹足不前的失望和無力感，在在反映情感與社會運動密不可分的關係。過往的香港研究大多集中討論恐共或對政治的恐懼（Lam, 2004; Lee & Chan, 2008），雨傘運動之後不少論著開始討論政治及社會運動中的情感經驗（許寶強，2018；駱穎佳，2017；Ng & Chan, 2017），香港民間社會亦有活動關注社運中的情感因素（如香港眾志的「自揭傷疤」展覽）。然而，我們仍有必要追問有關情感在社會運動不同階段中的角色、情感對於行動和運動模式的影響，以至社會運動與情感文化如何互相影響等問題，從而更深入了解政治領域中的情感面向。

　　本文透過分析2003年七一大遊行後三場大型社會運動，包括2009-2010年反高鐵運動、2012年反國民教育科運動及2014年雨傘運動，探討社會運動中的情感政治，並對香港情感文化試作初步概述。本文將引用情感社會學中情感管理的理論框架，分析社運組織者如何透過空間行動和政治論述建構一系列情感守則（feeling rules），影響或改變公眾的情感狀態，以達致動員效果，並與當權者所倡導的霸權式情感守則抗衡。透過分析情感守則的建構及其爭奪過程，本文嘗試找出香港政治領域中出現的不同情感。同時，本文分析情感守則生產出來的各種情感經驗，如何在社運不同階段影響着運動的動員、形態，以至成敗，以及如何形塑宏觀層面的情感文化。

理論框架

　　情感在西方社會運動理論一直不受正視，直至近20多年才出現「情感轉向」（emotional turn）。在理論發展初期，社會運動被視為集體行為（collective behaviour），情感則被負面地與非理性畫上等號。法國理論家 Gustave Le Bon 在其論著《烏合之眾：大眾心理研究》（*The Crowds: A Study of the Popular Mind*）中指出，隨着西方民主社會的發展及社會主義運動興起而出現的群眾現象乃非理性行為。他認為身處群眾之中，即使是受教育的人亦會失去理性思考，只能透過模糊的影像理解事物，並受極端的情感支配。導致群眾現象的，是一個「傳染」（contagion）的過程。透過人與人之間的模仿互相感染，形成一個傾向暴力和極端行為的群眾（Le Bon, 2001 [1896]）。早期的美國社會運動理論同樣以負面或極度簡化的角度討論情感。例如 Neil Smelser 在其集體行為理論中指出，集體行為的形成是人們對結構性緊張（structural strains）的心理反應。在此理論中，情感的構成並沒有被仔細討論，只被視為對於外圍環境的機械式反射作用（Crossley, 2002）。另一套理論由芝加哥學派發展出來，以符號互動（symbolic interaction）為基礎，理解集體行為的形成。芝加哥學派其中一位主要學者 Herbert Blumer 認為，集體行為的形成是基於「循環回應」（circular reaction）的過程。人與人透過互相理解他人的行為動態，亢奮的情感被迅速傳播，最終形成一個集體騷動的狀態（Blumer, 1969[1939]）。這套理論跟 Le Bon 的討論相似，同樣視集體行為為一個亢奮而非理性的現象，但兩套理論同樣沒有仔細分析情感建構的文化過程。

　　西方社會運動理論在 1960 至 1980 年代迅速發展，社會運動被重新理解為理性的集體行動（collective action）。由於希望反駁早期理論對社會運動的負面討論，這些新近發展出來的理論多視行動者為理性主體。然而，情感因素仍被忽視。其中一套主要理論資源動員論（resource mobilization theory）認為，社會運動的形成及成敗，往往取決於社運組織者的組織能力，以及他們能否取得足夠的人力、物力及財力（McCarthy & Zald, 1977）。因此，社會運動是一個講求理性思考及策略計算的過程，而非受難以量度和觀察的情感主導。另一位理論家 Charles Tilly 發展的政體理論（polity model），則強調當權者與挑戰者的互動，並指出影響此過程的關鍵在於政治體制的特徵（Tilly, 1978）。Doug McAdam 之後發展出政治過程論（political process theory），將政治機會結構（political opportunity structure）及社運組織力兩大因素一同併入其理論，同時加入認知啟蒙（cognitive liberation）此主觀因素（McAdam, 1982）。然而，無論是 Tilly 抑或 McAdam 的理論，皆沒有視情感為社會動員的一環。即使到了 1980 年代，David Snow 等人發展出框架理論（framing perspective），用以理解社會運動是如何透過文化途徑（如符號、論述）及人們的主觀認知來動員，情感依然屬於被忽視的因素（Snow, Rochford, Worden & Benford, 1986）。

　　一直到 1990 年代尾，學者才留意到情感在社運的重要性。他們開始將情感社會學的理論引入社會運動的研究，將社運理論帶向「情感轉向」。有學者指出，無論是社運的動員、發展、延伸及衰落的階段，情感都扮演着相當重要的角色（Aminzade & McAdam, 2001）。不同的情感對社運有着不同的影響，例如憤怒往往被視為動員的必要條件（Gamson,

1992; Jasper, 2014a; Soloman, 1990; Ransan-Cooper, Ercan & Duus, 2018）；恐懼通常被認為是建立行動力的障礙（Flam, 2005; Goodwin & Pfaff, 2001）；快樂則可以被用作日常抗爭（Flam, 2004; Wettergren, 2009）。因此，社運組織者往往要進行「情感工作」（emotion work），將對動員不利的情感轉化為有利動員的情感，例如將恐懼轉化為憤怒（Gould, 2009）。

　　就此而言，社會學家 Arlie Hochschild 的情感管理理論往往被引用來理解社運中情感建構和轉化的過程。她提出情感生產過程牽涉的兩個面向。第一個是「框架守則」（framing rule），即是在社會互動之中，不同社會力量嘗試去定義某件事件的性質及意義。第二個是「情感守則」（feeling rule），則是指在社會互動之中建構出來的情感指引，指導人們對於某件事應該有的「正確」情感，以及「正確」的情感表達方式（emotional display）（Hochschild, 1979; 1983）。情感守則對人們的情感及表達有規範作用，違反守則的人會被視為「情感越軌」（emotional deviance）。因此，這既是一個社會控制，亦是一個在符號互動之下自我標籤的過程（Shott, 1979; Thoits, 1985）。情感守則除了扮演情感的社會規範（emotional norms），亦與人們對於情感的信念（emotional beliefs）息息相關。例如「情感與理性是對立的，因此情感需要被壓抑」此根深柢固的觀念，便是現代社會其中一個關於情感的信念。與此同時，與情感守則相扣連的，除了是我們透過行為舉止表達情感，亦是我們表達和描述情感的語言（vocabulary of emotion）。情感規範、情感信念及情感語言，三者組成社會中的情感文化（Gordon, 1990）。可見，分析情感守則的建構，是我們研究情感文化的重要切入點。

　　本文透過分析社運參與者及組織者的行動及論述，探討情感守則的建構及此過程下生產出來的情感經驗。同時本文亦會透過分析北京政府、香港特區政府及親建制派的情感守則的建構，研究不同陣營如何透過情感領域上的爭奪來達到其政治目標，剖析構成情感文化背後的政治角力。

資料、個案及研究方法

　　本文所用的資料來自38個深入訪談。訪談對象包括23名社運參與者、六名社運組織者及九名沒有社運經驗的市民。每個訪談長大概一個至一個半小時，問題主要圍繞受訪者的組織或參與社運的經驗、對該社運議題的看法等等。除知名公眾人物外，本文所用的訪問引錄，均以化名形式表述。

　　除訪談外，本文亦選取了八份不同立場的中文報章、民間「獨立媒體」內的相關文章，以及相關政府文件，進行論述分析。八份報章根據其政治立場及市場和階級定位選取，包括《東方日報》、《香港經濟日報》、《大公報》、《文匯報》、《蘋果日報》、《明報》、《信報》及《AM730》。由於報章社論及評論文章通常為政治論述表述、爭奪及角力的場域，所以本文會對它們作重點分析。

　　本文選取2003年七一大遊行後三場大型社會運動作為個案研究：2009-2010年反高鐵運動、2012年反國民教育科運動及2014年雨傘運動。根據Cheng（2016）的數據，反高鐵運動及反國教運動人數最高峰曾分別達8,500人及120,000人；而根據兩間大學的民意調查，多達130至145萬人曾參與雨傘運動（HKUPOP, 2014; CCPOS, 2014）。以規模而言，三場運動皆是

香港政治發展中重要一頁。就議題而言，反高鐵運動可說是保育運動及空間運動的佼佼者；反國教運動是政治身分爭議的重要一役；雨傘運動則代表爭取普選的民主運動開展30年以來的最高峰。雖然它們的議題相異，但它們的骨幹組織者有相當大的重疊，或彼此間有緊密的合作關係。選取三場運動作為個案研究，既可研究情感政治如何在不同政治爭議中發生，亦可追蹤三場運動之間的連繫及當中的轉變過程。

需要補充的是，本文選取2003至2014年作為討論對象，並非指2003年前或2014年後的社會運動沒有牽涉情感因素。相反，本文希望透過集中討論在這段時間興起的「社運社會」（李立峯、陳韜文，2013）中冒起的幾場具代表性運動，帶出研究情感的重要性，為日後針對其他個案的社運研究提供理論及實證資源。

反高鐵運動：邁向情感多元化的社會運動

反高鐵運動的遠因源自2000年代初中港兩地開始推行的區域經濟融合。高鐵既是用作振興香港經濟的基建，背後亦是一個「希望政治」的情感管理工程，冀能培養對內地產生正面情感。1997年金融風暴後，香港經歷長達六年的經濟低潮。在2000年，政府在《鐵路發展策略》內提出興建區域快線，作為連接邊界與紅磡的快速鐵路。其後特首董建華在2001年施政報告內提出要「背靠祖國大陸」，加強與珠三角地區優勢互補，特別是廣東省的融合，承接內地經濟增長的動力（香港行政長官，2001）。在此背景下，香港特區政府在2006年正式拍板興建廣深港高鐵，並在2007年採納一個較快但較貴的專用軌道興

建方案。國家政權推動的希望政治在 2008 年再得到助力。當時香港經濟復甦不久，但卻再遇上金融海嘯，依附內地經濟發展再次成為希望的寄託對象。正如時任運輸及房屋局局長鄭汝樺便在報章撰文：

> 「廣深港高速鐵路 5 小時車程範圍之內的主要內地城市人口超過 8000 萬，這相當於德國的人口，比英國的人口更超出三成。利用最環保的交通模式把這些城市的市中心和我們的市中心連繫起來，為我們未來的經濟發展提供巨大的機遇。由我們已發展的金融及專業服務方面的經濟強項，到推廣六大優勢產業（教育服務、醫療服務、檢測和認證、創新科技、文化及創意產業和環保產業），高速鐵路把新的客群源源不絕地輸送到香港。」（鄭汝樺，2009）

由此可見，高鐵不僅是一個推動經濟發展的空間整合工程，同時亦是一個情感管理策略，希望透過中港融合的經濟利益，令港人對內地產生正面的情感，依賴內地帶動香港經濟的希望，則成為國家政權致力建構的情感。

希望以外，國家政權亦同時建構「恐懼政治」，推動高鐵及整個中港融合計劃。在 2000 年代香港經濟反反覆覆的環境下，對香港未來發展的恐懼成為當時社會上的主流情感，國家政權亦藉此加以利用和建構。「邊緣化」這個空間想像被多番引用（梁啟智，2013），用作勾起恐懼，成為國家政權推銷高鐵的關鍵詞。例如《文匯報》的社評警告：

> 「與廣深港鐵路連接的日子拖得越遲，香港蒙受的損失

就越大。特區政府及有關機構應有時不我待的危機感，加快工作進度，盡快完成香港段的工程……近年來，本港在跨境基建設施建設上，屢屢滯後於廣東特別是深圳地區，若再不奮起直追，被邊緣化的問題將日趨嚴重。」（《文匯報》，2006年2月7日）

另一個相關的空間想像是「孤島」，例如親建制的《東方日報》社評提出：

「香港是一個細小的經濟體，不能獨善其身，借助中國內地高速發展的東風，香港加快融入珠三角經濟體系，才是唯一的出路……背靠內地大市場，這是香港得天獨厚的優勢，尤其是中央政府一再表態全力支持香港，正是香港經濟擺脫孤島狀態的良機。」（《東方日報》，2009年12月27日）

在這種論述中，緩解恐懼的唯一選擇就是連接內地經濟，高鐵就是香港的救命丹。2009年年初，粵港澳合作首次被列入總理溫家寶的工作報告，其中更欽點要加快興建高鐵，以應對金融危機。可見，興建高鐵背後是一個情感管理工程，以恐懼和希望兩套情感守則，支撐興建高鐵和整個中港經濟融合大計。

國家政權推銷的「希望政治」和「恐懼政治」因為高鐵的拆遷問題而遇上挑戰。2008年底，一群來自新界石崗菜園村的村民，因為反對收地興建高鐵救護站及車廠，發起反高鐵及保衛菜園村運動。運動初期，村民和社運人士以反對高鐵走線方案為目標。在此階段，憤怒既成為驅動村民參與集體行動的

情感，亦被包裝為運動的動員框架（movement frame），爭取
普羅大眾支持。運動的情感動員透過自由派媒體《明報》及民
間網媒「獨立媒體」兩大平台進行。例如在一篇口述歷史報道
中，村民謝運華就有以下論述：

> 「當我知道政府要迫遷我們之後，我真是覺得豈有此
> 理，真是會同你死過。試問各位官員，如果你住了大半
> 生的家被迫遷，心情又會如何？……香港是國際都會，
> 文明社會，絕對不可以比三流國家更衰，現在政府卻只
> 是貼張紙知會村民，隨便要我們搬走就要搬走，有何道
> 理？所以我誓死不遷不拆。」（菜園村支援小組，2009a）

對粗暴收地的憤怒被轉化為用作動員的論述，希望普羅大
眾同樣對政府感憤怒，加入運動行列。除此之外，村民亦將在
菜園村日常生活的感情加以包裝，作為情感動員的一途。其中
他們強調對土地和社區的愛，村民曾麗芬便提到：

> 「自從我爺爺數十年前在菜園村買了一塊地之後，我們
> 四代就開始在這裏落地生根。我爸爸和我一樣也在這裏
> 出生，我爸爸用盡所有積蓄建立我們這個家，因此我們
> 對這地方留下很深的感情。……我由小到大都是大群植
> 物陪著我成長，郊野的感覺特別親切。而菜園村的村民
> 彼此關係好好，我們由村頭到村尾的村民都認識。」（菜
> 園村支援小組，2009b）

透過「根」這個比喻，村民嘗試建立一個關於愛的情感守
則，用作抗衡國家政權推動的希望政治。與建基於快速人流、
物流的希望政治不同，這種愛是建基於一個穩定的空間和長時

間的栽培和建立。對土地和社區的愛讓反高鐵運動發展出另一個動員框架，提出另類生活方式的訴求，在後物質主義價值上升的社會中取得迴響（Ma, 2011）。

國家政權與民間社會在情感守則上的角力在2009年中出現一個轉捩點。當時政府公佈高鐵的最新造價由395億急升至669億。因着這個突如其來的消息，社運人士再將憤怒這種情感加以建構，用來勾起大眾對高鐵的不滿及爭取支持。一名反高鐵組織者講述當時的動員策略：

> 「我們當時主張『669億倒錢落海』這一點，做了很多文宣強調錢這一點，我們不可以只講鄉村情懷⋯⋯我們會補足（反高鐵）大聯盟講不到的一些說話，因為他們很想強調鄉村、菜園村、土地人情等等，但我們會用城市人的角度去吸引其他市民來支持。」（訪談，2018年4月12日）

新造價公佈之後，另一則令人震驚的新聞被揭露。《蘋果日報》報道，高鐵的走線方案可能影響大角嘴舊樓的地基，導致樓宇沉降變成危樓，日後重建亦會受影響（蘋果日報，2009年10月18日）。兩則新聞在社會上產生極大迴響，憤怒開始成為大眾情緒。一直對高鐵採正面態度的立法會民主派議員亦因此要重新檢視他們的立場，反高鐵運動的動員因為憤怒此情感而得到極大的推動力。

但是憤怒並非反高鐵運動中唯一的情感守則。激烈的社會抗爭向來不受本地公眾支持。在媒體論述中，「秩序」素來是霸權論述（Ku, 2007）。特別是2003年七一大遊行後，對於秩序的關注更透過「和平、理性、非暴力」的話語加以演繹，結果

令抗爭者往往需要壓抑（過分的）情感表達，行動亦局限於喊口號、遊行等模式。在2003年後的一段時間，這成為公民社會內部霸權式的情感守則，而違反此守則的示威者往往被附上「激進」的負面標籤。在反高鐵運動中，雖然組織者希望建構對政府及高鐵的憤怒情感，但同時亦以其他的情感管理方式，緩和運動激烈一面。例如社運人士發起「五區苦行」行動。行動的意念來自2005年反世貿示威中南韓農民的示威方式，參加者手持白米、赤足行走，以26步一跪方式展示對失去土地耕作的悲傷感，將運動初期關於愛的情感重新演繹，作為打動人心的情感動員框架（affective framing）（Ma, 2017）。同時，社運人士亦在高鐵撥款會議期間舉行「快樂抗爭嘉年華」，將本身充滿憤怒的集會用「快樂抗爭」來包裝，例如在集會中擺設攤檔，讓集會人士品嚐菜園村村民及其他草根團體售賣的特色食物。這些行動拓闊了公民社會內部在「和平、理性、非暴力」守則支配下單一的情感動員模式。一名反高鐵組織者解釋：

> 「如果我將政治運動變成一種嘉年華式的參與的話，即來到有得吃燒賣，又可以體驗一下苦行……大家來到有個地方可以消費，不是用錢去消費，而是心態上有些東西他們可以帶得走的，他們才會肯來……我會覺得，應該要找一個方法，令到多些人，有不同的門檻去進入到（運動內）。」（訪談，2018年4月12日）

反高鐵運動內的情感管理策略令政治參與成為一件有趣的事，擴大運動的支持。一位運動參與者Ben回想當時的體驗：

> 「以前的遊行我也有去……為甚麼我一定要很嚴肅地喊

口號，其實整件事情可以好有人情味，那些攤檔不是找那些商業機構來賣東西，不是那些，而是跟那個議題很有關係，是菜園村的人很有人情味地倒一杯糖水給我飲，整件事情扣到主題，又 feel 到事情不是那麼死板，不是以前般嗌口號，有少少人味在裏面，有些新的體驗。」（訪談，2017 年 10 月 20 日）

「快樂抗爭」的情感守則作為社會規範，亦透過符號互動下產生自我標籤及控制的效果，令憤怒以較溫和的方式表達出來。另一名參與者 Jason 憶述高鐵撥款通過後的情況：

「有人嘗試過掟蕉 …… 但反而是參與者本身去喝止一些激烈的行動 …… 當他們如此一聲令下，其他人亦一齊叫停止，大家一齊叫『停止、停止』，所以沒有很多很激烈的場景。」（訪談，2017 年 9 月 16 日）

情感守則下的自我控制效果減低政治行動的激烈程度，同時組織者亦以「最英俊警員」選舉等歡樂而具嘲諷意味的行動，減低行動（肢體上）的對抗性。這些行動策略性地避免傳媒的負面標籤和公眾的負面印象，並獲得站在較溫和立場的泛民主派政黨支持。

反高鐵運動雖然未能阻止高鐵撥款通過，但卻令公民社會罕有地跟政黨聯成一陣線。這場運動繼承了 2003 七一後的幾場社區保育運動，令香港政治領域出現情感多元化的趨勢。這種新的情感文化不但抗衡國家政權主導的情感建構，同時拓闊公民社會內部關於社會抗爭的情感守則。在反高鐵運動中，憤怒、愛、悲傷和快樂成為對抗式情感守則，用來抗衡支撐中港

經濟融合的的恐懼和希望。同時，多元化的情感動員亦開始動搖主流民主派對「和平、理性、非暴力」霸權式的狹隘演繹，開拓了新類的情感表達模式，以及逐步改變社會行動中需要「理性」並壓抑（過分的）情感的規範和信念，而「快樂抗爭」亦成為了公民社會內新的情感語言。

反國教運動：情感多元化的頂峰與沒落

反高鐵運動之後，青年問題再度成為政府施政重點，推動國民教育成為其中一個主要政策。早在2007年，國家主席胡錦濤特別提到：「我們要重視對青少年進行國民教育，加強香港和內地青少年的交流，使香港同胞愛國愛港的光榮傳統薪火相傳。」（引用於香港行政長官，2007）。不少論者早已提到，2003七一大遊行是北京中央政府對港政策由不干預轉為積極干預的轉捩點（Loh, 2010; Lee & Chan, 2011）。另一件改變北京對港政策的事件則是2000年代初在東歐及西亞發生的顏色革命，令北京政府開始留意香港可能出現外國勢力干預（沈旭暉，2012；Morris & Vickers, 2015）。因此，北京政府決心推行國民教育，香港特區政府則在2010年施政報告中，計劃將國民教育獨立成科。

相比起興建高鐵，國民教育在情感管理上的用意更加明顯。在2012年出版的《德育及國民教育科課程指引（小一至中六）》中，特別強調「以『情』引發」的教學模式，當中強調四種「情」，分別是「國情」、「情懷」、「情感」和「真情」。

「國家範疇學習，首要確立對『國情』的認識。國情指國

家的政治、經濟、文化等各方面的基本情況。……國情
範疇學習，重視『情懷』。情懷源自個人與國家的感情聯
繫，教師應培養學生的家國情懷。……國情範疇學習，
注重『情感』。教師應協助學生領略家國情懷，由接觸國
情資料開始，體會國情資料背後的豐富情感，因而產生
觸動。……國情範疇學習，本於『真情』……國民教育
並非單求知識累積，而是需要以互動方式，彼此激勵，
孕育真情。」（課程發展議會，2012，頁 119-120）

　　由此可見，國民教育是一種嘗試令青少年建立對國家有
正面情感的教育。事實上，在政府計劃將國民教育獨立成科之
前，早已透過正規及非正規課程宣揚愛國觀念。有傳媒揭露，
在早年出版的教材中，便要求學生在聽到中國國歌時站立，以
尊敬的態度誦唱，之後要大聲説出「我為自己是一個中國人而
高興」（《明報》，2009 年 10 月 4 日）。有教材要求學生要像運動
員一樣，有感動流淚的感覺（香港人權監察，2011）。由此觀
之，國民教育在對愛國的情感規範、情感表達，以至情感語言
的範疇上，都訂下嚴格準則，達到規訓的效果。在非正規課
程範疇，政府及內地部門在九七回歸後舉辦了不少活動，期能
增添港人對內地的正面情感及觀感，例如解放軍軍營開放日、
邀請奧運金牌選手訪港等。特區政府亦在 2008 年籌建名為「薪
火相傳」的國民教育平台，協調及舉辦活動讓香港學生及教師
到內地學習和交流，增進對國情的理解。正如學者指出，認知
與情感息息相關（Nussbaum, 2001; Jasper, 2014b）。國民教育正
是從多方面入手，令港人，特別是青少年，對國家產生正面情
感。

　　然而，國家政權推動的國民教育需要面對香港民主派的挑戰。在本地民間社會，主流民主派多年來一直以「愛國不愛黨」作為號召，用來對抗所謂「黨國不分」的愛國主義。雖然他們具強烈的中國人身分認同，但他們所推動的是認同文化中國，而非政治中國。因此，他們所主張的情感守則，是另一種的愛：批判式愛國。主流民主派其中一名核心人物李卓人在立法會內發言時述說：

> 「政府所構想的都是廉價的愛國，實在『cheap 到暈』。曼聯的球迷也為曼聯取得冠軍而高興，難道每個人也淪為曼聯的球迷嗎？難道我們對國家的情懷只能像球迷的心態一樣嗎？但是，這個政權所說的愛國，正是如此廉價的愛國。然而，支聯會所說的愛國，是真正的愛國。從支聯會的全名（即香港市民支援愛國民主運動聯合會）清楚顯示，我們支持愛國教育。我們所指的愛國，是愛人民、愛民主、愛自由、愛人權的愛國，是獨立批判的愛國。我們反對在一黨專政下，以黨代國的國民教育，他們所指的愛國是愛獨裁、愛專政。我們認為這是禍國殃民的愛國，所以我們一定不屑於這樣的愛國。」（立法會秘書處，2011）

　　直到 2010 年代初期，「批判式愛國」一直是公民社會對於「愛國」的主流演繹。與此同時，北京政府在 2008 年北京奧運後再度收緊國內人權政策，令批判式愛國這一對抗式情感守則在年輕一輩中得到迴響。反國教團體「學民思潮」其中一位核心成員回想當時情況：

「92至96那一個年齡層，是很難沒有經歷過極度愛國的時間的。08年是國民身分認同的高峰，對我們來說都是一樣，你很難指我們當時是不愛國的。…… 那時候關心劉曉波，那些都是愛國的表現吧，但問題是你會開始question中國人這個身分認同。」（訪談，2018年5月7日）

本着相同的對抗式情感守則，以及對特區政府訂下的國教科課程指引的不滿，公民社會各團體開始組成大聯盟，反對設立國民教育科。

在2012年，因為幾件突如其來的事件，令公民社會對北京及香港特區政府出現多種負面情感，令反國教運動得到強大推動力。2012年3月，梁振英以689票低票當選特首。對他本人及其做事方式的評價，即使建制派內部也極具爭議，甚至有輿論指他為共產黨員。自由派及親商界報章《信報》更報道，梁振英上台後有四大政治任務，包括就23條立法、推展國民教育、處理政制發展及整頓香港電台（紀曉風，2012）。加上他本人涉及的各種醜聞，香港人對梁振英的不滿，連同社會內一直存在的恐共情緒，一下子爆發。其後在7月，一本獲政府資助出版、名為《中國模式——國情專題教學手冊》的教材在網上廣傳，當中不僅以「進步、無私與團結的執政集團」來形容中國共產黨，更以「政黨惡鬥，人民當災」為題，貶低美國民主制度（《香港經濟日報》，2012）。憤怒再次成為社會運動動員的助燃劑，但與多數西方文獻的討論不同，恐懼也成為運動動員的力量之一。Azab and Santoro（2017）的研究指出，低度恐懼的人通常對集體行動不感興趣，因為他們不會感受到危機感；極度恐懼的人同樣不會參與集體行動，因為他們害怕當

權者強大的力量；中度恐懼的人則是最有可能參與集體行動的一群。在香港「混合政體」（hybrid regime）的條件下，港人既感覺到北京強大的支配力，但在人權法保障下卻不需要擔心被武力鎮壓，令恐共得以成為反國教運動的動員基礎。

憤怒和恐共以外，反國教運動亦因為得到其他情感的推動，而發展成更大的反對力量。在動員期間，學民思潮一方面得到泛民政黨的支持和協助，另一方面與政黨保持一定距離。例如在7月的反國教遊行中要求政黨保持低調，在9月反國教集會時拒絕「民主女神像」進場。在行動模式上，學民思潮亦避免肢體衝撞的行動，確保大眾不對運動反感。另一名學民思潮成員解釋：

> 「當時全部成員都是中學生啦，有很多都未夠18歲，（我們）不希望有一些好強烈（的行動），即不希望有肢體衝撞啦，無粗口啦，即給人一個學生的形象……用溫和的手法才可以令到更加多人放下他們的包袱，跟著參與。」（訪談，2017年10月11日）

這些決定有效地管理及控制港人普遍對政治運動的反感。同一時間，學民思潮三名成員在8月底絕食，喚起了成年人的愧疚情緒，成為強大的道德力量，動員大眾。正如一名運動參與者Clara回想：

> 「去到絕食那次會特別受到影響，真的感到年輕人那種犧牲，或者（會覺得）『究竟我們在做甚麼呢？』，真的有一種意識是起碼我們都要支持，表達支持。」（訪談，2017年11月11日）

　　除了管理和利用負面情感的效能，學民思潮亦承繼反高鐵運動的快樂抗爭，透過即興和具創意的行動包裝，為政治行動添加多元的正面情感。例如在狙擊教育局局長吳克儉的示威時送上「平反六四記憶麵包」、「誠實豆沙包」等道具，用嘲弄的方式對抗國家推崇的愛國主義，例如提起六四事件不只限於悲傷的悼念，而是帶有歡樂性質的嘲弄，諷刺歌功頌德的國教科課程設計，揭露政權的荒謬。學民思潮佔領政府總部東翼「公民廣場」的行動，一方面是一種直接向政權施壓的行動，另一方面將各類表演藝術及視覺藝術融入政治集會，進一步擴闊「和平、理性、非暴力」守則下情感規範及表達的空間。

　　在反國教運動的情感動員下，情感多元化的趨勢達到頂峰。愛、憤怒、恐懼、愧疚、快樂成為用來對抗國家政權的情感守則，國家政權推動的單一的愛國標準被徹底地挑戰。運動同時擴闊公民社會內部有關「和平、理性、非暴力」的情感空間，最終成功迫使特區政府擱置國教科及其課程指引。

　　但同一時間，反國教運動亦是情感文化「再單一化」的開始。反國教運動一開始依靠恐共作為主要的動員推動力，但這種情感亦加強了被中共入侵的焦慮感。例如運動參與者 Kate 便如此形容當時的觀感：

「（覺得共產黨）好像進一步地去透過教育，一步一步地進駐入香港，他們將取代一些香港原有的東西，或者感覺他們正侵入（香港），甚至是年幼時已經在培養（愛國感）。」（訪談，2017 年 10 月 26 日）

　　即使是一般市民都感受到這種被中共政權入侵的焦慮感，例如平日不會參與政治運動的 Erica，當被問到如何看國民教育

時說：

> 「未是時候吧，如果 50 年之後（中國共產黨）話事就可
> 以，但現在又未到你話事，我不想早了（推行國民教
> 育），因為我們本身沒有的，有回歸才有這種東西，我
> 又覺得⋯⋯係囉⋯⋯我唔係太建議⋯⋯（愛國）其實可
> 以好自發性的，（國民教育）好像強迫人一種東西啦，我
> 感覺是這樣。」（訪談，2017 年 11 月 27 日）

　　這種焦慮及恐共情緒扣連上 2011 年因為中港經濟融合而
冒起的右翼本土主義，引申出來的是一種要抵禦外來者的迫切
感覺，令到政治行動更為集中於某幾種情感，例如對香港政治
前途的焦慮，和對北京和香港政府的憤怒。這開始令政治運動
由情感多元化，再次回到情感單一化的狀態。情感多元化與單
一化的張力去到雨傘運動更加明顯。

雨傘運動：情感再單一化的運動

　　反國教運動令北京政府在香港民主化問題上有更大的防備
和警惕。因着 2003 年後發生的一系列國際及本地事件，北京
政府對外國勢力干預有更大憂慮。2013 年 8 月，傳媒披露一份
名為《關於當前意識形態領域情況的通報》的中央內部通傳文
件，列出七條錯誤思潮和主張及活動，其中第一條便關於西方
民主：

> 「宣揚西方憲政民主的要害，在於把黨的領導與憲法和
> 法律實施對立起來，以西方憲政民主否定黨的領導、取

消人民民主，實質是要否定我國憲法及其確立的制度和原則，最終實現改旗易幟，把西方政治制度模式搬到中國。」（《明鏡月刊》，2013）

中央政府對政權穩定的憂慮，令愛國此情感守則被反覆強調。這守則去到2014年，更加透過《「一國兩制」在香港特別行政區的實踐》被制度化，當中結論特別提到：

「愛國是對治港者主體的基本政治要求。如果治港者不是以愛國者為主體，或者說治港者主體不能效忠於國家和香港特別行政區，『一國兩制』在香港特別行政區的實踐就會偏離正確方向，不僅國家主權、安全、發展利益難以得到切實維護，而且香港的繁榮穩定和廣大港人的福祉也將受到威脅和損害。」（國務院新聞辦公室，2014）

因此，香港普選問題不僅是一個政治體制及法律的問題，更是一個在情感領域上的角力和爭奪。對北京政府來說，愛國就是政治忠誠的準則。對本地民主派來說，以愛國作為標準篩選特首的方式，自然是不能接受，所以出現了「佔領中環」（佔中）行動，企圖迫使中央政府讓步。

雖然同樣向着民主化的目標邁進，但不同的行動節奏和策略，令公民社會內部在情感管理的問題上出現分歧，亦凸顯情感多元化與單一化的張力。佔中三位組織者的計劃，是希望透過公民抗命形式，產生道德感召力，爭取大眾支持。因此，他們較着重的，是控制社會上對政治行動的負面情感，從而達到更佳的動員效果。佔中發起人之一陳健民對「愛與和平」此運

動框架有以下解釋：

> 「（我們）想整合兩種力量，激進力量和溫和力量，希望
> 他們入到來，（形成）一個好整合的運動⋯⋯『佔領中環』
> 其實是一種好激進的東西⋯⋯但你再走這條路線呢，就
> 會 alienate from 溫和的 middle class，你如何將運動拉回
> 中間點⋯⋯你要平衡囉⋯⋯這運動有『佔領』這個詞，
> 一些溫和的人會覺得不舒服，但『愛與和平』又會令到
> 溫和的人容易接受些，以及（相信）這個運動不會走向
> 暴民化。」（訪談，2018 年 5 月 9 日）

在這個關注下，佔中以較為狹義的方式演繹「和平、理性、
非暴力」，並為參與者訂下嚴格的情感守則的標準和規格，例
如不准帶標語進場、不准帶擴音器和叫口號、只可以靜坐等
等，希望透過策略性壓抑情感表達，爭取保守中產的支持。相
比之下，站在相對激進一翼的民間團體，較着重的不是管理負
面情感，而是如何擴大公民社會既有情感守則的演繹和表達空
間。一名學民思潮成員便指出他們跟佔中組織者的分別：

> 「齋靜坐無聲音無畫面，人們看新聞報導，如果沒有字
> 幕，他們看你這段片段都不知你在做甚麼⋯⋯（我們）
> 希望為公民抗命帶多些新想像出來⋯⋯我們的底線其實
> 都是『和平、理性、非暴力』⋯⋯但我們會覺得在必要
> 的時候有肢體衝撞是避免不到的，當然我們的目標不是
> 要傷害警察。」（訪談，2017 年 10 月 11 日）

如何為佔中訂下情感守則的問題成為公民社會內部一大分
歧，各民間團體一直未有共識。到了傘運爆發之後，情感多元

化與單一化的張力更加明顯，另一方面，追求改變及抗衡中共的迫切感，則開始將運動推向情感單一化的方向發展。

　　國家政權與本地公民社會，以及公民內部在情感上的角力和爭奪一直僵持。到2014年8月，人大常委員會通過有關香港普選特首的決定。「決定」規定提名委員會須按沿用的選舉委員會產生辦法及組成方式，並設下「過半數」的特首候選人提名門檻，以及將特首候選人數目限於兩至三人。本地公民社會動員的佔中如箭在弦，但一直未有正式公佈佔領日期。相反，民間團體如學民思潮及香港專上學生聯會（學聯）則動員9月中罷課。兩個團體在策略上跟佔中組織者迥異，期望佔中能盡快實現。罷課最後一天，兩個學生團體衝入公民廣場，成為運動的轉捩點，一名學民思潮成員解釋：

「當時是26號晚才做決定，既然來了那麼多人，是否真的這樣消耗他們（的士氣）呢，不如做些事，拖到10月1號佔中啦。當時有想很多不同方案，有想過不如叫他們一齊去佔領金紫荊（廣場），移師（該處），但覺得距離太遠，亦有想過不如直接行過中環，不過又是太遠，人們機動性沒那麼高，即普羅大眾。那不如佔領多次公民廣場，當時落了閘，起了圍欄。最初的畫面是希望，我們進了去，大閘長期開着，跟着好像反國教（運動）時在廣場內set啲booth，跟着等到10月1號收起booth，一齊行去中環。我們最初（計劃）是這樣的，即好像反國教般一個嘉年華形式去（重新）佔領公民廣場啦，我們完全沒有expect過最後（警方）會關了大閘，最後逐個逐個抬人拉走。」（訪談，2017年10月11日）

　　由此可見，雖然大多數民間團體原則上同意以佔領爭取普選，但形式上和情感動員上的分歧，卻促成了佔領公民廣場行動。這個一方面為佔中提升士氣，但另一方面希望改寫佔中的情感動員模式的行動，意外地被警方以強硬方式對待。警方拘捕多名學生，激起民憤；憤怒再一次成為促成社會運動的燃料。到9月28日，警方向示威人士施放催淚彈，現場情況透過新聞直播畫面傳播，憤怒情緒在社會爆發（Tang, 2015），令強調情感紀律的佔領中環演變成強調自發、無領袖的雨傘運動。

　　在雨傘運動初期，由於人數遠超預期，不少參與者都對勝利抱有一絲希望。例如佔領者Ben憶述：

「我不覺得政府會突然間應承你真普選，但起碼會不會梁振英可以先下台呀……我都沒有想到那麼遠，或者都沒想到是否可行，即因為你做一了些東西，然後人大就說『我驚你喇』，但有沒有少少階段性勝利先拿到呢？」（訪談，2017年10月20日）

　　對勝利的希望迅速演化為對於行動升級的迫切感，寄望可以迫使中央政府讓步。另一位佔領者Ivan講述：

「因為當時（這種感覺）好快的，過了三日就覺得膠着喇嘛，兩日已經覺得膠着喇嘛，兩日無特別事發生的時候……而家回想的話，可能928放完催淚彈，可能929已經要升級。」（訪談，2017年10月26日）

　　因為這種追求勝利的迫切感，驅使部分佔領者去進行更多、更廣泛的佔領行動，例如當時有人提出圍堵特首辦公室、佔領龍和道等方案，希望向政權施加壓力。

　　但同一時間，負面的情感卻令部分佔領者對升級行動卻步。雨傘運動的頭兩星期，不斷有消息傳出警方會武力清場，焦慮和恐懼開始在運動中出現。佔領者 Kelvin 描述：

「9.26 到 9.28 是塞滿整個金鐘，但（我們）沒有把握時機將運動擴大，好快就沉了下去……（大家）覺得個情況好混亂，在好不安、好焦慮的環境之下，我們似乎未能夠踏前一步……所以在運動裏面學生也好，義工也好，我們經常都處於好不安、好不穩定的狀態，即我們知道要撐，我們知道為甚麼要撐，但下一步怎樣做，我們要如何推，（警方）有甚麼反應的時候我們要如何做，我們經常都很不清晰，所以我們經常都會有一種好不安的感覺凝聚著。」（訪談，2017 年 10 月 14 日）

　　焦慮和恐懼亦出現於佔領運動組織者之間，特別是經歷八九六四的老一輩民主派人士。當時警方的行動，亦加深了這種對武力鎮壓的恐懼。佔中發起人之一戴耀廷憶述：

「我自己不太過傾向所謂升級的。……跟著發展下去，去到旺角事件，即 10 月 3 號，之後（警方）又運送子彈入去行政長官（辦公室）啦，一路其實那幾天是驚他們用的暴力升級，所以一直以來（我們的）overriding concern 就是參與者的安全，我們叫得他們出來，我們就要為他們的安全承擔責任。」（訪談，2018 年 4 月 26 日）

　　因為焦慮和恐懼，運動初期行動升級的建議被老一輩民主派及佔領中環方面否決，反映了不同情感經驗下的不同行動抉擇。

　　然而，這些決定亦同時凸顯公民社會內部在情感管理及制訂情感守則上的角力。因為升級行動被否決，引起部分佔領者強烈不滿。他們一方面指摘運動組織者過分保守，另一方面主張放棄「和平、理性、非暴力」的原則。在反高鐵及反國教運動中，雖然年輕的社運人士主張擴闊情感表達的空間，但畢竟沒有徹底否定「和平、理性、非暴力」。但在雨傘運動膠着的情況下，「和平、理性、非暴力」不斷被挑戰，而情感管理的模式亦大幅度收緊。10月中旬，學聯和特區政府的對話未能取得成果，憤怒、失望和無助的情緒開始主導運動，不單令學聯和學民思潮成為眾矢之的，「快樂抗爭」亦被視為另一種情感霸權，例如有人批評快樂抗爭等同「唱K」消耗民氣，亦都有人開始主張其他情感守則，例如不准唱歌、不准玩樂，要經常保持高度戒備的狀態。同時，早年領導反高鐵及反國教運動的左翼社運人士，則被貶稱為「左膠」，指他們要為兩個運動的「失敗」（即未能成功反高鐵撥款，以及未能迫使政府完全撤回國民教育）負責。同一時間，以憤怒及肢體表達為基礎的「勇武抗爭」、「以武抗暴」，甚至是再後期的「無底線抗爭」開始受吹捧，成為新的情感規範和語言，而它們皆主張以憤怒和仇恨等負面情感作為社會抗爭的主導情感。

　　在負面情感主導下，加上運動組織者未能在行動戰術上取得突破，憤怒、失望和無助的情緒成為運動中的主流情感經驗。有人選擇退出佔領行列，亦有人決定於11月底參與「圍堵政總」升級行動。後者失敗之後，雨傘運動亦隨之結束。由佔領中環至雨傘運動的時間，香港的情感文化再度回至情感單一化的狀態。憤怒雖然成就了雨傘運動，但運動中希望、焦慮、恐懼的交纏令行動無法再進一步，其後憤怒、失望和無力感開

始主導運動，以及傘運之後的香港政治領域。

結語

　　本文以情感管理的理論框架，勾畫2003至2014年香港的情感文化及其對社會運動的影響。從反高鐵運動、反國教運動及雨傘運動所見，恐共並非香港的政治領域中唯一的情感。憤怒、焦慮、快樂、愧疚等等多種情感經驗，在社會動員的不同階段中發揮不同的推動或阻礙角色。正因如此，社運組織者往往透過建構情感守則來達致更佳的動員效果。篇幅所限，本文未能深入探討情感與其他動員相關因素（如政治價值、空間、政體特徵）的互動關係。

　　在2003至2014年間，香港的情感文化由情感單一化過渡至情感多元化，再回到情感單一化的狀態。2003年後的一段時間，「和平、理性、非暴力」的原則被狹義地演繹，社會抗爭每每壓抑（過量的）情感。反高鐵及反國教運動透過空間行動及論述，擴闊了在「和平、理性、非暴力」原則下的情感空間，令情感規範較為寬鬆、情感表達上更多元化。其後北京政府進一步收緊對港政策，間接亦令公民社會內的情感空間收窄。對抗中共政權的迫切感令抗爭者開始以負面情感作為動員基礎。主張生產正面情感的「快樂抗爭」被視為霸權，「勇武」成為新的情感語言和公民社會內部的對抗式情感守則，而憤怒、失望和無力感，加上因警暴問題而衍生出來的仇恨，則主導了情感文化的空間。

　　需要補充的是，上文用到「正面情感」及「負面情感」的字眼，並不包含批判的意味，它們所指的是情感驅動行動的效能

性。社運學者 James Jasper（2011）曾經提出「道德電池」（moral battery）的概念，指出當正面情感與負面情感結合，產生出來如電池般的正負極反差，往往能為集體行動提供最大能量。憤怒、焦慮、愧疚等負面情感，往往令人感覺透支，不能令社會行動持續，所以需要快樂、自豪感等正面情感來平衡。同樣，只有正面情感而沒有負面情感（如憤怒）作為推動力的社會行動亦難以壯大。因此，我們或可以此解釋反高鐵及反國教運動的強大動員能力，以及它們在運動結束後持續高昂的士氣。這亦說明情感多元化對運動的影響。

　　由此引申，我們亦可在 2019 至 2020 年的反對《逃犯（修訂）條例》運動看到情感多元化對支撐社會運動的重要性。雨傘運動後，北京對民主運動進一步打壓，加上上述單一化的負面情感主導，令香港公民社會經歷一段社會動員的低潮期，未能發展出大型而持續的抗爭運動。到了 2019 年，由於特區政府提出《逃犯（修訂）條例》，公眾憂慮這個覆蓋面廣泛的修訂會進一步打擊香港的法治、公民權利以至人身自由，恐共再次成為社會動員的基礎。與 2016 年以憤怒和仇恨主導的旺角騷亂不同，反修例運動之所以能夠持續超過半年，其中一個原因可能正是這場運動得到多元的情感支撐。在「兄弟爬山，各自努力」的原則下，公民社會內部不再糾纏於「和平、理性、非暴力」與「勇武抗爭」的論爭，這間接令抗爭陣營中各派別所倡導的情感守則，以及不同行動所附帶的情感皆得到呈現和表達的空間。例如在 2019 年 6 月中，抱着「終極一戰」信念的前線「勇武」抗爭者跟警方激烈對抗之後，一班基督徒在政府總部附近的唱聖詩行動，正好緩解了抗爭者憤怒和絕望的情感。之後的一段時間，幾名抗爭者相繼自殺身亡，絕望和悲傷再次

籠罩公民社會，但「反送中媽媽集氣大會」及書寫「連儂牆」等行動，適切地為抗爭者社群注入愛和希望，令運動得以持續。其後以憤怒和仇恨主導、針對警權的激烈街頭對抗，與一系列以「和平、理性、非暴力」為主題的行動（例如集體高唱《願榮光歸香港》、為被捕抗爭者書寫心意卡等等）相繼發展出來，各種正面情感及負面情感持續地為這場運動提供能量。當然，上述這些只屬初步觀察，反修例運動的情感政治及2014-2020年間政治領域中情感文化的轉變仍有待進一步發掘和研究。但從社會運動層面而言，反修例運動正好說明，抗爭運動中最重要的大概不是爭辯哪一種情感動員模式較優勝，而是在情感管理及制訂情感守則的問題上，如何做到真正的民主化，以及如何在社會及政治行動中，建立一個可以讓各方表達及交流情感經驗和需要的反思空間（space for emotional reflexivity）（Brown & Pickerill, 2009），讓多元的情感成為運動的助力。

參考書目

《文匯報》。2006。「香港不應拖廣深港高鐵後腿」。2月7日。

立法會秘書處。2011。《會議過程正式紀錄》。https://www.legco.gov.hk/yr10-11/chinese/counmtg/hansard/cm0518-translate-c.pdf。查詢日期：2019年3月30日。

沈旭暉。2012。「『反顏色革命』解讀北京對港政策調整的國際關係框架」，《明報》，2月6日。

李立峯、陳韜文。2013。「初探香港『社運社會』」，張少強、梁啟智、陳嘉銘（編）。《香港·論述·傳媒》，頁243-269。香港：牛津大學出版社。

《明報》。2009。「大聲說『我為自己是一個中國人而高興』初小推愛國教材家長憂洗腦」。10月4日。

《明鏡月刊》。2013。「《明鏡月刊》獨家全文刊發中共9號文件」。https://web.archive.org/web/20130822123247/http://www.laqingdan.net/?p=2993。查詢日期：2019年4月2日。

《東方日報》。2009。「高鐵車輪滾滾　香港落木蕭蕭」。12月27日。

紀曉風。2012。「唐唐公子氣保核心價值　振英狼子心接四大任務」,《信報》,3月22日。

香港人權監察。2011。《〈德育及國民教育科課程指引〉諮詢稿　向課程發展議會德育及國民教育專責委員會秘書處提交之立場書》。http://hkhrm. org.hk/resource/final_natedusub_edb2011aug.doc。查詢日期:2017年7月8日。

香港行政長官。2001。《鞏固實力　投資未來》。https://www.policyaddress. gov.hk/pa01/speech_e.htm。查詢日期:2019年3月29日。

香港行政長官。2007。《香港新方向》。https://www.policyaddress.gov.hk/07-08/eng/policy.html。查詢日期:2019年3月29日。

《香港經濟日報》。2012。「疑國情教育教師手冊網上瘋傳」。7月5日。

梁啟智。2013。「高鐵爭議中的邊緣化和融合想像」,張少強、梁啟智、陳嘉銘(編)。《香港‧論述‧傳媒》,頁189-203。香港:牛津大學出版社。

許寶強。2018。《情感政治》。香港:天窗出版社。

國務院新聞辦公室。2014。《「一國兩制」在香港特別行政區的實踐白皮書》。http://www.scio.gov.cn/tt/Document/1372801/1372801.htm。查詢日期:2019年4月2日。

菜園村支援小組。2009a。「六十歲菜園村民謝運華:以前大陸饑荒,香港人都係食我哋啲菜咋(菜園故事系列六)」。https://www.inmediahk.net/ node/1003301。查詢日期:2019年3月31日。

菜園村支援小組。2009b。「菜園村民Josephine:我使鬼你恩恤!(菜園故事系列一)」。https://www.inmediahk.net/node/1003301。查詢日期:2019年3月31日。

鄭汝樺。2009。「當機立斷──抓緊經濟機遇盡速落實高鐵」。《明報》,10月10日。

課程發展議會。2012。《德育及國民教育科課程指引(小一至中六)》。https://www.edb.gov.hk/attachment/tc/curriculum-development/4-key-tasks/ moral-civic/MNE%20Guide%20(CHI)%20Final_remark_09102012.pdf。查詢日期:2019年4月1日。

駱穎佳。2017。「從佔領運動看空間政治的情感轉向」。張少強、梁啟智、陳嘉銘(編)。《香港‧社會‧角力》,頁211–227。香港:匯智出版。

《蘋果日報》。2009。「高鐵挖隧道有沉降危機　大角嘴2000戶或變危樓」。10月18日。

Aminzade, Ronald R. & Doug McAdam. 2001. 'Emotions and Contentious Politics.' in Ronald R. Aminzade et al. (eds.), *Silence and Voice in the Study of Contentious Politics.* Cambridge: Cambridge University Press, 14-50

Azab, Marian & Wayne A. Santoro. 2017. 'Rethinking Fear and Protest: Radicalized Repression of Arab Americans and the Mobilization Benefits of being Afraid.' *Mobilization: An International Journal,* 22(4): 473-491.

Blumer, Herbert. 1969 [1939]. 'Collective Behavior.' in Alfred M. Lee (ed.),

Principles of Sociology (3rd ed.). New York, N.Y.: Barnes and Noble, 65-121.

Brown, Gavin & Jenny Pickerill. 2009. 'Space for Emotion in the Spaces of Activism.' *Emotion, Space and Society,* 2(1): 24-35.

CCPOS (Centre for Communication and Public Opinion Survey). 2014. 'Public opinion and political development in Hong Kong fourth-round survey results.' http://www.com.cuhk.edu.hk/ccpos/research/1412TaskForce_SurveyResult_141218.pdf. Accessed 15 August 2018.

Cheng, Edmund W. 2016. 'Street Politics in a Hybrid Regime: The Diffusion of Political Activism in Post-colonial Hong Kong.' *The China Quarterly,* 226: 383-406.

Crossley, Nick. 2002. *Making Sense of Social Movements.* Buckingham: Open University Press.

Flam, Helena. 2004. 'Anger in repressive regime: a footnote to *Domination and the Arts of Resistance* by James Scott.' *European Journal of Social Theory,* 7(2): 171-188.

Flam, Helena. 2005. 'Emotions' Map: A Research Agenda.' in Helena Flam and Debra King (eds.) *Emotions and Social Movements.* London; New York: Routledge, 19-40.

Gamson, William A. 1992. *Talking Politics.* Cambridge: Cambridge University Press.

Goodwin, Jeff & Steven Pfaff. 2001. 'Emotion Work in High-Risk Social Movements: Managing Fear in the U.S. and East German Civil Rights Movements.' in Jeff Goodwin, James M. Jasper and Francesca Polletta (eds.), *Passionate Politics: Emotions and Social Movements.* Chicago; London: University of Chicago Press, 282-302.

Gordon, Steven L. 1990. 'Social Structural Effects on Emotions.' in Theodor D. Kemper (ed.), *Research Agendas in the Sociology of Emotions.* Albany: State University of New York Press, 145-179.

Gould, Deborah B. 2009. *Moving Politics: Emotion and ACT UP's Fight against AIDS.* Chicago: The University of Chicago Press.

HKUPOP (Hong Kong University Public Opinion Programme). 2014. 'Ming Pao sponsored 'Survey on CE Election and Occupy Central Campaign' (Seventh round).' https://www.hkupop.hku.hk/chinese/report/mpCEnOCCw7/index.html. Accessed 15 August 2018.

Hochschild, Arlie R. 1979. 'Emotion work, feeling rules, and social structure.' *American Journal of Sociology,* 85(3): 551-575.

Hochschild, Arlie R. 2003. *The Managed Heart: Commercialization of Human Feeling.* Berkeley: University of California Press.

Jasper, James. M. 2011. 'Emotions and social movements: twenty years of theory and research.' *Annual Review of Sociology,* 37: 285-303.

Jasper, James. M. 2014a. 'Constructing indignation: anger dynamics in protest movements.' *Emotion Review*, 6(3): 208-213.

Jasper, James M. 2014b. 'Feeling-Thinking: Emotions as Central to Culture.' in Britta Baumgarten, Priska Daphi and Peter Ullrich (eds.), *Conceptualizing Culture in Social Movement Research*. Basingstoke: Palgrave Macmillan, 23-44.

Ku, Agnes S. 2007. 'Constructing and contesting the "order" imagery in media discourse: implications for civil society in Hong Kong.' *Asian Journal of Communication*, 17(2): 186-200.

Lam, Wai-man. 2004. *Understanding the political culture of Hong Kong: the paradox of activism and depoliticization*. New York: M.E. Sharpe.

Le Bon, Gustave. 2001 [1896]. *The Crowds: A Study of the Popular Mind*. Kitchener, Ont.: Batoche.

Lee, Francis L.F. & Joseph M. Chan. 2008. 'Making Sense of Participation: The Political Culture of Pro-democracy Demonstrators in Hong Kong.' *The China Quarterly*, 193: 84-101.

Lee, Francis L.F. & Joseph M. Chan. 2011. *Media, Social Mobilization and Mass Protests in Post-colonial Hong Kong: The Power of a Critical Event*. New York: Routledge.

Loh, Christine K. 2010. *Underground Front: History of Chinese Communist Party in Hong Kong*. Hong Kong: Hong Kong University Press.

Ma, Miranda L.Y. 2017. 'Affective Framing and Dramaturgical Actions in Social Movements.' *Journal of Communication Inquiry*, 41(1): 5-21.

Ma, Ngok. 2011. 'Value Changes and Legitimacy Crisis in Post-industrial Hong Kong.' *Asian Survey*, 51(4): 683-712.

McAdam, Doug. 1982. *Political Process and the Development of Black Insurgency, 1930-1970*. Chicago: University of Chicago Press.

McCarthy, John, D. & Mayer N. Zald. 1977. 'Resource Mobilization and Social Movements: A Partial Theory.' *American Journal of Sociology*, 82(6): 1212-1241.

Morris, Paul & Edward Vickers. 2015. 'Schooling, politics and the construction of identity in Hong Kong: the 2012 'Moral and National Education' crisis in historical context.' *Comparative Education*, 51(3): 305-326.

Ng, Vitrierat & Kin-man Chan. 2017. 'Emotion Politics: Joyous Resistance in Hong Kong.' *The China Review*, 17(1): 83-115.

Nussbaum, Martha C. 2001. *Upheavals of Thought: The Intelligence of Emotions*. Cambridge: Cambridge University Press.

Ransan-Cooper, Hedda, Selen A. Ercan & Sonya Duus. 2018. 'When Anger Meets Joy: How Emotions Mobilise and Sustain the Anti-coal Seam Gas Movement in Regional Australia.' *Social Movement Studies*, 17(6): 635-657.

Shott, Susan. 1979. 'Emotion and Social Life: A Symbolic Interactionist Analysis.'

American Journal of Sociology, 84(6): 1317-1334.

Snow, David A., Burke E. Rochford, Steven K. Worden, & Robert D. Benford. 1986. 'Frame Alignment Processes, Micromobilization, and Movement Participation.' *American Sociological Review*, 51(4): 464-481.

Solomon, Robert C. 1990. *A Passion for Justice: Emotions and the Origin of Social Contract*. New York: Addison-Wesley.

Tang, Gary. 2015. 'Mobilization by images: TV screen and mediated instant grievances in the Umbrella Movement.' *Chinese Journal of Communication*, 8(4): 338-355.

Thoits, Peggy A. 1985. 'Self-Labeling Processes in Mental Illness: The Role of Emotional Deviance.' *American Journal of Sociology*, 91(2): 221-249.

Tilly, Charles. 1978. *From Mobilization to Revolution*. Reading, Mass.: Addison-Wesley Pub. Co.

Wettergren, Åsa. 2009. 'Fun and Laughter: Culture Jamming and the Emotional Regime of Late Capitalism.' *Social Movement Studies*, 8(1): 1-15.

初探「社區深耕運動」：
後雨傘香港的城市社會運動與日常實踐

鍾曉烽

摘要

　　2014年雨傘運動中後期以至結束後，不少運動參與者都提出「傘落社區」、「深耕細作」等的行動綱領，大批市民自發組織形形色色的社區網絡，深深影響香港過去數年的政治領域和公民社會發展。坊間雖然不乏對「社區深耕」的評論，但從社運研究的觀點來看，這條社區路線仍然有不少地方值得審視和反思，包括：運動參與者如何理解「社區」？面對傘後的「社運低潮」，究竟這種日常取向、聚焦社區的「深耕細作」如何促成社會轉化？他們的社區工作有甚麼判斷和策略？借用城市社會運動和日常實踐的理論視角，本文探討傘後「社區深耕運動」，透過脈絡分析和西環社區營造個案研究，分析香港「社區」的城市意義，並反思轉化社區日常的運動策略的可能性。

關鍵詞

城市社會運動、社區運動、社區營造、日常政治、香港公民社會

引言

　　2014年的雨傘運動，作為一件關鍵事件（critical event），深刻地改變了香港大眾和社會精英對社會現實的認知（Staggenborg, 1991）。佔領期間以至行動結束後，不少運動參與者都提出「傘落社區」的行動綱領，試圖將佔領運動所演示的價值和理念帶入社區。過去四年，打着「社區」旗號的傘後組織例如「維修香港」、「社區公民約章」、「紅土家」等在社區層面深耕細作，好讓民主在日常生活中落地生根。傘後至今，已有不少學者和評論人從香港選舉政治、開拓社會的「平行結構」和「第二文化」的角度來思考「傘落社區」的成效和困難（許寶強，2015；馬嶽，2015a），坊間亦不乏專題文章、書籍嘗試梳理個別傘後組織的社區工作經驗（一小步，2018；阿離，2018）。

　　從社運研究的觀點來看，傘後的社區路線仍然有不少地方值得審視，例如，面對所謂「社運低潮」的論述，究竟這種日常取向、聚焦社區的「深耕細作」如何促成社會轉化？[1]運動參與者如何理解「社區」？他們的社區行動背後有甚麼判斷和策略？借用城市社會運動（urban social movement）和日常生活實踐的理論視角，本文嘗試以脈絡分析（contextual analysis）和西環的個案研究（case study）回答這些問題，這不單加深我們對整場社區深耕運動的理解，更可以從前線參與者的角度，了解改造社區日常的運動策略，反思其社會轉化的可能性。

1　香港研究一直不乏對社區運動的關注。本地學者何國良（Ho, 2000）曾定義「社區運動」為個別社區組織提出任何層次的城市訴求，他提出這個定義時，針對的具體社會現象是從1970至1990年代的居民運動。為了區分以往本地的社區運動，筆者以「社區深耕」來指涉後雨傘香港的社區運動。

城市社會運動與日常生活實踐

　　城市社會運動一直是海外和本地學者關心的課題，自1970年代至今相關的研究多不勝數（Castells, 1977, 1983; Lowe, 1986; Mayer, 2009; Uysal, 2012）。至於香港，早年的城市社會運動研究大多圍繞由1960到1990年代的居民運動（Lui, 1984；呂大樂、龔啟聖，1985；Ho, 2000）。踏入千禧年代，「保護天星碼頭」和「保護皇后碼頭」事件、反對灣仔利東街重建的社區運動、保護中央警署建築群聯合行動等各類型的城市保育抗爭，往往引起本地學者的關注，不少文獻都深入分析運動出現的成因、直接動員的方式、身分認同和空間政治（葉蔭聰，2011；谷淑美、徐匡慈，2009；Ku, 2012）。除了保育議題，近10年本地的城市抗爭研究，亦與公共空間和庶民生活的討論息息相關（梁啟智，2011）。

　　批判城市理論學者認為，主流的城市社會學傾向理解城市作為超歷史的社會組織，肯定其官僚理性和經濟效率，而忽視城市空間、權力與意識形態的關係，難以處理結構性不平等和城市公義問題（Brenner, 2009）。從批判城市理論出發，本文採用Manuel Castells於《城市與平民》（*The City and the Grassroots*）一書提出的城市社會運動理論。[2]與前作《城市問題》（*The Urban Question*）不同，Castells不再只視「城市」為勞動力再生產的場所，而是社會結構和歷史交織的產物，

2　除了本文引用的Castells，當代重要的批判城市理論家亦包括David Harvey、Henri Lefebrve、Peter Marcuse等，以及受他們影響的學者如Andy Merrifield。

一座城市的形式、功能和意義都在特定社會和歷史脈絡的衝突進程（conflictive processes）所形成。作為一種強調城市空間的集體行動，城市社會運動透過轉化被制度化的城市意義（institutionalized urban meaning），對抗統治階層的邏輯、利益和價值，從而影響結構性的社會轉變（Castells, 1983: 305）。總體來説，Castells 分析城市社會運動的進路，依從比較宏觀的社會文化角度解釋城市抗爭（Jasper, 2010）。

　　過去的社運研究較少扣連社會運動和日常生活之間的互動，而香港有關城市運動的研究，也多同樣如此，僅從主流的政治機會結構、組織資源、行動劇目、身分和空間政治等概念出發，分析對象圍繞抗爭性的集體行動（contentious collective action）。雖然新社會運動範式（news social movement paradigm）有觸及日常生活與社會運動的關係，然而其分析進路較多着重解釋運動暫緩或休止（movement abeyance），忽視日常生活的社會轉化潛能（Yates, 2015）。然而，不論是當代的城市行動主義研究，[3] 或是晚近的社會運動研究，都嘗試深化日常生活的政治性。因此，以下的討論會先從宏觀的脈絡分析，剖析香港「社區」的城市意義，然後透過西環社區營造的案例，試圖從微觀層面探討城市社會運動中的日常實踐，檢視社區深耕運動在一個城市社區的具體實踐。

3　過往已有不少學者探討過城市與日常生活的關係，例如法國哲學家 Lefebrve 的經典著作 *Critique of Everyday Life*，而晚近的城市研究亦有 "Do-it-yourself urbanism"（Finn, 2014）、"tactical urbanism"（Mould, 2014）的討論，反思日常生活的政治意涵。

城市意義的抗爭

　　誠如前灣仔區議員金佩瑋（2017）所言，「社區是甚麼」是「任何對社區有想法或想『落區』的人必須好好瞭解的課題」（頁164）。如果將「社區深耕」理解為一場城市社會運動，我們需要對具體的社會歷史脈絡進行分析，繼而指出香港城市抗爭和社區運動背後的結構性問題。現先勾勒影響香港社區發展的宏觀社會經濟、文化和政治脈絡，解釋「社區」在香港的「城市意義」怎樣被制度化。[4]

1　制度化的「社區」意義

　　從空間維度來看，香港的城市危機主要體現於新自由主義、發展主義和管理主義的運作邏輯。大型的基礎建設（例如港鐵公司不同的延線和新支線工程）、由市建局牽頭的各項市區重建計劃、新型屋苑的發展模式等的城市化進程，破壞社區原有社會網絡、具歷史價值的建築和地景，社區被改造成一式一樣的居住和消費空間，原有社區被士紳化（gentrified）（Chen & Szeto, 2015）。社區空間的私有化意味城市空間的使用價值漸漸被交換價值（exchange value）所取代。譬如在2004年，特區政府將180個公共屋邨的公共停車場、商場和街市變賣，成立

4　值得一提的是，「community」在社會科學本身是具爭辯性的概念。整體而言，「community」的概念大致可分為三種進路。第一種是根據地緣（locality）作為參照的「社區」，指涉人們的生活習慣、風俗和社會關係等。第二種是社會學意義上的「社群」，例如少數族裔和貧窮社群。第三種則從文化符號的角度，了解社群成員的身分認同、價值信念和歸屬感等「共同體」問題。考慮到香港的語境以及本文的討論脈絡，本文採用地緣性的理解。

「領匯房地產投資信託基金」（「領匯」現稱「領展」）並於港交所上市（葉寶琳，2016）。不論是回歸前後，深受殖民地年代的管理主義影響，香港政府的官僚挪用「衛生」和「市容」作為措辭，控制公共空間的「合法」使用，街道、公眾公園等遂變成功能單一化的空間，扼殺空間使用的多元性。

　　在地區行政層面，香港特區政府一直沿用港督麥理浩（MacLehose）推動的社區建設模式（community building），除了行政換名和架構重組，回歸後沒有任何進步性的實質改革（金佩瑋，2013; King, 2015）。[5] 引用呂大樂（2012）的說法，殖民政府的社區建設工程是建基於一種「矮化的公民概念」，這種由上而下、官僚化的社區建設並非以培養公民為目標，反而是一系列「空匙餵食」的計劃，打造「弱智化的殖民主體」，強化市民大眾的殖民性（金佩瑋，2017）。前灣仔區議會主席黃英琦（2007）曾以「舞台社區」來形容官方的社區建設。被官方認可的街坊代表，在意識形態上傾向保守和順從權威，而他們在地區活動中成為社區領袖，站在舞台上剪綵、拍照留影、頒發紀念品，「他們亦以身作則，在台上以不同形式向一般市民灌輸和諧的信息」（金佩瑋，2017）。

　　社工系統和政黨政治的發展是形塑香港「社區」城市意義的重要力量。一方面，社工專業化和去政治化的制度安排，限制前線社工參與街頭抗爭的機會（Tang, 2013），同時令充權式的城市抗爭難以在社區扎根。回顧本地歷史，受社會工作強調社區發展（community development）的傳統影響，

5　關於港英殖民政府的地區行政系統如何打造香港市民的殖民性，請參考金佩瑋（2013，2017）的歷史梳理。

1970年代香港的城市運動曾經是推動社會改革的重要力量，有效提升基層市民的社會意識和集體參與（Ife, 2002）。然而在1970年代後期，殖民政府銳意向社工界施予更多制度上的壓力，最關鍵的轉捩點是1978年開始的「鄰舍層面社區發展計劃」（Neighborhood Level Community Development Project, NLCDP）。有論者認為，雖然NLCDP可以為社工界提供短期和臨時性的資源，但這種受官方監察的資助模式卻大大限制社區的長遠發展，難為街坊充權（Leung, 1991）。另一方面，1990年代開始，香港政府着力規範化社會工作。1991年，港英政府推出社工自願登記安排。1997年6月6日，《社會工作者註冊條例》生效，訂明「透過監管機制，監察社會工作者的素質……任何不是名列註冊紀錄冊的人士無權使用『社會工作者』的名銜或其他相關描述的稱謂」。根據《條例》，法定機構社會工作者註冊局在1998年1月16日正式成立。加上當時功能組別的出現，令社福界傾向提供「專業」服務，以保障社福界的界別利益，大大削弱社工促進社會改革的誘因（Chow, 2010; Mok, 1991）。2001年，特區政府改革非政府機構的資助安排和管理，向社會福利界推行整筆撥款津助制度（「一筆過撥款」）。[6]根據社會福利機構員工會理事長邱智恆所說，一筆過撥款制度「給予機構財政自由，令其高層有『自由』剝削員工，引發同工不同酬的問題」，嚴重影響前線社工的工作環境（邱智恆，2015）。

　　另一方面，香港的社區政治長期被化約為議會抗爭，使社區政治的視域變得狹窄。1990年代初本地政制改革，導致

6　2007年11月，社福界發起罷工，5,000人集體請假出席集會及遊行，要求政府回復原有資助水平，並徹底檢討推行了六年的「一筆過撥款」。

不少居民運動的政治領袖將時間和精力投放在議會政治，城市抗爭被制度民主化議題蓋過。在回歸前的政治過渡期，區議會增加民選議席以及立法局引入直選等的制度改革，吸引不少居民領袖和社工參選並成功獲得議席。更重要的是，這些代議士很快便意識到議會政治無法令居民組織和城市運動得益（Lui, 1991），對地區議題的忽略已使不少居民感到被代議士背叛，重創城市抗爭的士氣（Lui, 1993）。不論政治派別，1990年代選舉起始的政黨化和全職化，都令爭取選票成為香港政黨地區工作的主要目標，區議員遂成為更大規模選舉的地區「樁腳」。引用馬嶽（2015b）的區議會分析，「在選區極小的情況下，人脈和中介組織變得非常重要，而全港性政策和政綱在區議會選舉的重要性慢慢減退。選民也慢慢了解到區議員並無實權，區議員能否提供實質服務和福利，成為投票的重票準則」。另一股值得注意的社區政治力量，是中共在香港社區層面的統戰工作。經歷2003年區選大敗，親建制陣營獲發大量資源建立和拓展地區網絡，扶植「街坊保長」，舉辦大量地區層面的活動和社團組織建立地區基礎，利用小恩小惠的方式，「加上政府行政資源的配合，中聯辦居中協調和籠絡收編各類非民主派團體和人士」，間接令建制政黨在2007年的區議會大勝，社區福利主義（被民主派戲稱為「蛇齋餅粽」）的選舉模式成為社區政治的主流（馬嶽，2015b）。

2 「社區深耕」作為城市社會運動

　　在如此的社會脈絡之下，「社區深耕」作為城市社會運動，正是透過預示一種另類社區生活的願景，力求轉化香港「社區」被制度化的城市意義。根據Castells（1983）的定義，城市社會

運動實踐必須扣連三大範疇的城市訴求,包括(1)城市空間的使用價值(use value);(2)身分認同和文化自主;以及(3)地方自治和公民參與。體現在「社區深耕」運動,這種另類願景根植於城市公共空間功能的多樣性、社區感、庶民的生活經驗和賦權式政治(empowering politics)的理念。這種社區願景的出現有其特定的社會政治和文化背景。

　　首先,「社區深耕運動」的社區想像與回歸後的社會運動發展一脈相成。針對後殖民香港的社會脈絡,文化研究學者陳允中和司徒薇(Chen & Szeto, 2015)指出,因為城市空間的新自由主義化所生產的城市危機,催生了一波重視本土身分和文化、強調地方歸屬感、參與式民主的新保育運動,自2006年的「保護天星碼頭」及2007年「保護皇后碼頭」後,一直延續至2009、2010年反高鐵與保衛菜園村運動,甚至在雨傘運動期間佔領區出現的各種另類空間實踐。其次,近10年社會整體的價值和政治態度的轉變,反映香港人對深度民主的渴求。根據本地傳播學者李立峯(Lee, 2017)的民調結果,香港整體人口由2012年至2016年間的後物質傾向持續上升,當中年輕人的轉向更為顯著,反映香港社會整體較以往重視民主發展、思想和表達自由等非物質目標。另外,不少大型的民意調查都顯示,香港市民普遍持續不信任特區政府,持續不滿意香港政黨和政治人物的表現。[7]

7　根據香港中文大學亞太研究所2012至2016年的民意調查,超過四成的受訪者都對香港政黨的整體表現不滿意,在2016年的調查顯示,不滿的受訪者認為「政黨做不到實事」是主要原因。另外,根據中大傳播與民意調查中心由2014年9月至2017年5月期間七次電話調查所知,受訪者對香港政府的信任度只有4.02-4.86,以10分為滿分,5分為一般的指數裏屬低水平。

　　在組織形態上，城市社會運動需要連結其他社會組織，尤其是媒體、專業人士和政黨，但在意識形態方面要獨立於個別政治組織（Castells, 1983）。由於主流媒體欠缺社區傳播渠道，[8]「社區深耕」運動最主要依靠的是社交媒體和網絡另類媒體（online alternative media）作為日常交流、消息發佈、時事議論，社區甚至是社會動員的平台。除了用 Facebook 專頁和群組作為基本的傳播平台，有些傘後的社區組織更會出版線上和實體社區報，例如扎根紅磡和土瓜灣的「紅土家」、專注中西區的《中西街坊》等。《立場新聞》和《香港獨立媒體》曾以專題報道形式深入記錄傘後社區組織的情況，還讓社區運動的組織者發佈和刊登相關的活動資訊、社區政治新聞及區政評論。相比架構嚴密、成員資格和層級分明的社運組織（social movement organization），這些公民自發的社區深耕組織更像相接的社區網絡（networks of community networks），當中有不少成員有多種身分，同時屬於不同的社區網絡、社運組織、政黨和非政府機構。

　　不少傘後社區組織都強調社區身分（community identity），高呼「自己社區自己救／做」的口號，在主流的服務為本「社／地區工作」以外，推動自我組織（self-organizing）、由下而上的公民參與。在地區政治層面，不少傘後社區組織積極監察區政。在 2015 年的區議會選舉中，這些傘後社區組織不單支援非建制（即泛民主派和廣義本土派）的候選人，擺設街站助選，部分組織代表甚至主動參選。

8　除了早年的《地區星報》，賣盤後改由《星島日報》經辦的《星島地區報》外，香港甚少規模較大的地區媒體（李立峯，2018）。近年，香港電台的「社區參與廣播服務」計劃可算是其中一個主流媒體的嘗試。

　　下表總結了以上的分析，梳理出兩類互相爭持的「社區」城市意義。下一節會以西環的社區營造作為個案，剖析運動參與者對「社區深耕」的想法和實踐經驗，如何在社區層面預示具進步性（progressive）的城市意義。個案研究有助我們了解社會現象的原因和進程，尤其是現象和現實生活脈絡兩者難以清晰分離（Yin, 2014）。筆者透過滾雪球的抽樣方式，結合訪談資料和新聞搜查，選定了八個主要在西環深耕的社區組織（見附錄一）。[9] 主要的搜集資料方法包括與社區組織者的深入訪談，進行不同類型社區活動的田野考察，並輔以文本分析。除了個別有知名度的組織者，本文均以英文化名保障受訪者的身分。

制度化的社區意義	進步社區意義
城市空間的交換價值	城市空間的使用價值
標準化社區 ・城市疏離感 ・去歷史化空間 ・功能化空間	社區身分與文化 ・社區歸屬感 ・地方歷史與庶民敘事 ・生活世界（life world）
施恩式政治（patronizing politics） ・去政治的「社區」想像 ・社區福利主義 ・由上而下的宰制	充權式政治 ・日常不離政治 ・自我實現公民（self-actualizing citizenship） ・由下而上的反抗

9　當中不少成員同時參與兩個或以上的社區網絡。

個案分析——西環社區營造

　　跟相鄰的中上環一樣，西環在香港殖民歷史中屬於較早發展的地區，空間上包括現時的西營盤、堅尼地城、石塘咀等街區（neighborhood）。以石塘咀為例，在英國帝國殖民佔領前後，該處早已是南來打石的華人聚居點。在二十世紀初，上環水坑口街妓寨被大火夷平，時任港督彌敦（Matthew Nathan）指令所有妓寨一律遷至石塘咀，以色情事業開發該區，令該區到後來有「塘西風月」之稱。另外，香港第一間戲院「太平戲院」亦是位於石塘咀德輔道西，為當時最大的粵劇戲院。若以行政區域劃分，西環位於中西區。根據2016年香港政府統計處的人口普查，中西區的總人口為243,266人，家庭月入中位數為36,000港元。在社經狀況方面，雖然中西區行政分區間存有不少差異，但總體來說，廣義上屬於西環的分區都較中區差，部分分區的家庭月入中位數，其實比香港整體人口的中位數25,000港元為低。

城市危機與社區傳播

　　Castells（2002[2000]）提醒我們，城市社會運動終究是防衛性運動（defensive movement），其出現本身與社區出現危機或威脅息息相關。不論在較早期探討城市抗爭（Castells, 1983），還是近年世界各地相繼出現的大規模佔領運動，Castells（2009, 2016）都非常重視傳播權力（communication power）。作為一個混合型（mixed-use）的舊社區，西環有不少傳統手藝店和老牌食肆，例如德昌森記蒸籠店和開業超過50年的祥香茶餐廳。與香港不少老區如土瓜灣、觀塘相似，西環面對市區重建、空

間再規劃以及發展交通網絡的考驗，令其社區地貌大大被改造。2005 年，特區政府正式批准地鐵公司興建西港島延線，貫通上環至堅尼地城。2009 年，西港島延線正式開始動工，大部分車站在 2014 年尾通車。另一方面，2010 年 4 月 1 日開始，《土地（為重新發展而強制售賣）條例》將三類樓宇的強制拍賣門檻由集齊九成或以上的業權降至八成，私人地產發展商同期開始就西環的舊樓申請「強拍」。面對官商主導的重建計劃和大規模基建工程，整個西環社區現有的社區網絡和生活方式將會被破壞，陷入士紳化的危機。Facebook 群組「西環變幻時」正正是在這樣的背景下應運而生：

> 「港鐵快將直達西環，有人歡喜有人愁，寧靜老區之內，四處開始動土，樓價自三、四年前起一直向上猛漲；老街老鋪，化作千億地產項目。但我相信，總有人喜歡這裏的老舊氣味，臨街小店。晚上在尖東看港島，一片燈火輝煌，然而在最西之端，燈火的盡頭，還有這樣的一個地方：沒有太多臨海玻璃幕牆；老人家夏天在商場裏涼冷氣，秋涼的黃昏到海邊公共碼頭談天；手制（製）面（麵）包師還可以生存；還有滿街三十年以上的小店。五街已經變成泓都花園，一、二街也玩完，西環大樓，八棟給田生地產收購了。於是，這裏開了 GROUP，誠邀各方西環友人，或關注社區重建者，見證這場變天。未必能做到什麼，但世界上本沒有路，走的人多了便成了路。」（「西環變幻時」群組簡介）

截止 2019 年 7 月，「西環變幻時」已有超過 54,000 位成員，成員不限於當區的街坊，只要是關注西環、遵從群組守則的

人，管理團隊都會接納。至於政治立場，版主表明不是主要考慮，除了小部分非親建制政黨成員，他甚至認為「淺藍」街坊（中間偏建制支持者）的存在有其重要性，務求令「淺藍」漸漸變「白」到走向「黃」（民主派支持者）。作為傘運前出現的社區傳播平台，「西環變幻時」的重要性體現在其政治傳播和協調功能。一方面，成員可以分享、交流和討論西環日常生活的大小事。另一方面，「西環變幻時」立場鮮明，不避開政治討論，版主戴毅龍相信「地區谷（group）如果沒有地區特色，沒有存在的必要，但如果只有地區事務，則會流於狹隘，至於如何平衡，要摸索」，他表明會密切關注版面生態，有需要時會適度介入，避免仇恨或人身攻擊的言論（「西環變幻時」版主通訊，2015）。

　　雖然不少西環社區深耕組織有設立 Facebook 專頁，以及利用 WhatsApp 通訊平台連繫，但大部分的受訪者都認為「西環變幻時」是西環區最主要的社區媒體平台，不單讓西環社區組織可以彼此連繫，互相宣傳活動，甚至可動員街坊參與集體行動。意識到線上社區和通訊群組的傳播限制，西環組織者亦着力開拓線下的社區傳播空間，例如社區報《好西里》（由城西關注組策劃）和《中西街坊》。《中西街坊》的成員更會不定期在區內設街站派發紙本，甚至於相熟的小店內放置供人取閱。

「社區身分」的策略考慮

　　前文提及，不少傘後社區組織都強調建構社區身分。在西環的案例，筆者發現相對於烏托邦式的想像，運動參與者較多從實效性（pragmatic）來理解「社區」。不少受訪者認為，相比「真普選」這類宏大政治口號，「社區」是較能令香港人持續

參與政治的行動框架（action frame）。一方面，以「社區」之名的活動和集體行動，多多少少有一種「在你家樓下」的感覺，普通居民相信更容易和願意參與。另一方面，在香港的社會脈絡，「社區」與「民生」之間的距離較近，社區問題在一般認知上較為切身。從身分動員方面，建構社區身分在「中國 vs. 香港」以外豐富香港人身分認同的意義，策略性地避開深層的中港矛盾。32 歲的 Kelly 是「城西關注組」和「營盤耕作」的主要成員，本身也在區內一間非政府組織工作。在當下的社會政治環境，她認為「香港人」與「中國人」兩種身分或多或少有對立的意味，但社區身分強調的「他者」不以中港為主軸，而是以街坊與各種社區代議士的關係為重心：

> 「我哋無假想敵，即係西環一定要勁過北區咁，我地無呢啲咁樣既意識……我哋想講一種『西柚』身分（西環人），[10] 可能係關乎社區文化上既嘢……雖然同中國都有關係，點解我哋開始會有呢樣嘢（想法）呢？我覺得點都同個大環境連繫到。不過你想對呢個社區有一種想像，就係我哋可以 build up……大家可以有返一種『社區感』出嚟，係真係大家一齊為呢個社區去做一啲嘢，而唔係大家諗著……即係好多香港人都係咁諗：哦，呢啲野一定係政府做啦，一定係區議員做啦，我地唔洗做架啦，如果我地做左佢個份仲得了？好多人咁心態。」

10　粵語的「西柚」與「西友」發音相近，意思是「西環之友」或「西環人」，為西環社區運動參與者所強調及試圖建構的社區身分認同（community identity）。

　　Kelly 口中的社區感（sense of community）與公民自我實現（citizen self-actualization）有很強的關係。在受訪的西環參與者眼中，建立一種社區本位、強調「自己社區自己做／救」的集體身分，不單旨在扭轉「街坊」只可以被服務的想像，也同時挑戰對區議員、街坊保長等一眾社區代理人的慣性依賴。Helen 是西環街坊，在區內經營小店，本身也是一個泛民政黨的義工，2014 在金鐘佔領區擔任過糾察。佔領運動後曾一度感到失落，她後來在西環社區深耕找到「喘氣位」，迄今一直以「街坊」身分發起和參與西環不同社區組織的活動和行動，相對地淡化自己的政黨連繫。淡化不等於隱藏，Helen 認為正正是自己的多種身分，同時作為西環街坊、女性、政黨義工，對於自己所屬的社區可以「風花雪月」也可以「積極關心」，這樣更像一個真實的人。其實，筆者所接觸到的西環受訪者，無論是社區運動素人，或是傘運前後已有高度社會參與的都與 Helen 想法相近，認為以「街坊」身分組織或動員，容易彰顯一種純粹性，有別於市民對政客賺取政治資本的觀感。

轉化「社區日常」的實踐

　　在香港的制度脈絡，「社區」長久而來被建構成去政治化、功能化和標準化的城市空間。要明白以「日常」作為策略，借用日常政治（everyday politics）這概念有助我們了解社區深耕運動的政治性。相對於主流政治學，日常政治研究並不以政治制度、少數社會和政治精英為分析對象，反而着眼於組織化程度較低，甚至個人化、較隱性的日常生活行動與政治經濟權威的微密關係。簡言之，所謂「日常生活」同時受限於種種行動和規訓的邏輯（logics of action and logics discipline）（Elias,

Hobson, Rethel & Seabrooke, 2016）。分析進路上，日常政治不只關心平民的政治能動性（agency），亦會從社會結構和制度、思考日常生活如何服從權力所設下的種種規條，以及前後兩者間的辯證關係（Kerkvliet, 2009; Scott, 1985, 1990; Tuğal, 2009）。

從能動性的角度來看，西環的社區組織力圖將社區日常問題化（problematize），將習以為常的生活方式去常態化（denaturalize），建構另類的生活常規對抗長年被制度化、去政治化、去歷史化的社區統識（hegemony）。綜合西環社區營造的經驗，筆者梳理出四類社區實踐。

第一類是在公共空間演練另類生活生式，透過試驗不同形式的空間實踐（spatial practice），打破被制度化的空間常規，甚至挑戰權威對城市空間功能的宰制。2015年7月，一班西營盤街坊自發設立「正街牆」，「將盆栽、街板、漂書箱掛在爹核里一個臨時公廁的鐵網外，很快就引來地區組織張貼告示（事）宣傳活動、街坊登尋貓啟示（事）等，一年多來已成為西環特色地標，也是街坊的聚腳地」（郭雅揚，2017）。除了微型的空間設計，另一種值得深入分析的空間實踐是由「營盤耕作」策劃的流動環保街站。「營盤耕作」是一個關注環保議題的平台，由西營盤的街坊和區外義工組成，志在當區推廣城市綠化、城市耕種及綠色生活。除了舉辦不同形式的升級再造工作坊（upcycling），「營盤耕作」每星期會定時定點在第三街西營盤街市外設置流動環保站，與居民直接交流家居環保的知識，長遠希望由下而上推動成立社區本位的資源回收站（圖一）。

第二類是營造連繫感（connectedness）與歡愉感（joyfulness）的集體情感，凝聚街坊社群，以對應傘後無力感的情感狀態。作為一種長時間的情感目標，連繫感可以深化參與者對集體行

圖一：「營盤耕作」流動環保站

動的情感承諾（affective commitment），令人們較容易投入長時間的抗爭（Jasper, 2011）。40來歲的阿東是自由身攝影師，由大學本科開始積極參與社會運動，也是「西環變幻時」和「西柚辦公室」的主要組織者。觀察到2017年特首選舉選戰的情況，阿東深信社區運動不可以過分動員，這才能夠符合「人性」或普通人的盼望：

> 「其實你談及那種『傘後疲累』呢，『萬馬齊喑』是第一點。第二點是……當時曾俊華的民望十分高，包括不少『黃絲』的核心分子支持他呢。我看到一件事，就是『休養生息』這四個字其實是共同願望。別說其他，我也想。其實真的很累很累。」

有感不少熱心參與公民社會的香港人，都為不同原因而對

香港社會感到無力和政治疲憊（political fatigue），阿東和其他西環組織者構思活動時，銳意透過一些相對「軟性」的集體活動，譬如節慶式嘉年華、公共空間電影放映、本地旅行團等，在社區營造一種歡愉感。他們大多認為，活動形式雖然重要，但關鍵是如何將節目內容與一些公共價值和政治訊息扣連。在2016年，「西柚辦公室」策劃了西環潑水節，活動地點選在「火井」附近，該處本身是泰國人在西環聚居的地方，故以此處作為慶祝泰國新年的地點，潑水節的參加者互相潑水祝福對方，象徵以水清除不幸，祝願未來有更好的一年。借用潑水節的象徵意義，西環的組織者有意扣連潑水節和香港政治立場撕裂的社會氛圍，嘗試從社區日常生活空間連結不同種族、政治立場和社經背景的西環居民。

　　第三類是生產社區本位的地方敍事，強調人與社區間的情感結連，將社區本地歷史扣連更宏觀的城市歷史和社會議題，從而建構一種「社區屬於每個人」的集體擁有感和責任感（sense of collective ownership）。西環的社區深耕者以地方框架（place frame）去描述生活在其中的人的共同經驗，想像理想的鄰里生活，從而定義社區集體關注的範圍（Mitchell, 1988; Anderson, 1991; Martin, 2003）。2015年8月，路政署斬除般咸道四棵石牆樹，受樹木專家、社區關注組織和街坊的質疑。社區報《中西街坊》2015年9月號的專題，特意考掘香港石牆樹的歷史，[11]記錄區內四棵石牆樹的資料與地方簡史，並刻意強調區議員和政

11　石牆樹是香港城市的特別地景，多數集中在香港島，而中西區是石牆樹最密集的地區。由於港島不少道路都以平整土坡開闢而成，因此興建其他建築物時要加固土坡，由十九世紀到戰前，本地政府和建築商都靠築石牆的方式鞏固，到二十世紀才轉以水泥灌漿。

府對斬樹問題的回應，同時表達街坊的不滿：

> 「半山般咸道4棵百年石牆樹被斬，當區區議員望住斬；
> 仲話為你好，再送你價值十五萬日曬雨淋石屎避雨亭，
> 路面佔去一截。難怪有老人家概（慨）嘆：『捱得過日本
> 仔，都捱唔過香港政府。』」

　　跟香港不少老舊社區一樣，西環被塑造成充滿人情味的地方，這類故事的主體往往是圍繞無權力者、西環居民、商戶之間的微妙關係。《中西街坊》2015年7月號的「尋味」專欄文章題為〈我們的西環阿婆缽仔糕〉：

> 「在西環，有一位賣缽仔糕的婆婆，無人不識。她每日
> 都會在德記潮洲茶館門口擺賣。而德記老闆也很好人，
> 願意讓出門口位置好讓婆婆有瓦遮頭賣缽仔糕維生，賺
> 點生活費。聽說婆婆在西環賣缽仔糕超過20載……婆
> 婆的缽仔糕比坊間的較腍身，有時出面食到的太多粉，
> 紅豆都浸得適中有咬口、黃色糕有香濃蔗糖味。其實西
> 環是一個很有人情味的地方，可能婆婆的缽仔糕未必是
> 全區最好咪，但婆婆的勤奮及德記老闆的愛心相助，令
> 我每次經過時，都會幫襯婆婆買一個缽仔糕。」（節錄）

　　出版地區刊物以外，社區導賞團和不同主題的「社區學堂」都是建立社區敘事的方式。由2015年起，「城西關注組」每年都會策劃社區鬼故團，組織者相信「鬼故是社區的瑰寶。隨着社區的隔閡，少了人聽和講自己住的地區的故事，一個地方沒有了都市傳說，也就沒有了性格」（黃雅婷，2016）。鬼故團路線主要圍繞西環或是鄰近街區，而筆者曾經參加過其中

一次。記得當晚，導賞員借用區內某住宅單位老人死亡的靈異事件，反問我們：「如果老人是『壽終正寢』，那麼該單位是不是『凶宅』呢？」一談「凶宅」，導賞員隨即說起區內不斷攀升的樓價，反諷香港的主流房屋論述都強調炒賣，忽略居住（dwelling）的價值。

第四類是透過社區動員（community mobilization），加強社會抗爭、街坊參與和「社區」之間的關係。前文提及，因着各種制度性安排，香港的社區被想像和實踐為去政治化的場域，在社區層面難以集體動員。以「社區民生」作為切入點，西環的社區網絡策略地將民生事務扣連地方行政、社區規劃等制度問題，強調「街坊」是社區的政治主體。「正街街市」位於西營盤第三街和正街交界，正式名稱為西營盤街市的公營街市。2005年，為預防與SARS相似的疫情擴散，政府實施「活家禽業自願退還牌照計劃」，西營盤街市最頂層的位置不少檔口亦因此空置。自2015年起，一直關心區內規劃議題的城西關注組與其他社區組織一直在西營盤街市附近發起不少活動，以提升居民對街市空置問題的關注，同時進行研究和意見調查，向有關政府部門提交有民意基礎和社區需求的建議書。在名為「好正街市」的公眾活動中，城西關注組和街坊設了近10個臨時攤檔，售賣非傳統的街市商品作示範，「路過的街坊駐足與檔主聊天，一起想像街市的無限可能」（郭雅揚，2017）。由城西關注組策劃的社區報《好西里》第六期，亦以「街市新想像」為專題，引介香港本地和台灣街市另類空間實驗的例子，包括將軍澳景林邨街市婦女自發的二手物品交換平台、台北的「親子市場周」等。

從西環的案例來看，社區動員不必局限在單一社區面對

的危機，更可以就更大的社會政治議題，跨區、跨界別將社會抗爭在社區層面在地化（localize societal struggle）。在2018年立法會九龍西補選中，西環的行動者除了在社交媒體平台發放選舉消息，鼓勵西環的街坊主動呼籲其他屬九龍西選民的朋友票投非建制派候選人外，也組織並動員西環街坊到九龍區張貼助選海報。在《行政長官2018年施政報告》中，香港特區政府提出「明日大嶼」願景計劃，「決定馬上展開研究在交椅洲和喜靈洲附近分階段填海，建造合共約1700公頃的多個人工島」（頁18），計劃隨即引來反對，關注組織「守護大嶼聯盟」宣佈在2018年10月14日發起遊行；「城西關注組」、「西柚辦公室」和「守護堅城」等西環的深耕網絡亦響應遊行，在Facebook和WhatsApp群組發放遊行資訊和反對的因由。其中一則在「西環變幻時」的帖文寫道：「我地西柚一齊行吧！世道艱難，無論如何都要俾D掙扎！」

　　除了動員西環街坊上街，西環的深耕者在西區公眾貨物裝卸區（被市民稱為「西環碼頭」、「Instagram Pier」）展示黃底黑字的「反對東大嶼都會計劃」橫額宣示反對立場。[12] 12月7日，西環的組織者在山道橋底舉辦社區放映會，播放一齣關於香港水上人的紀錄片《岸上漁歌》，電影以至放映會本身的主題，都是圍繞因城市急速發展而消逝的生活方式。12月16日，西環的社區組織連同其他傘後組織（傘下爸媽）、非建制政黨（香港眾志、社會民主連線）、專業團體（進步教師聯盟）和社運組織（土地正義聯盟）等在加多近街臨時花園舉行名為「我們的

12　除了西環，亦有其他地方的社區組織展示過相同或相近的橫額，例如坪洲和馬灣。

海」的守護海洋嘉年華。節慶式歡愉當然是嘉年華的情感母
題，而不同形式的活動更令臨時花園顯現（manifest）成一個
屬於市民的政治性領域（Breese, 2011）。一方面，親子遊戲、
沙畫手作坊、電影欣賞、[13]詩歌分享和敲擊樂表演等的活動令
參與者在臨時花園感受到在家感，鼓勵參加者可在花園自由野
餐，着重人際間的情感交流。另一方面，組織者亦邀請學者、
專家、議員、民間研究團體剖析東大嶼人工島計劃與西環居民
的關係，展示關於東大嶼計劃的資訊版，開辦廢紙升級創作工
作坊，推廣與這個政治議題相關的社區教育。（圖二、三、四）

圖二：「守護海洋」嘉年華——規劃師講者分享

13　《他們的海》導演為黃瑋納，電影主要圍繞漁民家庭的故事。

圖三：「守護海洋」嘉年華——資訊展示版

圖四：「守護海洋」嘉年華——親子教育活動

難以深耕的社區細作？

　　從日常規訓的角度來看，如果社區深耕的目標是轉化街坊對「社區日常」的想像，建立和推廣另類社區生活方式，那麼一個無法迴避的問題是，「日常生活」作為結構本身，社區深耕運動潛藏的階級問題。仔細分析西環社區運動組織者的人口特徵，年齡分佈差異雖然較大（由25到45歲），但他們大多從事文化出版、媒體和社福界工作，幾乎全部具有大學本科的資歷，工作模式亦傾向彈性。Shoshan（2017）指出，社運參與者的行動劇目受限於自身的慣習（habitus）和常規。社區空間改造、公共類型的流動街站、出版社區報、經營網上社區傳播平台等的方式，怎樣真正走進區內長期生活、不同背景的街坊的日常生活？在訪問中，有參與者曾經表示他們雖然很着力將社區民生、日常生活和政治議題用不同的方式扣連，但「好難由呢一邊（日常民生）跳到另一邊（社區政治、政治制度）」，街坊仍然有很強的社區犬儒感（community cynicism），認為「就算社區小事都唔到我地話事」。要承認的是，縱使西環的參與者意識到傳播科技的限制，亦試圖用多元化的活動形式面對面交流，但他們所接觸得到的「街坊」，多多少少都是熱衷於利用社交媒體的網絡社群。更進一步，如果「日常生活」是深耕細作的抗爭和社會轉化的場域，狹義上的「社區」（亦即本文所採用）不過是香港人日常生活的一個環節，那麼轉化日常生活的城市抗爭，或要思考與工作、勞動、閒暇等日常領域的轉化可能。究竟日常取向的社區運動，以至香港社會運動與階級之間有怎樣的關係？這是需要進一步研究方能回應的問題。

　　社區深耕運動還要處理運動持續性的困難。從時態上，

「深耕」作為長期抗爭，需要行動者的持續參與和投入。過往的研究指出，參與式民主的社運在組織上是較脆弱（fragile），往往充滿內部衝突（della Porta, 2005）。整體社會氛圍、個人層面的運動意識形態轉變、人事糾紛等，都令西環的社區運動出現一定程度內部分化。[14] 另一方面，長期倚賴義工無償的時間和金錢投放，令整場社區運動的組織難以經營。2017年初，「西柚辦公室」因資金和人手的問題告別朝光街的實體空間，而《中西街坊》亦在出版2018年6月號後暫別街坊。

　　不得不承認，制度化的社區工作仍然持續地影響社區的權力景觀，與網絡化和充權式的社區深耕工作互有爭持。筆者曾經訪問過一位民主黨中西區社區主任，傘後短暫曾經參與過西環深耕組織的工作。[15] 他認為，要持續投入社區工作不單是資源問題，還有「做區的方法」，而現有的政黨系統確有一套未必最完善、卻是相當紮實的模式可以依從，亦在區內累積了一定程度的社會資本。2018年3月，「一刻社區設計館」落戶西營盤常豐里，整個計劃由明愛莫張瑞勤社區中心策劃，受市區更新基金（Urban Renewal Fund）贊助，旨在「建立社區聚腳點，凝聚在地居民，促進發掘地方資產與想像共同未來，營造社區內在動力去設計及見證社區好空間的建造」（市區更新基金，2019）。筆者曾經訪問負責的社工團隊，他們都認識部分主要的西環深耕組織，亦曾經有合作，但服務對象和社區願景未盡

14　2017年2月，「西柚辦公室」召集人劉偉德（大舊）宣佈退出社運（立場新聞，2017）。在筆者的訪問當中，有其他組織的受訪者亦談及成員間對「本土派 vs. 泛民主派」、「勇武 vs. 和理非」有分歧，核心會員人數大減，尤其在2016年立法會DQ事件和旺角魚蛋衝突後。

15　筆者亦嘗試聯絡兩位建制派的西區區議員，但沒有回覆。

相同，相信制度內外的社區工作屬於互補關係。筆者的受訪者主要是西環的組織者和義工，以及區內部分政黨和社工界的人士，未有觸及區內一般居民。可是，從西環居民的角度看，兩者的社區工作之間的實質分別和具體效果是甚麼有待研究。

　　透過對「城市意義」的脈絡分析和西環個案研究，本文希望深化我們對傘後社區深耕運動的認識，尤其是從前線行動者的經驗當中，提煉社區運動實踐的洞見。作為城市社會運動，社區深耕運動透過預示（envision）另類的社區生活方式，強調公共空間的使用價值、社區身分和庶民文化，以及充權式政治的願景，轉化「社區」在香港社會和歷史脈絡下被制度化的城市意義。檢視回歸後的城市運動發展軌跡，陳允中和司徒薇（Chen & Szeto, 2015）提出兩種共存又互相爭持的「本土主義」，左右香港人的身分認同和城市抗爭，一種是建立在包容、民主參與、為無權勢者充權的政治理念的「進步本土主義」（progressive localism），另一種則是建立在仇外情緒、排拒政治、針對到港內地人的「抗中本土主義」（Anti-China localism）。

　　事實上，傘後的社區深耕組織在意識形態上有不少傾向前者的例子，包括土瓜灣的「維修香港」、跨地區的「社區公民約章」運動和本文觸及的西環社區組織；2018年的上水反水貨客示威和2018年的光復東涌等的行動主調則是後者。然而，單以這兩種本土主義的劃分，未必能充分解釋香港社區運動的發展。光復東涌行動的組織者以舉報「黑工導遊」作為集會主要訴求，打擊非法旅行團，表明針對的不是內地旅客。示威期間，親建制派的團體「珍惜群組」到場，展示「本是同根生，陸港一家親」的橫額。一方面，至少在宣稱上，光復行動

沒有無差別針對內地人，甚至可以說是針對促成「黑工導遊」的監管制度本身。另一方面，親北京勢力的反動員（counter-mobilization）本身就不容忽視，愛國主義如何在社區和日常生活的層面滋養，中央政府的統戰工作（united front）如何在社區層面運作，這些問題仍有待回答。

後記：「反送中」運動的社區面向

本文的初稿寫成於 2019 年 7 月 9 日，並在 8 月 30 日修訂。由年初的逃犯條例修訂論爭開始醞釀，經歷 6 月一連串的「反送中」運動，「社區」再度成為香港社會抗爭的關鍵詞。「兄弟爬山」的運動倫理，如水式（be water）「無大台」的行動邏輯，在多場抗爭中萌芽而生。除了街頭肢體抗爭，整場運動亦不乏社區戰線。7 月 1 日佔領立法會後，政總外的連儂牆被清理，往後一星期，香港多個社區出現市民自發的連儂牆，有發起人稱「是為了不讓民主運動聲勢淡下來，並將抗爭種子帶入社區予不同年齡層，亦希望可影響年底的區議會選舉」。（《明報》，2019）事實上，在西環不同街區出現的連儂牆，現場就不乏筆者曾經接觸過的受訪者身影。7 月 6 日，屯門公園衛生關注組發起「屯門光復行動」，促請當局處理該公園的噪音滋擾，以及請求打擊不雅唱歌取酬活動。不少網民和社區關注組織在地區發起集會和遊行（譬如 7 月 14 日的沙田、8 月 4 日的將軍澳和西環、8 月 25 日的荃灣和葵青區），主題除了修例議題亦圍繞地區問題，藉此向政府施壓。8 月 29 日，香港多個社區舉行遍地開花放映會，播放講述 2013 年末至 2014 年初烏克蘭革命軌跡的紀錄片《凜冬烈火》（*Winter on Fire*）。

　　某程度上，反送中運動的社區路線，算不算「延續」雨傘運動後的社區深耕是有待實證的問題。但可以肯定的是，這次反修例運動將社區身分建構為運動身分（movement identity），社區遂成為街頭政治的戰場，進一步干擾城市空間的生活常規。相比起大規模的街頭抗爭，這一系列社區行動，無論在參與人數、框架、傳播方式都比前者更聚焦。另一方面，「反送中」的社區空間實踐將區內的非地（non-place，例如行人隧道、較少人注意的牆身）和權力象徵（譬如警署、建制派議員的辦事處），進一步轉化成具有抗爭象徵意義的地方。

　　廣義來說，地區組織和政黨的日常地區工作，無論是街站還是家訪，也算是本地社區傳播的一部分，甚至是最重要的傳播方式。回顧過去兩個多月，這次運動不乏由市民自發的社區街站，以及挪用公共空間的傳播方法。從社區傳播的觀點出發，打從連儂牆在多個社區「遍地開花」，以至後來各種主題的公共空間放映，不論是有關警方疑似暴力執法的新聞節錄，還是其他國家的抗爭紀錄片，都將是次社會抗爭的不同面向，面對面呈現於居民跟前。然而，相逢（encounter）不一定美好。事實上，整場運動迄今揭示了社區日常空間可以是肢體衝突的場所，不管是警方的「合法武力」，還是有不知名人士追打示威者甚至是途人，都讓我們不得不思考社區抗爭與暴力的關係，以及當代城市研究學者所提倡的相逢政治（politics of encounter）（Merrifield, 2012）。走筆至此，香港的「反送中」風波仍是現在進行式，抗爭當中以至香港的「社區」故事，有待我們持續觀察和書寫。

參考書目

一小步。2018。《行出一小步：從我到我們的社區實驗》。香港：突破出版社。

大舊。2017。「我退出社運／政治的原因」。https://www.thestandnews.com/politics/我退出社運政治的原因/。《立場新聞》，2月27日。查詢日期：2019年7月8日。

《西環變幻時》。2015。「版主通訊：關於OT及政治及對本谷的一些期望」。https://www.facebook.com/notes/266650038102198/。2月25日。查詢日期：2019年7月8日。

谷淑美、徐匡慈。2009。「一場新社區運動帶來的啟迪——從『忽然』文化說起」，馬傑偉、吳俊雄、呂大樂（編）。《香港．文化．政治》，頁79-99。香港：香港大學出版社。

市區更新基金。2019。「市區更新文物保育及地區活化資助計劃」。http://www.urfund.org.hk/b5_information03.html。查詢日期：2019年7月8日。

李立峯。2018。「『社區媒體』是和社區運動緊密相連的傳播工作」。https://www.hk01.com/社會新聞/155187/博評-社區媒體-是和社區運動緊密相連的傳播工作。《香港01》，1月31日。查詢日期：2019年7月8日。

呂大樂。2012。《那似曾相識的七十年代》。香港：中華書局。

阿離。2018。「自己香港自己修：裝修師傅想跟你談談民主」。https://theinitium.com/article/20180629-hongkong-volunteer-repair-community-service/。《端傳媒》，6月28日。查詢日期：2019年7月8日。

邱智恆。2015。「回顧整筆撥款十五年：社福界潘朵拉盒子打開後釋放出的貪婪與無良」。https://www.inmediahk.net/node/1038652。《香港獨立媒體》，11月3日。查詢日期：2019年7月8日。

明報。2019。「多區現連儂牆『為市民找情緒出口』」。《明報》，7月7日。

金佩瑋。2013。「社區建設八大支柱：灣仔經驗」，張少強、梁啟智、陳嘉銘（編）。《香港．論述．傳媒》，頁57-87。香港：牛津大學出版社。

金佩瑋。2017。「空匙餵食：英治時代社區建設之殖民性」，張少強、梁啟智、陳嘉銘（編）。《香港．社會．角力》，頁168-198。香港：匯智出版。

郭雅揚。2017。「西環地標『正街牆』將建公園　關注組：望街坊於5號前領養盆栽」。https://www.hk01.com/社區專題/69572/西環地標-正街牆-將建公園-關注組-望街坊於5號前領養盆栽。《香港01》，2月5日。查詢日期：2019年7月8日。

許寶強。2015。「升級與落區」。《明報》，2月10日。

馬嶽。2015a。「區選是『傘落社區』的首場考驗」。《明報》，11月9日。

馬嶽。2015b。「從居民運動到社區福利主義」。https://theinitium.com/article/20150813-opinion-mangok-districtcouncil/。《端傳媒》，8月24日。查詢日期：2019年7月8日。

梁啟智。2011。「是失憶的抗爭？還是抗爭的失憶？」。呂大樂、吳俊雄、馬傑偉（編），《香港．生活．文化》，頁104至116。香港：牛津大學出版社。

黃英琦。2007。「社區‧參與：區事區辦？中環拍板？」。葉健民（編）。
《從九七算起，公民社會的第一個十年》，頁82-89。香港：進一步。

黃雅婷。2016。「西營盤鬼故團　收復社區魂」。《明報》，7月29日。

呂大樂、龔啓聖。1985。《城市縱橫：香港居民運動及城市政治研究》。香
港：廣角鏡出版社。

葉蔭聰。2011。「集體行動力與社會運動」。呂大樂、吳俊雄、馬傑偉
（編）。《香港‧生活‧文化》，頁117至149。香港：牛津大學出版社。

葉寶琳。2016。「領匯十年，重思本土」。https://theinitium.com/article/20160329-
opinion-yipolam-link/。《端傳媒》，3月28日。查詢日期：2019年7月8日。

Anderson, B. 1991. *Imagined Communities: Reflections on the Origins and Spread
of Nationalism*. London: Verso.

Brenner, N. 2009. 'What is Critical Urban Theory.' *City*, 13(2–3): 198-207.

Castells, M. 1977. *The Urban Question: A Marxist Approach*. London: Edward
Arnold.

Castells, M. 1983. *The City and the Grassroots: A Cross-cultural Theory of Urban
Social Movement*. London: Edward Arnold.

Castells, M. 2002 [2000]. 'Urban Sociology in the Twenty-first Century.' In I.
Susser (ed.). *The Castells Reader on Cities and Social Theory*. Oxford: Blackwell.

Castells, M. 2009. *Communication Power*. Oxford: Oxford University Press.

Castells, M. 2016. 'A Sociology of Power: My Intellectual Journey.' *Annual Review
of Sociology*, 42: 1-19.

Chen, Y. C. & Szeto, M. M. 2015. 'The Forgotten Road of Progressive Localism:
New Preservation Movement in Hong Kong.' *Inter-Asia Cultural Studies*, 16(3):
436-453.

della Porta, D. 2005. 'Deliberation in Movement: Why and how to Study
Deliberative Democracy and Social Movements.' *Acta Politica*, 40(3): 336-350.

Chow, S. M. 2010. 'A Study on Social Movements of Pre-80s And Post-80s from
the Perspective of Opportunity Structure.' in P.F. Wong & Y. Hui. (eds.) *Pre-
80s and Post-80s: Beyond the Imagination of Social Movement, Discourses, and
Generations*. Hong Kong: Roundtable Synergy Books. (in Chinese).

Elias, J., Hobson, J. M., Rethel, L., & Seabrooke, L. 2016. 'Everyday international
Political Economy Meets the Everyday Political Economy of Southeast Asia.' in
J. Elias, & L. Rethel. (eds.) *The Everyday Political Economy of Southeast Asia*.
Cambridge: Cambridge University Press, 239-260.

Finn, D. 2014. 'DIY Urbanism: Implications for Cities.' *Journal of Urbanism:
International Research on Placemaking and Urban Sustainability*, 7(4): 381-398.

Ho, K. L. 2000. 'The Rise and Fall of Community Mobilization: The Housing
Movement in Hong Kong.' in T. L. Lui & W. K. Chiu. (eds.) *The Dynamics of
Social Movement in Hong Kong*. Hong Kong: Hong Kong University, 185-208.

Ife, J. 2002. 'The Process of Community Development.' in *Community*

Development: Community-based Alternatives in an Age of Globalisation. Frenchs Forest, N.S.W.: Pearson Education.

Jasper, J. M. 2010. 'Social Movement Theory Today: Toward a Theory of Action?' *Sociology Compass*, 4(11): 965-976.

Jasper, J. M. 2011. 'Emotions and Social Movements: Twenty Years of Theory and Research.' *Annual Review of Sociology*, 37: 285-303.

Kerkvliet, B. J. T. 2009. 'Everyday Politics in Peasant Societies (and Ours).' *The Journal of Peasant Studies*, 36(1): 227-243.

King, M. P. W. 2015. *Indiscernible Coloniality versus Inarticulate Decolonization: The Dynamics of Community Building Process in Wan Chai.* Unpublished PhD dissertation. Hong Kong: University of Hong Kong.

Ku, A. S. 2012. 'Remaking Places and Fashioning an Opposition Discourse: Struggle over the Star Ferry Pier and the Queen's Pier in Hong Kong.' *Environment and Planning D: Society and Space*, 30(1): 5-22.

Lee, Francis L. F. 2017. 'The Role of Perceived Social Reality in the Adoption of Postmaterial Values: The Case of Hong Kong.' *The Social Science Journal*, 55(2): 139-148.

Leung, J. C.B. 1991. 'The Political Aspects of Neighbourhood Level Community Development Projects (NLCDP).' in *Community Development Resource Book 1989-1990.* Hong Kong: Hong Kong Council of Social Service. (in Chinese)

Lowe, S. 1986. *Urban Social Movements: The Cities after Castells.* U.S.A.: Macmillan Education.

Lui, T. L. 1984. *Urban protests in Hong Kong: A sociological study of housing conflicts.* Unpublished MPhil Thesis. Hong Kong: The University of Hong Kong.

Lui, T. L. 1991. 'Back to Basics: Rethinking the Roles of Residents' Organizations.' in *Community Development Resource Book 1989-1990.* Hong Kong: Hong Kong Council of Social Service. (in Chinese)

Lui, T. L. 1993. 'Two Logic of Community Politics: Residents.' Organizations and the 1991 Elections', in S.K. Lau & K.S. Louie. (eds.) *Hong Kong Tried Democracy: The 1991 Election in Hong Kong.* Hong Kong: Hong Kong Institute of Asia-Pacific Studies, Chinese University of Hong Kong.

Martin, D. G. 2003. '"Place-framing" as Place-making: Constituting a Neighborhood for Organizing and Activism.' *Annals of the Association of American Geographers*, 93 (3): 730-750.

Mayer, M. 2009. 'The 'Right to the City.' in the Context of Shifting Mottos of Urban Social Movements', *City*, 13(2-3): 362-374.

Merrifield, A. 2012. 'The Politics of the Encounter and the Urbanization of the World', *City*, 16(3): 269–283.

Mitchell, T. 1988. *Colonising Egypt.* Cambridge, U.K.: Cambridge University Press.

Mok, H. L. 1999. *Social Action and Code of Ethics. In Community Development*

Resource Book 1997-1998. Hong Kong: Hong Kong Council of Social Service. (in Chinese)

Mould, O. 2014. 'Tactical Urbanism: The New Vernacular of the Creative City.' *Geography Compass,* 8(8): 529-539.

Scott, J. C. .1985. *Weapons of the Weak: Everyday Forms of Peasant Resistance.* New Haven, CT: Yale University Press.

Scott, J. C. 1990. *Domination and the Arts of Resistance: Hidden transcripts.* New Haven, CT: Yale University Press.

Shoshan, A. 2017. 'Habitus and Social Movements: How Militarism Affects Organizational Repertoires.' *Social Movement Studies,* 17(2): 144-158.

Staggenborg, S. 1991. 'Critical Events and the Mobilization of the Pro-choice Movement.' *Research in Political Sociology,* 6: 319-345.

Tang, Y. T. 2013. *A New Urban Movement Seeking Democratic Management of the City in Hong Kong: The Campaign to Preserve Lee Tung Street.* Unpublished MPhil Thesis. The Hong Kong University of Science and Technology.

Tuğal, C. 2009. 'Transforming Everyday Life: Islamism and Social Movement Theory.' *Theory & Society,* 38: 423-458.

Uysal, U. E. 2012. 'An Urban Social Movement Challenging Urban Regeneration: The Case of Sulukule, Istanbul.' *Cities,* 29(1): 12-22.

Yates, L. 2015. 'Everyday Politics, Social Practices and Movement Networks.' *The British Journal of Sociology,* 66: 236-258.

Yin, R. K. 2014. *Case Study Research: Design and Methods* (5th ed.). Los Angeles: Sage.

附錄一：西環「社區深耕」的主要社區組織

社區組織	成立日期	簡介
西環變幻時	約 2009 年	以 Facebook 公眾群組為平台的社區媒體，現有超過 54,000 成員。
《中西街坊》社區報	2014 年 3 月	一份關注中西區的社區報，由區內街坊和義工組成，設網上和實體版。
西環飛躍動力	2014 年 11 月	區政監察組織，以「凝聚維城鄰里，建設快樂西環」為願景。
城西關注組	2014 年 12 月	由幾位西環街坊及義工組成的關注組，「面對社區大轉變，不甘只留於懷緬」，嘗試以不同行動連繫街坊，關心西環社區發展和規劃。
守護堅城 （前稱「守護加園」）	2015 年 12 月	主要由堅尼地城居民組成，期望集合堅尼地城以至西區居民關注社區發展事宜。
營盤耕作	2015 年 1 月	關注環保議題的平台，在西環社區推廣城市綠化、城市耕種及綠色生活。
西柚辦公室	2016 年 2 月	促進街坊參與區務的平台，主要工作包括監察區政、關注社區事務及策劃社區活動。位於朝光街的實體空間設有「社區容廳」供街坊聚會，討論區內大小事務。（實體空間在 2017 年初已結業）
西環體育會	2016 年 5 月	主要由街坊組成，為街坊而設的社區體育會，以體育運動連結街坊，「重塑西環的人情味，推動社區繼續向前」。

資料來源：官方 Facebook 專頁及筆者整理訪談資料。

政策論述

當文化變得有用：
香港特區政府的創意論述

梁寶山

摘要

　　本文以後九七香港的施政報告作為研究對象，追蹤特區政府對文化、藝術、創意、以及保育的論述轉變。透過內容分析，統計這些字眼在每年施政報告的出現次數、位置及上文下理，闡釋文化藝術如何先藉創意工業進入主流視野，後被視為經濟轉型的救港良方，進而與保育合流，蛻變成土地和發展政策，終而走回殖民年代的舊路，回復為文康服務的活動。本文嘗試指出管治方式的「文化轉向」，如何連結土地發展、人力資源、教育及青年政策，與民間進行微妙互動，包括當中有何本土、國族與全球之間的張力，卻依舊不過是新自由主義的老調重彈。

關鍵詞

文化政策、創意工業、創意論述、香港

前言

　　打從1990年代以還，全球有不少後工業地區，大力提倡創意產業。這股創意論述終在2000年代左右吹到香港。一時間，從民間到政府，均聲言促進創意、產業轉型。為了探討創意作為論述，跟文化政策有何關係，本文將分為兩個部分進行探討，第一部分省覽現有的主要論點和事例，說明這套創意論述的理念和經驗來源。第二部分則分析香港狀況，集中檢視1997年、香港特別行政區政府成立以來，每年由行政長官負責的施政報告，追蹤文化、藝術和保育如何連同創意被一併納入創意論述之內，成為管治工具。本文也將指出由特區政府打造出來的創意論述如何既跟經濟轉型、土地發展、人力資源、教育及青年政策掛鈎，亦被特區政府拿來回應後九七香港在本土、國族與全球之間的張力。本文發現創意論述在香港，與其他後工業地區大同小異，對何謂創意往往含糊其辭，讓人可以各取所需，填入不同的東西；對其操作、有甚麼產業類別和特性、人力資源作用、經濟和政治功效則細緻入微。由創意論述引申出的創意產業，雖然有助連結文化、藝術和保育，成為主流的政治經濟追求，可是這樣的主流化並不一定是創意的勝利，而只是全球資本主義發展的必然趨勢。

理念與經驗
創意定義　莫衷一是

　　正如 Richard Florida（佛羅里達）在 *The Rise of the Creative class: And How It's Transforming Work, Leisure, Community and Everyday Life*（《創意新貴：啟動新新經濟的菁英勢力》）一書中

指出：「創意往往被視為頗為玄妙的事情」（2002: 30），出奇地被不同的人用來推動不同的工程，達致不同的目標。就其倡導者來説，第一波的創意論述已然同時包括地區發展研究學者、城市研究學者、產業研究學者和政治智囊。只不過，這些倡導者大都沒有對何謂創意，提供直接而又明確的定義。佛羅里達則從學術理論入手，首先辨識創意與智性（intelligence）的區別，繼而指出創意往往意味着綜合能力，加上自我肯定的信心與冒險精神，有時甚至顯得反叛和具破壞性。他認為創意能把數據、感知與物質結合成新而且實用的工具、理論或想法，用以解難或作為獨立欣賞的對象。

　　在實踐的層次上，由 Charles Landry 與 Franco Binachini 等成立的英國智囊 Demos，早於 1990 年代也曾指出創意是「流動的體驗、是全神貫注的時刻」，「現代的概念，因為它強調新、進步與持續的改變」（Landry & Bianchini, 1995: 10）。有趣的是，當工黨正式上場，新成立的「文化、媒體暨體育部」（Department for Culture, Media and Sport 簡稱 DCMS）[1] 首份有關創意產業的謀劃文件，索性省卻理論探討，直接斷言何謂創意工業：「凡是從個人創意、技術或天才為起點的工業；具備創造財富與就業的潛質；可以透過知識財產來加以轉化、獲取的——就是創意工業。」（DCMS, 2001: 5）。基於相似的政治經濟取向，另一名創意教父 John Howkins 則進而提出，創意是無處不在的，是無形的知識，只有透過製成產品或以版權來加以具體化，才能使之變成可被交易和規管的東西。所以，創意工業的詭異之處，在於它儼然「信則有，不信則無」——必須以

1　DCMS 於 2017 年改稱 Department for Digital, Culture, Media & Sport，並維持簡稱不變。

立法方式肯定它的市場價值，變成受法律保障的私有產權，才能奇貨可居，轉售圖利。因而，創意在此亦被狹義化為可以換取金錢的經濟活動，並應要排拒非經濟、非市場導向的運作方式。（Howkins, 2002: xi）

拉上補下　創意濫觴

　　既然創意可以「人皆有之」，由此而來的創意工業也把原來分屬高、低、雅、俗，和不同媒介的表現方式，等量齊觀起來。使得創意看似Florida所言那樣，「並不是少數天才的專利，不為破除陳套的超人天才所獨有」（2002: 32），反而好像Howkins提出的講法那般，具「反精英」、「解放」和「民主」的色彩，打破過去為科學家或藝術家的壟斷：

> 「因為創意產品往往在藝術之中較為明顯和公開地發生，所以藝術被視為創意的核心活動，創意與藝術成為了同義詞。但藝術家並沒有壟斷創意，他們在創意經濟裏亦不是唯一的勞工。藝術與非藝術創意的分別並不在於藝術家比較有創意，或比較成功，而是因為他們在有辦認的經營模式中處理特定範圍內的概念和美學，具有他們的供求、價值和定價模式。」（Howkins, 2002: 4）

　　有部分倡導者甚至認為，創意之未能全面「發揮」或「釋放」出來，只因有後天的障礙存在。[2]但甚麼是窒息創意的障

2　例如上述提到的Comedia意見書，便視創意為工具理性的替代，呼籲要排除障礙。（Landry & Bianchini, 1995）其後英國創意國策文件Creative Britain 亦使用了"Unlocking creative talent"作為小標題。（DCMS, 2008）

礙呢？DCMS的第一任首長Chris Smith，在其著作 *Creative Britain*（《創意英國》）裏，便把責任歸咎於保守黨的管治，指責官僚主義窒息創意，私有化使社會分崩離析：

> 「我們也必須記得，文化與創意不但擁有經濟上的重要性，在知識、精神與社會和經濟價值上都非常重要。新工黨之所以能贏得1997年5月1日的大選，肯定是因為英國民眾已意識到，經歷了18年頑固的教條化管治，確實有『社會』這回事。」（1998: 15）

故此，Smith就任後的第一件要事，便是把「國家歷史遺產部」（Department of National Heritage）改組成DCMS，把廣告、建築、藝術及古董、工藝、設計、設計時裝、電影與錄像、互動消閒軟件、音樂、表演藝術、出版、軟件及電腦服務、電視及電台等原本各不相干的行業，全部歸類為「創意工業」，不單作為國家的經濟火車頭，還要向外輸出，把創意變成「文化民主化」的重要手段，凝聚社會。然而，DCMS的此一舉動是以精英文化來為普及文化「拉上補下」，既試圖打破藝術對商業的楚河漢界，亦牽強地把市場與公共領域一視同仁，不單被保守派批評為反傳統、反精英，也同時被左派學者批評為包裝在第三條道路底下的新自由主義（McGuigan, 2009; Oakley, 2009; Oakley & O'Connor, 2015）。

政治經濟焦慮

無論是歐美抑或亞洲，創意論述均旨在回應經濟轉型和全球競爭所引起的政治經濟焦慮，特別是在後工業城市和地區。由於創意被理解為「取之不竭」（non-diminishing）的資源，有

別於消耗性的天然資源，或已經無法再作價格競爭的勞動力，所以被視為經濟轉型中的「最後一根稻草」，正好迎合後工業地區的需要。在談到相關的課題時，Florida 更加把創意吹捧為可令「富者越富」、最有升值能力的資源：

> 「Romer 是『新成長理論』經濟學派的倡導者，該學派的主要概念認為創意與想法是經濟的重要角色。他認為創意是非常有力的『產品』，它不像礦物或機器等其他產品，會因使用而減少或是廢棄。好的想法，例如輪子的概念，『可以一再使用』，而且越使用價值越高。構想的獲利不會減少，只會增加；同時，創意可以堆砌累積。」（Florida, 2002: 36）

創意既然如此寶貴，那就必須防止盜用。針對這一點，Howkins 和 DCMS 的文件詳細羅列了以國家為分析單位的出差、入差，以及版權被其他國家盜用的數據。引申所致，創意論述一方面好像是沒有國界、人皆有之，但另一方面卻又反過來強化了以國家為單位的競爭意識，把知識產權和文化輸出，提升到國策和外交層次。因此，赫金斯更加強調創意產業的競爭模式，必須先發制人，搶佔版權，把知識私有化，與所謂的民主願景矛盾地結合：

> 「美國的專利中心就是最強的資料庫。美國的專利系統，包括議會、專利辦公室和法院，對甚麼應該或不應該獲得專利，在政策上有非凡的全球影響力〔……〕雖然美國的專利權只能在美國內執行，但它自動成為了『搶快佔有』的藝術，除了專利的擁有者外，已獲專利的

意念不能再在其他地方註冊。如果一個辦公室比另一個辦公室快速和慷慨，那便可以訂定它在全世界的運行速度。其他國家也得跟從美國的政策去把意念變成可營利的發明。」（Howkins, 2002: 52-53）

由此觀之，現有的創意論述其實只是產業論述，並以人為手段把本應「取之不竭」的創意變得稀有，商品化成為可以被佔有的資產，再以國家和管治手段把創意企業化，讓國與國之間進行競爭。這就說明何故對後工業地區而言，壟斷專利權就是最後的競爭優勢，並從商業利益演化成外交政治（Pang, 2012: 68-74）。

創意作為人力資源

要提升一個地方的競爭力，倡導者大多同時主張，有必要把就業人口的創意最大化。故此，創意論述往往又與城市發展、教育和青年政策等議題連在一起。DCMS 謀劃文件的第一項具體建議，就是針對青年群組的教育政策——投放 4,000 萬英磅給 16 個資源較匱乏地區的學生，增加每週接觸藝術的時間。Florida 著名的「3T」理論：Tolerant（包容）、Talent（才能）、Technology（科技），實乃人力資源的競賽。Florida 認為知識經濟或後工業社會，都不足以說明當前的社會變化，必須把「創意階層」放在核心位置，才能激起帶來創新的動力。在他的人口藍圖裏，創意務須要有相應的經濟回報，並且成為社會階級的劃分方式：

表一：Florida 的社會階級分析

定義	職業
超級創意核心 創造可被轉換或使用的新形式或設計，而定期獲得金錢回報的人 佔美國勞動人口 12%；15,000,000 人	科學家、工程師、大學教授、詩人、小說家、藝術家、娛樂藝人、演員、設計師和建築師、思想領袖、非小說作家、編輯、文化人士、智庫研究人員
創意專業人士 在知識密集行業工作、以創意解決問題而又具備高等教育程度或人力資本的人。他們／她們往往需要獨立判斷或靈活使用標準規則來應付工作佔美國勞動人口 30%；38,000,000 人	高科技、金融服務、法務、健康醫療與商業管理
傳統工人階級 亦有一定程度的創意，並正日漸提高 佔美國勞動人口 25%；33,000,000 人	生產操作、運輸、物流、維修、保養、建築工人
服務階級 典型的低收入、低自主性；工作已被泰狄化（Talyorized）、去技術化和去創意化的人。佔美國勞動人口 43%；552,000,000 人	餐飲服務員、警衛、守門人、看護、秘書、文員、安保人員等

　　Florida 的階級理論，不單解釋了為何憑創意謀生的人在社會上佔盡優勢，也把龐大的「非創意」社會低層加以合理化。工業外移、科網爆破、企業裁員、長俸消失等，經濟自由化實踐往往使人失去就業保障，但在他的創意藍圖裏，反倒被視為建立創意烏托邦的良好基石：

　　「我有英國貴族所享有的東西，只不過他們都不是全職員工、不住在我家的梯間底下，他們是兼職人員，分散在地區為不同對象服務。不過並不是所有『僕人』都是低階勞役。幫我理髮的是一位非常有創意的髮型師，開寶馬〔房車〕；找到這位婦人替我管家簡直如獲

至寶：我不單信任她的工作能力，裝潢時還請她提供建議，她在處理這些事情時，甚至會擺出一副企劃態度（entrepreneurial manner），而她的丈夫則開保時捷 [跑車]。某種程度而言，這些服務階級的人員沿用創意階級的許多功能、品味與價值，自覺分享著許多相同的東西。我的髮型師與管家都脫離大公司工作，喜歡追求創意。像這一類的服務階層其實接近創意經濟的主流，是階級重新劃分的頭號候選人。」（Florida, 2002: 76-78）

Florida認為服務業的迅速膨脹，正是由此應運而生的現象。他們／她們替代創意階層應付日常生活中非創意的部分，好讓寶貴的時間和精力得以集中在創意生產或激勵創意的消閒活動上。故此，台灣中文版把「創意階層」翻譯成「創意新貴」，使他們／她們好像高人一等，實在畫龍點睛，也凸顯了亞洲對創意論述的吸納，正是作為一種提升社會競爭力的策略。

經濟轉型令創意新貴看似炙手可熱，但也使得當中的個體更孤立地面對種種的政治經濟挑戰，只是創意論述以其語藝（rhetoric），使這樣的弱化個體狀況說成為一種正面的、賦權的論述。Florida認為，朝九晚五、按部就班的企業管理方式已不合時宜，辦公室文化應要變得更為重視個性、追求卓越（meritocracy）、強化開放多元的價值觀。循序漸進的「公司人」（organization man）文化，已被「無領工作間」（no-collar workplace）所取代，身分與工作方式都要變得更有彈性。這些高級科研人員或科網工程師往往更像不修邊幅的波希米亞族，本能地反抗權威。創意一族看起來雖然好像是「工作時遊戲」，但又無時無刻不在「遊戲時工作」；他們／她們討厭刻板、重複

和被系統化地管理（Florida, 2002: 12-14）。創意人喜歡把「金錢不是重點」掛在口邊——他們／她們寧可為了實現自己的意念，投身回報較少、卻能給予適切機會和優秀同儕的公司效力。

故此，Florida 提出一套「軟管理」的哲學——「駕馭創意」（harnessing creativity），不能威逼利誘。在金錢之外，還要提供各種誘因，令他們／她們主動出擊。何況創意是看不見的智性活動，「人在心不在」還是「心在人不在」？定點定時的工作規律，根本無法保證或提高創意生產力。創意一族的工作態度，是「波希米亞與新教倫理的奇妙結合」（Florida, 2002: 207; Howkins, 2002: 134）。既然如此，企業應要以情感的方式，激發他們／她們的熱情、「引誘」他們／她們工作（seduce them to work、hook them emotionally），包括輕微調低薪酬，卻同時提供關愛的工作環境；給予更大的自由度，強化他們／她們的自主性和自覺性；使工作場所變得比生活更有挑戰性和好玩；提供優秀的同儕環境，鼓勵良性競爭；把工作目標縮短，讓他們／她們看見具體的工作成果，並配合即時回報，使工作能帶來充分的滿足感（Florida, 2002: 129-136; Howkins, 2002: 132）。

創意教父——創意／業者（creative entrepreneur）

創意論述不單令提倡它的人本身變成了創意教父，其他行業的創業者也隨之水鬼升城隍，成為了各種各樣的創意代言人。由於創意與產業經常被人相提並論，也使創意與創業被混為一談。無論是 Florida 抑或 Howkins，都喜歡在著作裏羅列以創意發跡的真人真事，筆調更有點像勵志的「真人騷」（reality TV）或自助（self-help）文類的書寫風格。Howkins（2002）在 *The Creative Economy*（《創意經濟》）裏面，幾乎每一章都是以

創意/業者的小故事作為引子，包括科學家Harry Kroto、出版人Andrew Wylie、Napster始創人Shawn Fanning、Habitat創辦人Terence Conran、Live Aid創辦人Bob Geldof、電影監製David Puttnam、建築師Richard Rogers及Body Shop創辦人Anita Roddick等等。這些小故事總愛強調他們/她們如何把興趣變成事業，但成功的背後卻已不再是工業社會所崇尚的多勞多得的新教倫理，而是他們/她們各種與工作看起來各不相干的興趣、異於常人的偏執，或社會底層的出身經驗。最為Howkins津津樂道的，是一名化名為Tom的鄰家男孩——中途輟學、終日與朋友夾band、在唱片店打散工、把積蓄用來灌錄自己的音樂，也監製別人的唱片。Tom在父母和政府眼中——若用今日香港的流行話語來說，即是名副其實的「廢青」。但在10年之後，他竟然發現自己在不知不覺間已累積起一筆數目可觀卻從未領取的版稅！

　　這些創意論述其實並沒有説明甚麼是創意，只是在勸勉讀者要有更為進取的企劃精神。這些創意教父為讀者帶來的教訓，不單與過去工業社會或規模經濟下務實的工作倫理大相逕庭，也將已然變得朝不保夕的就業市場，美化成發揮個性和生活風格的天堂。這些「你都做得到」的真人真事，讀起來的確非常振奮人心。但這些著作對創意的社會條件和物質基礎、人才對勞工的階級差別、本土對全球的拉扯、知識產權對社會公義的矛盾等問題，顯得漠不關心。[3]整個有關工作倫理和就

3　有趣的是Tom這位虛擬人物，成長在樂壇重地曼徹斯特，父母在他輟學後遷到了倫敦。但這次遷居卻成就了他開展事業的關鍵一步。故事沒有交代遷居的原由，但家庭給予他的文化資本，Howkins（赫金斯）只視為偶然因素。

業待遇的討論，均混雜了大量美學性的花言巧語。更準確地
說，他們對「創意人」的吹捧，其實是對「創意 / 業者」（creative
entrepreneur）的偶像崇拜。創意為人們帶來在工作方式上的改
變，就是把人進一步變成可以被量化和實體化的人力資源，並
突出個人的創富能力。[4]

　　對新自由主義有所研究的讀者，大概會覺得這些創意論
述似曾相識。David Harvey 便曾論證，新自由主義的強調競爭
就是要把企劃精神最大化，競爭的單位由國家、企業進一步
細化到個人（Harvey, 1990: 171）。 Michel Foucault 也曾指出，
這是資本主義已經從經濟行為，深化成一般行為的規範，以
「人力資本」的管理方式對人性進行深刻的改造，包括以成品
（而不是工時）作為衡量生產力的準則、要求個體更加自發和
自律，務求每一個人都把自己的時間當成是資本來加以規劃
（Foucault, 2010: 105, 220-226）。但生命畢竟是有限的，為了使
自己的時間變得一刻值千金，創意便成了重要的增值手段。是
故，筆者認為創意論述正與新自由主義互為表裏，製造一種更
能積極和進取地規劃自己、迎合資本主義需要彈性累積的「企
業型個體」（enterprising individuals）。

香港狀況：香港特別行政區施政報告中的創意論述

　　香港、新加坡、南韓與台灣，是亞洲最早由政府倡議發展

4　除了「創意 / 業者」，近年還出現了大量以文化創業者（cultural
　　entrepreneurial）或文化領袖（cultural leadership）為題的課程與交流
　　平台。在香港較有影響力的，有由英國首任 DCMS 大臣 Chris Smith
　　於 2004 年發起的 Clore Leadership Program（http://www.cloreleadership.
　　org）。 課程仿照商界的領袖訓練模式，着重個人魅力的培養與全球網
　　絡的開拓。

創意工業的地區。但風水輪流轉，一度搶走歐美地區工業和資金的「亞洲四小龍」，在千禧前後開始面對產業轉型的困擾。尤其在1998年的亞洲金融風暴後，各地政府紛紛提出發展文化及創意產業的鴻圖大計，爭相把自己的主要城市建設成亞洲的「世界之都」（Flew, 2012: 42-47; Kong & O'Connor, 2009）。這些倡議計劃包括：由新加坡（前）新聞及藝術部（Ministry for Information and the Arts）提出的「文藝復興的城市」（Renaissance City）（Ministry of Information and the Arts, 2009）；由香港政府中央政策組公佈的「香港創意產業基線研究」（香港大學文化政策中心，2003）；中華民國政府「挑戰2008：國家發展重點計劃」中提出發展文化創意產業（行政院，2002；于國華、吳靜吉，2012）；以至由韓國政府提出「文化產業展望21」等等（郭秋雯，2012）。就香港的情況而言，政府雖然屢次高調提出發展創意產業，卻一直舉棋不定，欠缺統一政策。

　　首先，香港對歐美國家的創意論述是亦步亦趨的，特別是當中的實用主義。2003年，香港中央政策組發表的首份《香港創意工業基線調查》，就如同DCMS那般，迴避了何謂創意工業這類的定義問題，但以創意工業有何用處作為官方創意論戰的起點：

　　「所有對創意工業的討論均由難以定義的問題開始〔……〕創意作為複合的概念與措辭，往往模糊不清；以常識的角度來說，它可被簡化為以原創性、表達力和想像力為特徵的概念、活動或過程。就分析創意與工業的關係來說，以開放的方式追問什麼是創意，似乎並不會有什麼得著，因為它的準則往往會按不同語境或情況而

　　　　有所分別〔……〕我們關注的，是創意如何被利用、變
　　　　成可以交貿的商品或服務。」（香港大學文化政策研究中
　　　　心，2003，頁 13）

　　與此同時，香港貿易發展局在 2002 年亦都參照了 DCMS
的做法，找出了固有優勢之後，分別列出 13 項創意工業作為
發展重點。香港中央政策組則在 2003 年稍作修正，列出 11 項
創意工業作為政策方針。2006 年，當香港的創意論述才剛成
形，粵語流行曲填詞人陳銘匡即以從業員的角度，審視 1997 至
2005 年政府的創意論述，並把當中的轉變加以分期，包括從無
到有，從蓄勢待發到成為鴻圖大計，但終歸還是欠缺統籌，呼
籲業界自求多福（陳銘匡，2006：頁 47-57）。參照陳氏的研究
發現，以下部分將把研究時段延伸至 2016 年，並集中檢視每年
由行政長官親自向公眾發表的施政報告，追查創意論述在此重
要官方報告中的發展方向，調查所用的研究方法則包括內容分
析及上下文研究。

表二：英國和香港的創意產業分類對照

英國 DCMS（1998）	香港貿易發展局（2002）	香港中央政策組（2003）
廣告	廣告	廣告
建築	建築	建築
藝術及古董	藝術及古董	藝術、古董及工藝
工藝	漫畫	—
設計	設計	設計
設計時裝	設計時裝	—
電影與錄像	電影	電影與錄像

互動消閒軟件	遊戲軟件	數碼娛樂
音樂	音樂	音樂
表演藝術	表演藝術	表演藝術
出版	出版	出版
軟件及電腦服務	軟件及電腦服務	軟件及電腦服務
電視及電台	電視	電視及電台

表三：「藝術」、「文化」、「創意」和「保育」在 1997-2016 年施政
　　　 報告中的出現次數

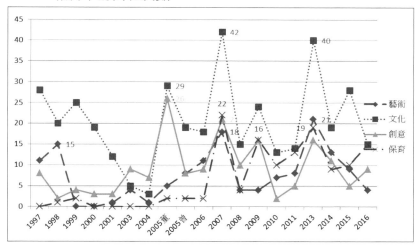

　　根據內容分析，由董建華、曾蔭權到梁振英三任政府，
在講述創意產業之時，最常出現的關鍵詞有四個，分別是「文
化」、「藝術」、「創意」和「保育」。單以表三顯示出來的統計
結果所得的使用次數來說，四個關鍵詞當中以「文化」一詞最
多，其次才是「創意」。雖然四詞的使用次數時有高低，但自

2004年起，四詞的起跌漸趨同步，並同樣在2007及2013兩年
出現得最多。然而，有需要指出的是，在1997至2004年特區
政府成立之初，這四個關鍵詞在出現次數上並未形成任何明顯
關聯。例如，在2003和2004年之時，「文化」和「創意」就出現
過一多一少的情況。在1999年至2009年期間，「創意」的出現
次數長期都比「藝術」多，顯示在這段期間政府對創意的重視
越來越多，以至蓋過對藝術的重視。

醞釀轉型：由服務、認同到產業（1997-2002年）

　　按陳銘匡考證，「創意工業」其實在1999年先由民間引
入，倡導者主要為文化界及藝術發展局，希望透過強調藝術的
商業效益，引起公眾及政府對藝術的關注。對於這些民間訴
求，其時的特區政府並沒有立即回應，甚至顯得牛頭不搭馬
嘴。從1997至2000年，施政報告中提及的創意往往純屬「市場
競爭」或「經濟轉型」之中的「附加價值」，旨在強調「新科技行
業」、「電影、音樂和廣播」如何能從創意帶來經濟效益。即使
創意真的值得社會追求，以至值得改革教育來作出配合，也只
是由於董建華政府認為「創意」可以有助均衡發展、促進社會
縱向的階層流動：

> 「在知識經濟的社會裏，任何人只要掌握知識和具有創
> 意，不論社會地位和家庭背景，都有出頭的機會。新知
> 識、新科技可以降低參與市場的門檻，讓更多有志者能
> 夠創業，社會的上向流動變得更容易。當然，要達到這
> 個結果，前提是各階層的市民都有機會接受教育，跨越
> 知識差距。政府致力推行教育改革，這是最重要的原因

之一。」（香港行政長官，2000，引文出自第6段〈乙、
鞏固成果　落實改革─社會觀念轉變─知識經濟〉）

　　無論如何，在這個階段，最值得注意的一點是，「文化」和
「藝術」在政府的創意論述中並未與「創意」產生關係。「文化」
和「藝術」兩詞總體的出現次數，分別徘徊在12至28次，和0
至15次不等，總體比「創意」為高（2至8次）。回歸之初，政
府仍然沿用殖民時期的「文娛康樂」（recreation）概念，不但把
文化和藝術跟體育相提並論，列入「區域組織」（指當時的市政
局和區域市政局）的社區服務範圍、教育和青年的政策部分，
以至「精神文明」及「優質生活」的指標。作為特區第一任掌舵
人，董建華亦意識到文化對身分認同的重要（政治）作用，在
首份施政報告中提及「文化」共28次之多，企圖透過拔出文化
這個環節來鞏固中國對香港的國族統治：

　　「香港是一個國際性城市。香港成功的一個重要原因，
　　是中西文化能夠在這個城市相處交融，由此也形成了香
　　港社會文化的特色。應該肯定，這是香港文化的一個優
　　勢。特區政府重視和鼓勵重新認同祖國文化，同時重視
　　和鼓勵發展香港社會現有的文化特色。事實上，中國文
　　化與世界其他文化一樣，都需要不斷發展，都面臨著如
　　何進入二十一世紀的問題。因此，香港在重新認同祖國
　　文化的過程當中，是有很好的條件，能夠成為香港人和
　　海外人士了解優秀中國文化的一個中心，同時又是中國
　　人民了解西方優秀文化的一個中心。」（香港行政長官，
　　1997，引文出自第111段〈五、不竭的寶藏─香港的文
　　化〉）

　　董建華提出用「文化」來推動國族認同，可説是要為緊接着的1998年「區域組織檢討」埋下伏筆，把原來分散在兩個市政局（市政局及區域市政局）的文娛康樂服務，從具有民選成分的「局」收歸到行政主導的「署」（康樂及文化事務署）。其後，董建華政府終在2000年正式成立「文化委員會」。該委員會則在2002年提出「一本多元、創新求變」的諮詢文件，就是要來追隨董建華的國族主義文化政策，企圖改變殖民地時期的「積極不干預」，強調文化政策，需要帶有規範化（prescriptive）的意味。只不過，董建華在制訂文化政策上如何扣連國族主義也好，但不代表他對文化不存功利之想。在建設「世界級大都會」（1999）和「亞洲國際都會」、「亞洲盛事之都」（2003）的美夢裏，施政報告筆鋒一轉，文化（尤其是兩文三語）迅即從國族政治認同，變成吸引遊客、促進旅遊業發展的資源：

> 「我們一面要繼續加深對於中華文化、歷史和傳統的認識，一面增強與世界各地的交往和溝通，借鑑世界各民族的文化成果。香港擁有可以遠溯幾千年的文化遺產，富有姿采而又具特色，有助我們認識自己的身分，也能吸引遊客。」（香港行政長官，1999，引文出自第164段〈己、繁榮進步的基石──社會與文化──香港文化和創造力〉）

　　即使董建華政府早在1999年已開始提出在「西九龍填海區」興建大型演藝場地，配合海濱長廊「美化海濱」，加上各種「文娛康體活動」，把香港變成「亞洲盛事之都」來「吸引旅客」，但董建華政府初期提出的「西九」其實只是一個用來舉行盛事的硬件，並未跟文化相關，也沒有和創意連線。簡而言之，1997至2002年期間，「創意」、「文化」和「藝術」仍是各自

為政，尚未被特區政府串連起來，成為帶動社會發展的一套政治經濟論述。

主題轉換：文化、創意與保育（2003-2005年）

　　劃時代的轉變發生在2003年。文化和藝術（包括文物）不單被視為旅遊資源，更從「康體服務」搖身一變成為「創意產業」。「創意」一詞在施政報告之中，突然從2001年只被提及3次，倍增至9次，更在報告中變成獨立標題：

> 「創意產業是文化藝術創意和商品生產的結合，包括表演藝術、電影電視、出版、藝術品及古董市場、音樂、建築、廣告、數碼娛樂、電腦軟件開發、動畫製作、時裝及產品設計等行業。」（香港行政長官，2003，引文出自第19段〈丙、開拓創新　振興經濟：推動經濟轉型──拓寬經濟領域──提升支柱產業〉）

　　有此轉變明顯是吸納了民間的倡議，以及由中央政策組委託香港大學文化政策研究中心進行的《香港創意產業基線研究》所得的研究結果。

　　可是，施政報告跟大部分歐美的創意論述一樣，沒有定義何謂創意，只是直接列出12種創意工業。從「服務」到「產業」，意味着文化、藝術被納入經濟範疇，可以盈虧來加以衡量、品評及談論；也與廣告、數碼娛樂、電腦軟件、動畫、時裝和設計等原來各不相干的產業，一同放在「創意」的大傘下合縱連橫。由於時值香港經歷了負資產衝擊、沙士疫潮及七一大遊行的低迷時期，「創意產業」更被當時的特區政府視為可以扭轉乾坤的靈丹妙藥，被當作「拓闊經濟領域」的手段。2004

年，文化、藝術變成推動「本土經濟」的「本土特色」，到了
2005 年，「創意產業」更被正式名為「文化及創意產業」，被歸
納在「新經濟增長點」的章節之內，「創意」不單從此與「文化」
同步共舞，更與「經濟增長」掛鈎。於是，一套由特區政府推
動出來的創意論述，主張文化和產業應要協同（synergy）的政
治經濟路線，正式形成：

> 「在全球化的新競爭年代，要提升產品和服務的附加值，
> 便要通過設計、包裝、形象和廣告等手段，實際上是凝
> 結和體現文化的無形價值。因此，我認為應把先前所說
> 的『創意產業』，改稱為『文化及創意產業』，藉此更清
> 楚表明我們努力的方向。」（香港行政長官，2005，引文
> 出自第 85 段〈丁：集中推動發展——新經濟增長點——文
> 化及創意產業〉）

董建華政府甚至列出從事創意產業人口的增長百分比，以及
可以為生產總值帶來的增長空間。透過效法英國經驗，特區政
府還想以創意來解決眾多的社會問題，尤其是失業和青年問題：

> 「以英國為例，當地政府實施推動創意產業的政策後，
> 這一經濟領域在 1997 年至 2001 年期間，平均每年增長百
> 分之八，遠高於整體經濟的增長率；同期，創意產業的
> 總就業人數平均每年增長百分之三，高於整體的百分之
> 一增長。創意產業發展不但需要創作人才，而且也會為
> 不同技術專長人士提供就業機會，尤其是給富於創意的
> 年輕人提供發揮才華的途徑。」（香港行政長官，2005，
> 引文出自第 83 段〈丁：集中推動發展——新經濟增長點——

文化及創意產業〉）

　　受到2003年七一大遊行和反對二十三條立法衝擊，董建華在2005發表任內最後一份施政報告之時，已不再大談中華民族和傳統，企圖把社會視線轉移到經濟發展，「創意」成為政策的新寵兒，被反覆強調共29次之多，並由接下來的曾蔭權政府繼續推動，當中最明顯的新猷就是引入「空間轉向」。

空間轉向：「十大建設」與「活化工廈」（2006-2011年）

　　2006年的施政報告，在〈經濟發展路向〉一章內，「文化及創意產業」除了繼續與金融、物流、資訊等產業並駕齊驅外，還增加了「文化藝術城市」一節，並於2007年擴充成為「創意之都」的追求，「文化」和「藝術」因此成為了重要手段，被提及次數分別高達42次和18次。曾蔭權政府任內，最影響深遠的社會事件莫過於「保衛天星及皇后碼頭」運動。[5]這場運動雖然只是要求保育位於中環填海區的兩個碼頭，但從中引發出來的保育浪潮卻一發不可收拾。作為對事件的回應，2007年的施政報告提出了「進步發展觀」，「保育」成為是屆政府經常掛在口邊的新詞語，在施政報告內被提及共22次之多，並由時任發展局局長林鄭月娥具體化成各種「活化」項目，自此「保育」與「發展」形影不離，矛盾地統一：

5　指原位於中環大會堂北面海濱，建於1960年代的天星及皇后碼頭。因要建設貫通中環至灣仔繞道，所以要拆毀兩個被視為盛載了市民集體回憶，和標誌着殖民統治現代化的碼頭，遂引起民眾抗爭。從請願抗議、在地留守、到遭到警察清場，整個事件歷時長達一年，不單引發保育浪潮，更掀起對本土文化的懷舊熱潮。詳細可參葉蔭聰。2010。《為當下懷舊：文化保育的前世今生》。香港：香港中文大學亞太研究所。

「我認為歷史建築物不應單單保存，而是應該活化，發揮它們的經濟及社會效益，這樣才符合可持續保育概念。」「目前政府擁有不少歷史建築，我會推動這些建築物的活化。為此我會推出一項新的計劃，讓非政府機構申請活化再利用這些歷史建築。我們首先會推出六至八幢建築物，希望運用創意將建築物轉化為獨特的文化地標，並採取社會企業的營運模式，同時注入商業管理元素，務求達至雙贏的效果。」（香港行政長官，2007，引文出自第51段及53段〈丙、優質城市 優質生活——文物保育——活化歷史建築〉）

昔日只從經濟角度來衡量的「舊區重建」，現在變成號稱「建設文化地標」、「營造文化氛圍」的雙贏方案。例如，中央書院被活化成「元創坊」（PMQ）、中央警署建築群被改建成「大館」，以至早已被改建成「賽馬會創意藝術中心」（JCCAC）的石硤尾工業大廈。這些從上而下被規劃出來的文化及創意產業群聚，竟成為了洗刷古蹟歷史、帶動舊區士紳化的手段。難怪「保育」和「文化」於2007年成為了施政報告的關鍵詞，為歷年以來使用頻率之最。

此外，文化終可獨立出來，自成一體，更體現在「西九」項目從速上馬之上。在董建華政府任內因為「單一招標」而被批評為利益輸送的「西九」，在事隔兩年後推倒重來，並且由「西九文娛藝術」改為「西九文化區」。結果，在曾蔭權時期，「西九」除了是作為「十大建設」之下的「都市新發展區」外，還是「優質城市、優質生活」底下，打造「創意城市」的策略重點。這種以改變城市規劃用途來支援文化及創意產業發展的政

策，過不多久已見變本加厲起來。從2009年起，曾蔭權政府所要「活化」的對象，已不再限於舊區和古蹟，還進展到工業大廈，成為配合包括「文化及創意產業」在內的「六項優勢產業」底下的「活化工廈」政策。

諷刺的是，「活化工廈」導致許多工廈被改建為消費導向的酒店、商貿大廈及綜合發展區。本在工廈進行創作的藝術家反而不敵租金上漲而被迫遷走。[6]即使「創意香港辦公室」在2009年正式成立，可是這個辦公室只具統籌角色而無制訂政策的實權，根本提供不到有用的幫助來抵抗「活化」對創意工作者帶來的生存威脅。相反，2011年，曾蔭權政府的施政報告竟然進一步提出「起動九龍東」，把「活化工廈」推而廣之，企圖把整個觀塘工業區升格為商貿中心區（Central Business District），透過成立「起動九龍東辦公室」，拉攏文化藝術界參與，改造舊區形象。[7]這種以城市規劃來支援文化及創意產業的官方政策明顯與原意南轅北轍，甚至毀滅了由藝術家自發生成的文化及

6　可參考發展局。2010。「善用工業大廈」，http://www.devb.gov.hk/industrialbuildings/chi/home/，查詢日期：2016年7月12日。發展局。2009。〈立法會參考資料摘要：善用工業大廈配合香港不斷轉變的經濟和社會需要〉，檔號：DEVB（DOO）7-01，http://www.devb.gov.hk/industrialbuildings/chi/press_release_publication/publication/index.html，查詢日期：2016年7月12日。筆者是工廈藝術家關注組成員，參與過一系列相關抗爭事件，事見：林嘉敏。2011。〈藝術家vs. 媒體vs. 政府vs. 藝術家：以活化工廈作例〉。陳育強編。《香港視覺藝術年鑑2010年》。香港：香港中文大學藝術系，頁1-8。

7　可參考「起動九龍東」官方網頁：http://www.ekeo.gov.hk/tc/home/index.html，查詢日期：2016年7月12日瀏覽。而藝術界的反對意見，可參「趕絕九龍東」臉書專頁：https://www.facebook.com/eastkowloon/，查詢日期：2016年7月12日。更為深刻和在地的批判，見黃津珏（2013）：〈這裏有個示威區，名字叫藝術〉，《明報》「星期日生活」，2013年12月22日。

創意群聚。

　　然而，曾蔭權政府竟然照樣認定青年特具創意，並跟董建華政府一樣不問就裏，視進行相應的教育改革可有助青年規劃生涯，推動創意產業就能為青年提供就業出路：

　　「政府推行多項教育改革〔……〕配合社會多元化需要。香港發展文化及創意產業，也需要知識廣博和靈活變通的人才。正規教育為學生提供知識基礎，培養他們日後不斷學習的能力。政府會不斷提供在職進修機會，青年人投身工作後，可繼續通過進修增長知識與技能，更容易轉換工作及發展個人興趣，這樣才符合知識型經濟的人才需要。我提出發展文化及創意產業，亦為對正規教育缺乏興趣的青少年提供另類機會。青年人如能善用他們的優勢，可以憑創意成就一番事業。」（香港行政長官，2009，引文出自第89段〈丁、社會進步──社會流動〉）

　　這就使得特區政府針對青年問題的教育改革及政治經濟政策，從青年所要面對的真實處境來看，幾近倒行逆施，令他們／她們更加位處劣勢，易受傷害。

回復「文康」分類（2012-2016年）

　　2012年，梁振英上任前已曾銳意重組政府架構，把原來的「三司十二局」擴充至包括文化局在內的「五司十四局」。但梁振英對文化、藝術，以至創意產業的重視程度卻是較低的，在首份施政報告內，分別只提及過14次、8次及5次。既沒有董建華政府原來要把文化作為身分認同手段的鴻圖大計，亦沒有曾蔭權政府在城市規劃中的大刀闊斧，反而把「文化」一詞進

一步浮泛化，常常胡亂拋出好像「共融文化」、「卓越文化」、「親水文化」的空洞講法。而且，梁振英政府更因重組架構失敗而把「文化」回復到「文康」、「市政」等殖民年代的舊思維及舊操作。2013年，梁振英的施政報告，雖然是繼2007年後，使用「文化」、「藝術」、「保育」、「創意」等最多的一年，但完全缺乏理念和方針，把「文化藝術及體育發展」放在同一章節來了事，令人覺得他只是為「體育、演藝、文化及出版界」功能組別選委「跑數」而已：

> 「由於地理和歷史背景，香港在中華文化源流上有獨特的地位，通過融合中西方文化藝術，創造了獨特、多元和燦爛的香港風格。香港在中國傳統文化例如粵劇的承傳上也有特色，成績斐然。我們應該重視香港的使命，繼續發揮我們的優勢和作用。」
>
> 「我們每年用於推動文化藝術的公共開支超過30億元。我們除了每年為主要表演藝團提供達3億元的經常性資助外，亦透過藝術發展局（藝發局）及康樂及文化事務署（康文署）資助及支持中、小藝團，每年經費超過2億元。此外，民政事務局已推出具備配對成分的『藝能發展資助計劃』，每年發放約3,000萬元，資助較大型和跨年度的藝術計劃和活動。」（香港行政長官，2013，引文出自第178及181段〈九、文化藝術和體育發展──文化藝術──有特色的香港文化〉）

話雖如此，但梁振英終在2015年成立「創新及科技局」，這就標誌着由董、曾兩屆政府所推展的「創意產業」又再被重新界定分類。「創新」（innovation）、特別是「科技創新」，取

代了「創意」，成為施政報告的較常使用的詞語，因而「創意產業」在往後的施政報告所佔篇幅銳減下來。「文化」、「藝術」退回原處，跟「體育」歸為一類，被放在較次要的「文康及市政」章節。到了 2016 年梁振英任期結束前，提及「文化」和「藝術」的次數急跌至只有 15 次和 4 次。「西九」計劃不再屬於經濟或城市章節中的重點項目，回復為提供活動場地的一項公共硬件工程。這就是說，創意產業被倒退到只是作為「地區行政」層面，成為只為市民提供消閒設施、活動或服務的層次。「創意工業」原來的橫向連結（synergy），又再變得支離破碎，散落在不同政策部門，各不相干。特區政府的教育和青年政策，也由於激進主義抬頭，不再訴諸文化、創意和藝術為主線，而是舉出「一國」、「一帶一路」及（功利）愛國主義為軸心。

總結：創意論述　偷龍轉鳳

上述分析讓我們反思創意論述為香港帶來的諷刺。隨着創意論述普及化，創意原有的內涵反而被掏空，變成空洞能指（empty signifier），被政府以至民間隨意拿來迎合新自由主義對人力資源的工作要求。因此，Florida 宣稱「波希米亞與新教倫理的奇妙結合」其實是倒果為因。「創意新貴」的冒起是勞工為了迎合新自由主義的結果。文化與藝術藉創意論述主流化，亦不過是 Fredric Jameson 所說晚期資本主義「文化轉向」的再進一步發展。Jameson 認為晚期資本主義使得整個社會「無處不文化」，並不是文化邏輯的勝利，而是資本利用文化來堆砌成新的增長點而已，可是，當中的代價就是同時消解了文化原來的自主領域（Jameson, 1991: 48）。正如 Jim McGuigan 同樣指

出，創意論述好像令文化遍地開花，但其實危機處處。創意論述「拉上補下」，對精英文化與普及文化一視同仁，雖然好像實現了左翼的文化理想，但McGuigan警告，消費文化已把文化民主偷龍轉鳳，轉化成一種看似激進、入型入格（cool），實質上卻漫不經心地成為去政治化的文化民粹主義，認為市場比政府更加民主，變相令文化生產也淪為新自由主義的一個組成部分（McGuigan, 2011）。

　　就此，筆者認為創意論述在香港，透過製造出一個空洞能指來進行隨意操作，正比McGuigan所提出的憂慮有過之而無不及。如果說香港的文創產業是對英國模式的亦步亦趨，它最大的特色，亦正在於兩者均為新自由主義的忠實信徒，以市場自由取代公共領域。由於文化、藝術在香港社會一直位處邊緣，英國「拉上補下」的模式來到了香港卻變成了「拉下補上」——文化、藝術借助創意論述全面主流化。於是，在主流化的同時，文化、藝術在創意論述中亦迅即被工具化，成為國族認同、經濟轉型、解決青年就業及問題，甚至屬於空間及土地發展等一籃子後工業社會問題的靈丹妙藥。可是，當這些問題一旦稍為舒緩，或政治形勢有變化時，文化、藝術、創意、保育，甚至整個創意產業，立即可被拋諸於腦後，任由自由市場扼殺其生存空間。撰文至此，香港特別行政區進入後國安法時代，林鄭月娥會否繼續前任行政長官曾蔭權針對保育訴求所提出的「進步發展觀」？創意工業會因為其政治能量而被抑壓，抑或進一步被融入大灣區發展？到截版之時仍是未知之數。

參考書目

「起動九龍東」。2017。http://www.ekeo.gov.hk/tc/home/index.html。查詢日期：2017年7月12日。

「趕絕九龍東」。2013。https://www.facebook.com/eastkowloon/。查詢日期：2016年7月12日。

于國華、吳靜吉。2012。「台灣文化創意產業的現狀與前瞻」。《廿一世紀》第133期，頁82-88。

行政院。2002。《挑戰2008：國家發展重點計劃（2002-2007）》。台北：行政院。

林嘉敏。2011。「藝術家 vs. 媒體 vs. 政府 vs. 藝術家：以活化工廈作例」。陳育強（編）。《香港視覺藝術年鑑2010年》，頁1-8。香港：香港中文大學藝術系。

香港大學文化政策中心。2003。《香港創意產業基線研究：香港特別行政區中央研政策組委託顧問報告》。香港：香港大學文化政策研究中心。

香港行政長官。1997。《1997年施政報告》。香港：政府物流服務處。

香港行政長官。1998。《1998年施政報告》。香港：政府物流服務處。

香港行政長官。1999。《1999年施政報告》。香港：政府物流服務署。

香港行政長官。2000。《2000年施政報告》。香港：政府物流服務署。

香港行政長官。2001。《2001年施政報告》。香港：政府物流服務署。

香港行政長官。2003。《2003年施政報告》。香港：政府物流服務署。

香港行政長官。2004。《2004年施政報告》。香港：政府物流服務署。

香港行政長官。2005。《2005年施政報告》。香港：政府物流服務署。

香港行政長官。2006。《2006-07年施政報告》。香港：政府物流服務署。

香港行政長官。2007。《2007-08年施政報告》。香港：政府物流服務署。

香港行政長官。2008。《2008-09年施政報告》。香港：政府物流服務署。

香港行政長官。2009。《2009-10年施政報告》。香港：政府物流服務署。

香港行政長官。2010。《2010-11年施政報告》。香港：政府物流服務署。

香港行政長官。2011。《2011-12年施政報告》。香港：政府物流服務署。

香港行政長官。2013。《2013年施政報告》。香港：政府物流服務署。

香港行政長官。2014。《2014年施政報告》。香港：政府物流服務署。

香港行政長官。2015。《2015年施政報告》。香港：政府物流服務署。

香港行政長官。2016。《2016年施政報告》。香港：政府物流服務署。

郭秋雯。2012。《韓國文化創意產業政策與動向》。台北：遠流出版。

陳銘匡。2006。「從『創意工業』到『文化及創意產業』」。林聰（編）。《藝術發展十年》，頁47-57。香港：香港藝術發展局。

發展局。2009。「立法會參考資料摘要：善用工業大廈配合香港不斷轉變的經濟和社會需要」。檔號：DEVB（DOO）7-01，http://www.devb.gov.hk/industrialbuildings/chi/press_release_publication/publication/index.html。查詢日期：2016年7月12日。

發 展 局 。 2010。「善 用 工 業 大 廈」。 http://www.devb.gov.hk/industrialbuildings/chi/home/ 。查詢日期：2016年7月12日。

黃津珏。2013。「這裏有個示威區，名字叫藝術」。《明報》「星期日生活」，12月22日。

Department of Culture, Media & Sport. 2001. *Creative Industries Mapping Document 2001.* London: Department for Culture, Media and Sport.

Department for Culture, Media & Sport. 2008. *Creative Britain: New Talents for the New Economy.* London: Department for Culture, Media and Sport.

Flew, T. 2012. *The creative industries: culture and policy.* Los Angeles, Calif: SAGE.

Florida, R. 2002. *The rise of the creative class: and how it's transforming work, leisure, community and everyday life.* New York, NY: Basic Books.

Foucault, M. 2010. *The Birth of Biopolitics: Lecture at the college de France 1978-1979.* New York: Palgrave Macmillan.

Harvey, D. 1990. *The condition of postmodernity: an enquiry into the origins of cultural change.* Oxford: Blackwell.

Howkins, J. 2002. *The creative economy: how people make money from ideas.* London: Penguin.

Jameson, F. 1991. *Postmodernism, or, The cultural logic of late capitalism.* Durham: Duke University Press.

Kong, L & O'Connor, J. 2009. *Creative economies, creative cities: Asian-European perspectives.* Dordrecht: Springer.

Landry, C. & Bianchini, F. 1995. *The Creative City.* Bournes Green: Demos in association with Comedia.

McGuigan, J. 2009. *Cool capitalism.* London: Pluto Press.

McGuigan, J. 2011. 'From cultural populism to cool capitalism,' *Art & the Public Sphere*, 1 (1): 7-18.

Ministry of Information and the Arts. 2000. *Renaissance City Report: Culture and the Arts in Renaissance Singapore.* Singapore: Ministry of Information and the Arts.

Oakley, K. & O'Connor, J. 2015. *The Routledge Companion to the Cultural Industries.* New York, London: Routledge.

Oakley, K. 2009. *'Art Work'- Cultural Labour Market: a Literature Review.* London: Creativity, Culture and Education.

Pang, Laikwan. 2012. *Creativity and its discontents: China's creative industries and intellectual property rights offenses.* Durham, NC: Duke University Press.

Smith, C. 1998. *Creative Britain.* London: Faber.

香港粉紅絲帶運動中的乳癌隱喻

彭家維

摘要

自 2001 年起的十多年，旨在提高大眾防治乳癌意識的粉紅絲帶運動在香港嶄露頭角，令乳癌漸漸成為最受注目的癌症。因應粉紅絲帶運動的活動，大眾媒體中出現了不同的乳癌隱喻。報章報道中的文字隱喻強調癌症的威脅，喻癌為敵，散播恐懼。電視宣傳短片和海報的影像隱喻傾向以物喻乳房，彷彿暗示乳癌是源於自我錯誤生活習慣而導致身體叛變，也模塑受眾對乳癌的想像與認知。而粉紅絲帶運動中，乳癌與粉紅色這看似自然而然的關係，正鞏固刻板性別定型，消費粉紅女性氣質。本文透過詰問香港粉紅絲帶運動中乳癌隱喻的迷思，進一步以性別角度反思「乳癌是女性疾病」這錯誤認知，指出香港粉紅絲帶運動必須戒慎和突破乳癌隱喻所帶來的性別困局。

關鍵詞

乳癌、粉紅絲帶運動、性別、癌症、隱喻

從《藍色多瑙河》說起

要數以《藍色多瑙河》作配樂的宣傳短片，香港觀眾大多會想起紅絲帶中心 2005 年以「dom dom dom dom dom」為歌詞的《要有一套》和香港癌症基金會自 2014 年起以選水果為題的「粉紅革命」短片。恰巧的是，愛滋病與癌症均為 Susan Sontag 在 *Illness as Metaphor*（1978）中重點闡述的疾病隱喻。相對於因傳染性及性道德偏見而得污名的愛滋病，癌症多被視為失控破壞身體構造與機能的自我身體背叛。有關癌症的負面隱喻，更往往被用來詛咒或揶揄別人。例如，2014 年佔領運動期間，便曾有聯署將佔領者比喻為癌症，指責他們正蠶食香港的核心價值。

同樣巧合的是，關注愛滋病和乳癌運動的顏色絲帶，皆不如多瑙河般是藍色的。在芸芸疾病關注運動中，防治愛滋病運動的紅絲帶和乳癌關注運動的粉紅絲帶大概是最為人所熟知。相較於紅色的多元意義（例如：喜慶、危險、權力、憤怒、欲望等），粉紅色的意涵大多指向女孩，尤其是陰柔的小女孩（St Clair, 2016）。雖說粉紅絲帶這符號是國際通用，但乳癌並非女性獨有，當其防治運動以鋪天蓋地的粉紅色為主調，乳癌的隱喻又有何變化？

在香港，致力防治乳癌、提高乳健意識的粉紅絲帶運動快將進入第 20 年。粉紅絲帶運動曝光率之高，與其顏色及性別意味不無關係。本文將從本地文字媒體和粉紅絲帶運動的宣傳活動着手，檢視當中與乳癌有關的文字和影像，以分析粉紅絲帶運動和乳癌隱喻如何形塑大眾對乳癌的認知。

癌症與隱喻

　　醫學、疾病與隱喻如何拉上關係呢？香港人俗稱的「西醫」
——即生物醫學（biomedicine）——在香港以其客觀、準確和
科學化見稱。自二十世紀中期，香港人便視從事西醫的醫生為
可靠、專業、理性又淵博的醫者。在這客觀的面紗下，西醫診
治過程中的主觀與修辭面向幾乎鮮為人知。而事實上，西醫論
述必須靠語言來傳授和溝通，因此所謂的「科學化」並非全然
客觀。只要正視這久被遺忘的文化建構面向，我們便能看到解
構醫學論述的可能。同理，癌症的論述亦能從其文化建構層面
作出解讀。

　　關於癌症，Sontag（1978）明確指出癌症的隱喻多指向細
胞的不受控、不正常且不斷變化生長，因而伴隨着恥辱、恐
懼與愧疚。Sontag主張我們必須將疾病從隱喻中解放出來，以
免患者因不當隱喻而作繭自縛。受Sontag啟發，Jackie Stacey
（1997）在其著作 *Teratologies: A Cultural Study of Cancer* 中便曾
寫道：「對癌症的高度焦慮催生了源源不絕的隱喻。恐懼會令
人生出一種欲望去逃避和否認，尤其是一種渴望轉化的欲望。」
（頁63）Stacey也分享了自己患癌時的求診經歷，說明醫者也處
處受父權思維影響，而引用一些無助患者理解病情和治療、又
帶有性別偏見的隱喻。Maier & Shibles（2010）認為，以分析隱
喻作為研究方法，有助我們更富創意並透徹地理解醫學論述的
語言。以隱喻作為方法，對健康人文學和醫療社會學研究者裨
益良多，打開了醫學與人文學科和社會科學交會的另一扇窗。

　　雖說西醫以科學化著稱，但始終每種語言也有其獨特的
歷史文化脈絡。以「癌」為例，這字的中英文詞源迥異。英文

cancer一字可溯源至拉丁文 *cancer* 和希臘文 *karkinos*，有説是因腫瘤令四周血管隆起如螃蟹而得此名；亦有人將螃蟹橫行的姿態聯想到癌症轉移（Sontag, 1978; Mukherjee, 2010）。在香港的語境中，粵語「癌」與「岩」同音，似有「岩石」、「岩巉」之意，感覺相對堅固、棘手。而中文字「癌」從疒部，一看可知是一種疾病。然而，這是一種怎樣的疾病呢？引述一位乳癌康復者的話：「癌症給我的感覺就是很難……看中文字都知道，是三個口字加上一座山支撐着，以前這字就是這樣將癌症形象化的了。」正因如此，在確診一刻，她便暗忖：「這次死定了。」或許大多香港人聽到cancer一字未必會立即想起螃蟹，但這樣將癌症等同絕症的想法卻十分普遍。要是癌症的病灶在性徵或性器官中（如乳癌、子宮頸癌、前列腺癌等），相關的隱喻便會附帶更多的污名，讓患者承受更大負擔。

大眾媒體中的乳癌

當病灶位於性徵或性器官中，該癌症便往往會與特定性別掛鈎。邱玉蟬（2014）分析了台灣報紙對女性癌症病人的新聞報道，這些報道都有意無意地形塑女性的角色和價值，誘發女性對這些癌症更大的恐懼。那麼，香港大眾從何認識乳癌的呢？甄欲瑜（Yan, 2009）曾調查496位香港華裔女性對乳癌的知識與認知，當中逾七成受訪者表示她們主要從大眾媒體接收有關乳癌的資訊。由此可見，大眾媒體對疾病的呈現與傳播，對本地華裔女性認識乳癌尤為重要。

觀乎各類大眾傳播媒體，撤除網絡與電影等相對個人化的媒體，免費報章與電視宣傳短片是本地市民被動接收健康資

訊的主要渠道。以本地中文免費報章為例，從慧科新聞資料庫中可見，在2002年至2015年間，《都市日報》、《頭條日報》、《am730》、《晴報》和已停刊的《爽報》提及乳癌篇章的次數（2,512篇）遠高於肺癌（1,451篇）和大腸癌（779篇）。根據醫院管理局香港癌症資料中心（2016）本地常見癌症的排名，首兩位長期都是大腸癌和肺癌，乳癌則排行第三。然而，乳癌卻一直較前兩者獲得更高的見報率。

　　乳癌雖然不是香港最常見的癌症，但卻是大眾媒體中最常見的癌症。要是癌症在新聞報道出現的頻率有機會與女性受眾的恐懼成正比的話（Lemal & Van den Bulck, 2011），乳癌隱喻的運用便舉足輕重了。

乳癌文字隱喻

　　如上所示，本地中文免費報章中乳癌的見報率十分高，甚至比真正是女性獨有的子宮頸癌（603篇）高出逾四倍。究竟乳癌是以怎樣的形象出現在文字報道中的呢？要審視香港大眾媒體中有關乳癌的文字隱喻，可進一步以「乳癌是」作關鍵詞在慧科新聞資料庫中進行搜索。同樣搜索2002年至2015年間的五份本地中文免費報章，共找到117篇形容乳癌是「殺手」、91篇是「魔」、61篇形容是「威脅」、16篇「敵」和11篇「夢」。這些結果可大致分為兩類：戰事隱喻（乳癌是需要對抗殲滅的「殺手」、「威脅」和「敵」）和鬼魅隱喻（患上乳癌有如遇上「（惡）魔」和「夢（魘）」）。這些隱喻一般置於報道的首句，而這些報道則主要出現在港聞版和健康版，亦有少數散見於國際新聞、專欄和娛樂版面。

　　第一類的戰事隱喻，意味病患正處於與癌症的戰爭中，

在中、英文語境也十分常見。在戰事的場景中會怎樣對待乳癌呢？「抗」——抵抗、反抗——成了乳癌相關文章經常出現的動詞。因為乳癌是「殺手」、「敵」和「威脅」，所以要「戰」、要「抗」，最理想的結局當然是「戰勝」乳癌。這戰事隱喻並非乳癌獨有，其他癌症以及疾病也會引用到戰事隱喻。然而，強調乳癌為「殺手」，似乎更加深了乳癌是帶來絕望的絕症這印象。基於乳癌患者以女性為主，許多的報章報道都會稱之為「女性殺手」。有趣的是，除「女性殺手」外，還有些報道會稱其為「師奶殺手」或「女殺手」，而這兩種寫法都扭轉了它們在香港的原有意涵。「師奶殺手」原指在電視劇中最能吸引家庭主婦的男藝員，但若指乳癌是師奶殺手，則將意涵拉到另一極端——會獵殺家庭主婦的殺手。當提到「女殺手」，許多香港人都會想起六、七十年代極受歡迎的電影角色「女殺手」。由陳寶珠飾演的女殺手，就如其主題曲所描述的，是一位「天生一副好身手」、「智勇雙全」、「嫉惡如仇」、「除暴安良膽又壯／鋤強扶弱解人愁／害群之馬絕不恕」、「俠骨柔腸人讚頌」的女俠。可是，當乳癌被形容作「女殺手」的一刻，聰慧勇敢的「女殺手」便成了專跟女性作對的「惡霸」和「害群之馬」。

　　戰事隱喻亦同時指涉乳癌為女性的「威脅」和「敵」。換言之，由於乳癌會威脅到女性的健康、乳房、女性氣質、女性身分和性命，所以乳癌是女性的「敵人」、「大敵」、「公敵」及／或「天敵」。「敵」一字，意味着乳癌懷有敵意、想要攻擊和侵略女性。形容乳癌是「公敵」，假定了乳癌針對所有女性（也只有女性），掩蓋了男性也會罹患乳癌的事實；將乳癌比作「女性的天敵」，則再次鞏固「女性天生便註定要面對乳癌」這錯誤觀念。而戰事隱喻除前設了場景和氛圍外，也召喚（interpellate）

乳癌病患成為戰士、鬥士。女性為了維護自己的性命，必須應
戰，目標是要戰勝乳癌。為了「抗癌」，女性要讓自己的身體
成為戰場、接受手術「殲滅」癌細胞、服用「抗癌藥」等。而抗
癌成功的乳癌康復者，也會被譽為「勇士」。

　　戰事隱喻不停鞏固乳癌是「無情、頑固和掠奪成性的」印
象，因此受到 Sontag（1978）大力抨擊。戰事隱喻反覆明示暗
示乳癌的侵略性，也變相鼓勵患者接受更激進的外科手術、更
強力的電療和化療，甚至要不惜犧牲身體的健康細胞來換取勝
利。同時，引用戰事隱喻，亦假設了乳癌是可以和應該擊敗、
殲滅的。而要擊敗、殲滅乳癌，須有賴一位睿智的司令調兵遣
將，而這位司令當然就是西醫了。可是，乳癌的病因與療法至
今仍未有定論，故此，軍事隱喻進一步推至鬼魅隱喻。

　　鬼魅隱喻是繼軍事隱喻後最常見的隱喻。例如，2008 年
10 月在仁安醫院舉行的「『乳』您共戰癌魔」講座，便運用了
鬼魅隱喻，這種與「癌魔」作戰、要「戰勝癌魔」的説法讓乳癌
不僅僅是敵人，而且更成了魔。有些文章也會將乳癌稱作女性
的「噩夢」或「夢魘」，是會引起女性不安和恐慌的夢境。相較
於有機會透過適當戰略作戰的戰事，噩夢與魔並不能用理智擊
退，也不能控制如何或何時在夢裏醒來。換言之，這鬼魅隱喻
意味着乳癌是神秘又妖邪，既不能避免、也不能預料的。如果
癌症是不正常的細胞生長或突變而致的話，鬼魅隱喻就擔當其
不受控、混亂和兇猛的形象角色。乳癌的妖魔鬼魅形象加重了
病患的無力感，即使康復後也往往會活在癌症的陰影中。

　　弔詭的是，在治療乳癌的化療藥物中，偏偏就有一
種俗稱「紅魔鬼」的蒽環類（Anthracycline）抗生素阿黴素
（Doxorubicin）。這藥物之所以得名為「紅魔鬼」，除了因為它

是紅色以外，更是因為它會帶來嚴重的副作用，如嘔吐、脫髮、心臟功能衰退等。人類大戰妖魔，聽上去更像是童話或魔幻故事，但這鬼魅隱喻，正正與軍事隱喻相輔相成，加深了人們對乳癌的恐懼。但值得留意的是，乳癌的文字隱喻主要強調癌的可怖，而其影像隱喻則不然。

乳癌影像隱喻

當乳癌的文字隱喻以癌的可怖為重點，乳癌的影像隱喻則集中於乳房這意符。在香港，防治乳癌訊息的能見度在2000年後大幅提高，這很大程度上與本地粉紅絲帶運動的興起有關。為了提高乳健意識，這些粉紅絲帶運動除發表研究報告新聞稿外，亦製作了不同系列的海報與短片作宣傳。這些海報與短片中的影像大致可分為以下四系列：警鐘、麻雀和水果、賓果（Bingo）和粉紅女性。

警鐘是最早運用的影像隱喻之一。從千禧年初，癌症基金會便以警鐘比作乳房。早期海報的構圖為一位胸前置有兩個紅色圓形警鐘的半裸女性，以「除非乳房有警號　否則檢查定期做」為標語。基金會在2017年和2018年重用此圖像製作短片時，標語改成「乳癌不會響警報　定期檢查要做到」，而2018年的警鐘海報[1]更將警鐘由紅色改為粉紅色。另外，香港癌症基金會粉紅革命2010年的宣傳短片中，畫面上有不同的女性提醒彼此要解開胸圍背扣，畫外女聲問「點解」（既可解作「為甚麼」，也與粵語「怎樣解脫」同音）。需要「解脫」甚麼？「解脫」

1　見網址：https://www.cancer-fund.org/wp-content/uploads/2018/08/Breast_pink-alarm_desktop_banner_chi_r1.jpg。

多指涉擺脫危險、離開困境，而這裏的「危險」和「困境」當然是指乳癌了。怎樣可以「解脫」乳癌呢？最後兩個畫面[2]先出現了「定期檢查　及早解脫危機」這標語，繼而是粉紅革命字樣、熱線電話和兩個平置的紅色警鐘。警鐘在這裏，也代表了「危機」，亦即是乳癌。這圖像除了提醒女性要定期進行乳房檢查外，還暗示乳癌等同威脅及危險，與軍事和鬼魅隱喻相呼應。

　　在2002年和2017年期間，其實還有些不一樣的影像隱喻。2011年香港乳癌基金會乳健檢查計劃的電視宣傳短片，便用了麻雀（即麻將）這意符。短片由演員毛舜筠一人分飾三位不同階層的女性，三人在麻雀耍樂期間，指出「自摸」（自我檢查）並不足夠，還要請專家檢查（醫護人員檢查）和「照」（乳房X光造影檢查）才更可靠。其計劃單張上的右上角，則橫放了一隻二筒麻雀。[3]

　　明顯地，二筒麻雀上那兩個並排的圓形是指涉女性的乳房。香港乳癌基金會乳健檢查計劃在2011年有麻雀隱喻，香港癌症基金會粉紅革命在2014年則有水果隱喻。片中每個鏡頭中都有一雙屬於不同年紀女性的手，正觸摸兩個一樣的水果（例如雪梨、橙、西瓜、蘋果等），[4]最後有女聲旁白「每位女性都要關注乳癌/check check check/記得好似揀生果咁細心檢查乳房」，最後出現標語「及早發現　生機再現」。這影片嘗試以一對水果比喻乳房，以女性到市場揀選水果的觸摸動作與謹慎

2　影片見網址：https://www.youtube.com/watch?v=jVuG81KpSKk。

3　圖像見網址（頁11）：https://www.hkbcf.org/download/presentation/4_HWK_slides_final_.pdf。

4　畫面見網址：https://www.youtube.com/watch?v=A4xgJ856RZg。

態度提醒女性須定期自我檢查乳房。

　　水果與麻雀系列均旨在提高乳健意識，主要宣傳乳癌檢測方法，故沒有引用軍事或鬼魅隱喻。以麻雀與水果比作乳房、以耍麻雀與挑選水果比作乳房檢查，兩者既有創意又生活化，但有兩方面值得留意：（一）雖然兩個比喻均較貼近女性生活，但亦加強了刻板的女性性別角色，讓受眾誤會乳癌只屬女性獨有；（二）單憑這些影片難以看到與乳癌檢測相關的醫學爭論——例如乳房 X 光造影檢 和全民乳癌篩查的果效及必要。

　　除以女性日常生活為喻外，2015 年香港乳癌基金會推出了以遊戲賓果（Bingo）為題的的宣傳短片——《乳癌風險Bingo》。短片中，由歌手王菀之分飾節目主持人和不同角色的女性，介紹乳癌的風險因素。片中列出的風險因素有四：缺乏運動、未曾餵哺母乳、感覺高度精神壓力和在 40 歲以上。這系列的表達形式有創意，訊息亦十分鮮明。然而，這些百分比是根據 2015 年出版的《香港乳癌資料庫第七號報告》的「乳癌高危因素」所得，而四項風險因素的選取均有待斟酌。基金會創會人張淑儀醫生稱這些因素為「可以透過自己改變生活習慣控制的風險因素」（香港乳癌基金會，2015a），但明顯地，年紀並非可改變的。在《香港乳癌資料庫第七號報告》中，「超重 /肥胖」這因素與「高度精神壓力」只差 0.1%（香港乳癌基金會，2015b），亦不禁令人好奇為何只提及後者。加上這些風險因素是基於香港乳癌資料庫歷年登記的患病人口數據得來，統計方法略嫌粗疏。幸而，該會於三年後發表了較嚴謹的病例對照研究。研究顯示，短片中提出的風險因素確屬佔較高比例（香港乳癌基金會，2018）。短片中，主持人以幸運號碼來介紹這些風險因素的百分比，似乎予觀眾（尤其是乳癌患者及康復者）

一種諷刺感覺，説到底，罹患乳癌絲毫不屬於幸運「中獎」。再者，畫面上所呈現的女性形象，[5] 似乎某程度上意味着女性患上乳癌是因為她們懶惰（只會在沙發上看電視吃零食）、不餵哺母乳、不懂處理工作壓力和年紀漸長，而忽視了這些現象背後的社會因素（如雙職母親的勞碌、職場的性別不友善等），營造了乳癌的病因主要為個人生活習慣不良及自身不幸運的印象。

　　正如上節的文字隱喻，影像隱喻亦假定了病患角色、乳癌意象及處理手法。將乳房想像成警鐘的話，女性的身體會成了計時炸彈般危險；若確診乳癌，便應將其拆除。若將乳房比作麻雀、女性比作玩家，彷彿女性只要「自摸」、「照」和請醫護人員檢查，便會成為贏家。假如乳房是水果、女性是顧客，水果有部分不妥，便應放棄或削掉。倘若患癌與否就如賓果遊戲，患上乳癌要不就是自己選擇不當，要不就是命運使然。換言之，這些隱喻同時模塑受眾對乳癌、女性身體、病患角色、治療方法等的認知與想像。另外，不難發現的是，這些影像隱喻的創意，多着墨於女性乳房而非癌症。乳癌防治運動的身體器官隱喻，在其他癌症的防治運動中頗為少見，以子宮頸癌和前列腺癌作對比便可見一斑。香港癌症基金會的子宮頸癌防治運動宣傳概念，是由歌手謝安琪作拳擊手對外敵攻防，[6] 海報和短片中並沒有描繪子宮頸的形狀；而前列腺癌防治運動宣傳則是將前列腺癌比作足球射向防守的溫拿樂隊成員，而樂隊成員則列陣龍門前如足球員等待對方射罰球般用手掩護下體。[7]

5　畫面見網址：https://www.youtube.com/watch?v=D6BTRwPVG-4。

6　畫面見網址：https://www.youtube.com/watch?v=kEndCjKyJDA。

7　畫面見網址：https://www.youtube.com/watch?v=b1GsIxX4wI4。

同樣地，子宮頸癌與前列腺癌皆描繪成非於自身的攻擊，與乳癌所呈現的自我身體叛變有所不同。

　　除以上四種影像隱喻外，最歷久彌新的要算是粉紅女性形象。粉紅女性——穿上粉紅色上衣的女性（例如歌手李玟和演員陳法拉在衣架上挑選粉紅色衣服）[8]——在不同年代的粉紅革命宣傳短片和海報中也反覆出現。粉紅女性形象是怎樣的呢？以 2012 年香港癌症基金會粉紅革命的宣傳品為例，由穿上鮮粉紅色上衣的粉紅大使李玟牽頭，帶領約 20 位穿上淡粉紅色上衣的女性，列成三角陣。從該系列的海報[9]可見，這些列成三角陣的女性站在斜坡上，李玟站在高處，似是模仿歷史上的革命海報。這些外表符合女性性別形象的女性帶着微笑互相扶持，並沒有露出絲毫哀愁、驚恐或焦慮。她們微笑中又表現出其不卑不亢的堅韌，從外表上，我們亦難以推斷這些女性是否乳癌患者或康復者。可是，這形象在日益粉紅的乳健運動中，似乎令乳癌隱喻再次發生變化。

粉紅絲帶運動

　　各地防治乳癌運動常以粉紅絲帶為標記，因此往往被稱作「粉紅絲帶運動」，香港亦不例外。自 2001 年起，香港的粉紅絲帶運動漸漸萌芽成長。這主要有賴三大組織：2001 年由香港癌症基金會策動的「粉紅革命」、2005 年由外科醫生張淑儀成立

8　畫面見網址：https://www.youtube.com/watch?v=ydTgx8pbvQk。

9　海報見網址（頁 11）：https://www.cancer-fund.org/wp-content/uploads/2017/04/2012-2013 年度概覽 .pdf。

的香港乳癌基金會和 2007 年由乳腺外科醫生鄺藹慧創立的香港遺傳性乳癌家族資料庫。為了呼應粉紅絲帶的顏色，這三大組織的宣傳和活動多以粉紅色為主調。但其實，粉紅色與乳癌的掛鈎並非自有永有。在二十世紀九十年代初的美國，Charlotte Haley 為抗議 National Cancer Institute 未有投放足夠資源在防治癌症，派發親手製作的桃紅色絲帶。為免桃紅色絲帶淪為商業工具，Haley 拒絕了雜誌 Self 與跨國品牌 Estee Lauder 的合作邀請。於是，兩間機構只好改用當時最受歡迎的「150 粉紅色」製作絲帶（Fernandez, n.d.）。自此，粉紅色絲帶與乳癌便結下不解之緣。

乳癌的顏色隱喻

　　許多人或會覺得將乳癌與粉紅色掛鈎十分順理成章，原因是粉紅色是代表女性的顏色。但其實男生藍色、女生粉紅色這性別顏色分類僅有不到一世紀的歷史，在此以前的西方文化中，藍色是屬於女生，而粉紅色是屬於男生的（St Clair, 2016）。但現在，無論在美國還是香港，粉紅色似乎都與傳統女性氣質拉上關係。這傳統女性氣質尤其令人想起美好、得體、漂亮又有修養的小女孩（鮮少如紅色般聯想到性感與欲望），而粉紅絲帶就鞏固了正典性別的美學（Sulik, 2012）。當乳癌遇上了粉紅色，當粉紅絲帶運動遇上了消費主義，乳癌的粉紅色隱喻又有所變化。

　　10 月是國際乳癌關注月，各粉紅絲帶運動都會在 10 月（及/或 11 月）舉辦大型活動，展示女性對抗乳癌那種溫柔而堅韌的態度。粉紅色彷彿令乳癌增添了一種美好溫柔又天真無邪的感覺，卻又同時暗示乳癌是傳統女性氣質的威脅。在粉紅絲

帶運動的帶動下，相關組織和協作機構都會推出不同的粉紅色商品和服務。當中不乏帶有童趣的產品，例如：香港遺傳性乳癌家族資料庫「粉紅甜品」活動中的粉紅棒棒糖蛋糕、哈囉吉蒂甜品、「粉紅革命」的粉紅色泰迪熊、粉紅色橡膠小鴨等。Barbara Ehrenreich（2009）便曾質疑這種將乳癌患者等同於小女孩的邏輯：要是我們不會送贈玩具車給患前列腺癌的男人，為甚麼我們又若無其事地送這些粉紅色小玩兒給患乳癌的女人呢？11月所舉行的男性癌症關注月，其標誌不是玩具車，而是八字鬚，代表的是成年男人而非小男孩。同理，女性不等同無助的天真小女孩，更可以是理智成熟的女人。

　　正如上文提到，每年10月是三大組織嚴陣以待、大顯身手的月份，也頓時令10月成了粉紅色的10月。粉紅絲帶運動相關的活動包括步行、賽跑、巡迴展覽、工作坊、講座、商場公眾活動、指定商品／商戶購物籌款等，因而衍生出大大小小海報、宣傳短片、媒體報道和廣告等。這些活動和宣傳的目標受眾，主要是女性，尤其是滿滿少女心、對粉紅女性氣質（pink femininity）十分受落的女性。正如柔和粉紅色的涵義，這種粉紅女性氣質是順性別（cisgender）的，包含了溫暖但柔弱、漂亮又順從、天真無知又帶點膚淺，集合了性別刻板定型對女性矛盾的歌頌與貶抑。

　　無容置疑，各粉紅絲帶運動都別出心裁地希望能提高女性對乳癌的防治意識。以香港遺傳性乳癌家族資料庫所舉辦的「粉紅高踭鞋慈善賽」為例，男性也要穿上粉紅色的高跟鞋參賽。同類型的賽跑在其他國家亦曾舉行，有的同樣為了提高乳癌意識、有的旨在反性暴力、有的為推動同志平權。活動既得宣傳效果，亦能讓男性將心比心，感受順性別女性在日常生活

中的難處。可是，整體的粉紅絲帶運動並沒有認真反思粉紅女性氣質定型的弊端。強調粉紅女性氣質，變相暗示了患上乳癌很大機會會失去這正典順性別氣質。

從上可見，影像隱喻對女性乳房有所迷戀。這迷戀可歸因於乳房所盛載的豐富符號。Marilyn Yalom（1997）在《乳房的歷史》中梳理出乳房所蘊含的神聖（the sacred breast）、性感（the erotic breast）、家庭（母性）（the domestic breast）、政治（the political breast）、心理（the psychological breast）、商業化（the commercialized breast）、醫療（the medical breast）、解放（the liberal breast）等多元意義。縱然香港文化語境與Yalom所分析的歐美脈絡不盡相同，但無可否認的是，香港防治乳癌運動中將女性乳房的意義置於性感、家庭、醫療和商業化的交匯點：乳癌嚇人，因為乳癌會威脅女性的性命、性感與家庭角色。

粉紅色消費

要是女性對乳癌的恐懼是基於其對於性命、性感與家庭角色帶來威脅的話，商戶對乳癌的重視就是因為乳房處於家庭和性感既含混又矛盾的交界。乳癌防治運動讓人可以名正言順地公開展示和言說女性乳房與粉紅女性氣質。每年10月的粉紅絲帶運動，都是滿滿的粉紅色，從粉紅胸圍、粉紅唇膏、粉紅指甲油、粉紅項鏈、粉紅手鏈、粉紅腕錶、粉紅手袋、粉紅高跟鞋、粉紅甜品、粉紅暖水瓶、粉紅床上用品、粉紅廚具、粉紅手提電話，到粉紅水療、粉紅酒店、粉紅摩天輪等應有盡有。幾乎大多可以與女性拉上關係的服務與產品，都有機會推出粉紅系列來支持乳癌防治。

無論是粉紅革命的「粉紅購物月」活動，還是香港遺傳性

乳癌家族資料庫「粉紅甜品」慈善義賣活動，粉紅色、乳癌和女性的想像均建基於性別刻板定型，如女性是購物狂、女性最愛甜品等（但其實不愛購物不好甜品的女性比比皆是）。另外，香港乳癌基金會的乳健同行和上述的粉紅高踭鞋慈善賽等，都獲得不同藥廠、化妝品品牌、女性用品品牌等的支持與贊助。值得留意的是，歐美的粉紅絲帶運動已有不少「粉紅清洗」（pinkwashing）的討論和研究，批評藥廠和品牌只求通過乳癌和粉紅色商品大量促銷圖利（Lerner, 2001; King, 2006; Sulik, 2012）。雖然在香港舉辦防治乳癌運動資源相對有限，但我們仍需對粉紅清洗有所戒慎。

　　粉紅色與乳癌的結緣，循行銷角度或屬優勢，但從性別和文化視角出發則不然。過度強調粉紅女性氣質，只會變相鼓勵消費和性別定型。更甚的是，這會讓男性忽視自己其實也有乳腺，因而疏於防治乳癌，令男性乳癌患者更邊緣化，背負更沉重的恥辱感。要是香港的運動組織不加思索地跟隨歐美主流粉紅絲帶運動的路向，未有進一步審視當中的性別化迷思，最終只會慢慢走向粉紅清洗，真正受益的只是消費主義，而非運動或大眾。

拓闊乳癌想像

　　因着大眾對疾病的恐懼以及乳癌症狀的複雜性，防治乳癌的粉紅絲帶運動及媒體往往將議題訴諸隱喻。從上述的本地例子可見，文字隱喻以戰事和鬼魅為主，強調敵我思維，企圖誘發大眾對癌症的恐懼和敵視。影像隱喻雖較多元化，但多聚焦於女性乳房上，亦簡化或掩蓋了不少與乳癌防治相關的醫學爭

議。乳癌的顏色隱喻則順應粉紅色與刻板女性印象的套路，與消費主義無縫結盟。

　　誠然，三大粉紅絲帶運動大大提升了香港大眾對乳癌的認知和防治意識，實在勞苦功高。粉紅絲帶運動讓大眾不再忌諱談論乳癌，打破女性乳房的禁忌，讓乳癌和女性乳房變得可以看見、可以言說。可是，在尋求更引人矚目的隱喻同時，運動組織宜戒慎隱喻中喚起的恐懼、迷思和偏見。這些恐懼、迷思和偏見不囿於醫學範疇，更包括疾病、身體和性別等層面。要是錯誤傳遞了「乳癌等同女性威脅」等訊息，只會讓乳癌病患和康復者陷於性別困局：女性病患感到自己不再是完整的女性、男性病患更羞於患上這「女人病」、覺得自己不夠「男人」。

　　當然，忌諱不談乳癌並不能為乳癌患者釋除疑慮和恐懼。但畢竟，乳癌病因未有定論，乳癌亦非單一性別獨有的疾病，粉紅絲帶運動應致力引領大眾、病患及康復者走出自我責難，啟發大家以更治癒更自在的方式面對乳癌。為甚麼乳癌患者不能與癌共存、共舞？為甚麼需要共同對抗的「公敵」和最大的「威脅」並不是致癌的社會環境、政策和商品？為甚麼乳癌不可以如多瑙河般想像成藍色？是以戒慎乳癌隱喻、拆解依附其中的迷思，並好好運用創意去轉化敵我思維和粉紅女性氣質，方為防治乳癌、提高乳健意識的重要一步。

參考書目

邱玉蟬。2015。「寫劇本或新聞？看熱鬧還是感同身受？女性癌症病人的新聞建構」。《傳播與社會學刊》，（總）31（2015）：65–94。
香港乳癌基金會。2015a。《「乳癌風險 Bingo」——乳健教育社區推廣首站於觀塘開展　為婦女拆解乳癌風險》（新聞稿）。https://www.hkbcf.

org/zh/media_centre/main/49/upload/press/46/document_zh/5a82b0ff4e749.
pdf。查詢日期：2019年6月13日。

香港乳癌基金會。2015b。《香港乳癌資料庫第七號報告》。https://www.
hkbcf.org/download/bcr_report7/full_report_2015.pdf。查詢日期：2019年
6月13日。

香港乳癌基金會。2018。「香港婦女罹患乳癌的風險因素：病例對照研
究」，《香港乳癌資料庫簡報》，第9期。https://www.hkbcf.org/zh/our_
research/main/424/upload/category/424/self/5ba4bc8c09c2f.pdf。查詢日
期：2019年6月13日。

醫院管理局香港癌症資訊統計中心。2016。「十大癌症」。https://www3.
ha.org.hk/cancereg/tc/topten.html。

St Clair, Kassia. 2016. *The Secret Lives of Colour*. London: John Murray Press.

Ehrenreich, Barbara. 2009. *Bright-Sided: How the Relentless Promotion of Positive Thinking Has Undermined America*. New York: Metropolitan Books.

Fernandez, Sandy M. n.d. 'History of the Pink Ribbon', Think Before You Pink. org. Retrieved October 7, 2016, from http://thinkbeforeyoupink.org/resources/ history-of-the-pink-ribbon/.

King, Samantha. 2006. *Pink Ribbons Inc.: Breast Cancer and the Politics of Philanthropy*. Minneapolis: University of Minnesota Press.

Lemal, Marijke & Jan Van den Bulck. 2011. 'Television News Coverage About Cervical Cancer: Impact on Female Viewers' Vulnerability Perceptions and Fear.' *European Journal of Public Health*, 21(3): 381-386.

Lerner, Barron H. 2001. *The Breast Cancer Wars: Hope, Fear, and the Pursuit of a Cure in Twentieth-Century America*. New York: Oxford University Press.

Maier, Barbara & Warren A. Shibles. 2010. *The Philosophy and Practice of Medicine and Bioethics: A Naturalistic-Humanistic Approach*. Dordrecht: Springer.

Mukherjee, Siddhartha. 2010. *The Emperor of All Maladies: A Biography of Cancer*. New York: Scribner.

Sontag, Susan. 1978. *Illness as Metaphor and AIDS and Its Metaphors*. London, UK: Penguin.

Stacey, Jackie. 1997. *Teratologies: A Cultural Study of Cancer*. Abingdon, UK: Routledge.

Sulik, Gayle A. 2012. *Pink Ribbon Blues: How Breast Cancer Culture Undermines Women's Health*. Oxford: Oxford University Press.

Yalom, Marilyn. 1997. *A History of the Breast*. New York: Alfred A. Knopf.

Yan, Yuk Yee. 2009. 'Breast Cancer: Knowledge and Perceptions of Chinese Women in Hong Kong,' *Global Journal of Health Science*, 1(2): 97-105.

回顧殖民

孔雀開屏：「兵頭花園」的動物政治任命

陳嘉銘

摘要

　　1864年落成，但尚未命名的「香港動植物公園」，本為英殖官員與軍人使用；及至1960年開始，官方打算對公眾開放園區，除擴建空間，更引入動物，普羅大眾自此可以內進。本研究會以昔日剪報資料及歷史文獻，探索「香港動植物公園」的發展，如何以動物介入普羅想像，製造微妙的身分認同關係。這是香港文化研究對殖民身分討論，在媒介分析或政治論述之外，進一步探索對香港人教化的殖民工程；動物於此，不再是純作自然生態說法的成員，更為政治任命作客。

關鍵詞

香港身分、殖民管治、非政治化工程、動物中介

引言

　　香港文化研究不少關於香港身分與本土意識的論述，很多時都離不開媒介分析（比如電視劇集與流行音樂）[1]、政治論述（比如行政吸納與香港節慶）[2]等等，以致學界對所謂「殖民工程」的研究，長期傾向着眼於「非政治化」的普及文化與公共行政課題，為香港身分討論確認了重要的切入點。

　　然而，正如針對普及文化「非政治化」工程的主旨，重點都不在硬性的身分宣傳，而是讓民間先以生活感覺甚至公眾臉譜為想像，去認同香港社會價值。[3]是故筆者相信任何牽涉民生的考量，於當年港殖政府的運作，都直接或間接造就民間的本土意識與身分想像。本文正是以此為構想，欲把學界一向側重的媒介與行政研究，轉移到民間的餘暇設施──「兵頭花園」──為研究重點，亦即在1975年才正名的「香港動植物公園」；以這個公園為題，因為它是香港首個動物園和植物園，在1960年代中後期更進一步開放予民間使用，而配合引入動物，亦引起大眾興趣，間接使動物如同成了香港身分認同的「養分」。

　　本文礙於篇幅與資源所限，僅能拋磚引玉，單以搜集當年對香港動植物公園的報章報道為方法，解讀它如何被展示、演

1　例子可見馬傑偉對七十年代電視劇《網中人》的研究，收於《電視與文化認同》（馬傑偉，1996）；而吳俊雄亦有就「本土意識」的說法，羅列出民間與媒介在七、八十年代隨香港社會發展的互動關係，見於「尋找香港本土意識」，收於《明報月刊》三月號（吳俊雄，1997）。

2　例子可見，金耀基在七十年代所討論，港英政府的華人行政吸納（King，1975）。

3　相關討論也可參照馬傑偉與吳俊雄的分析。

繹和理解，以揭露動植物作為奇觀性的物事，如何塑造民間對它作為「香港公園」的想像，增強本土身分認同。尤其動物於此——比如滿有異國物種色彩的「孔雀開屏」，原來不再是純作自然生態成員，更為政治任命作客。若以歷史對照今日，可見動物「任命」，無遠弗屆，原來從不缺席。

歷史源起——以動植物打造殖民工程

動物園作為西方殖民甚至帝國象徵，早已屬於不少涉及動物保護與生態論述的常見說法。比如歐洲始於 1784 年的「法國巴黎動植物公園」，以至美國始自 1860 年的「紐約中央公園」，它們都扮演了城市與野外的「中介者」，兼而屬於「含混中介者」。意思就是把從非洲、美洲以至亞洲的動物，由殖民過程搬移到動物園內，作為奇觀展示，並以教育之名，將本來自由野放的動物，收於籠牢內作圈養控制（DeMello, 2012; Franklin, 1999）。動物園作為權力的展示，比如能讓歐美世界想像成有能力把「異國」野放的「龐然巨物」，活捉並收歸於其國家城市內的動物園中，再作科學與生物學的分類，配合園方的空間設計與佈局，就是以類近博物館式的展示方式，把「異國」的生命放在「宗主國」之內作為權力的展演（Baratay & Hardouin-Fugier, 2004）。

今日香港人熟知的出遊去處「香港動植物公園」，其來有自，亦是殖民歷史的淵源所在，更扣連起英殖香港的發展。公園的構思來自 1848 年港英殖民政府，及至 1860 年動工，1864 年完成，卻被民間名為「兵頭花園」。因為對當時大眾而言，那是英國官兵的「領導」——即其時的港督或要員，才得以享用

的地方，而「兵頭」就是「士兵頭目」的意思。[4] 是故，香港動植物公園當時多為英殖官員與軍人的「專用後花園」，雖有對公眾開放，但香港本地人礙於地理位置與階級考慮，多為遠觀，卻更多只作茶餘飯後鬼故話題。[5] 百年過去，1960年開始，官方打算開放園區讓公眾使用，並作擴建空間設計，以及引入動物計劃，至1975年正式把它易名為「香港動植物公園」，作為上世紀七、八十年代，建構穩定管治與香港身分的另一港英政府偉績。普羅大眾自此可以內進幾曾被（官方）權力化的、（平民）靈異化的「公共空間」。

　　在此要強調的是，雖然沒有歷史文獻明言香港動植物公園是為1960年代以來、尤其官方所定性的「六七暴動」之後，其中一項「穩定民心」的設施，可是對應同期的公共政策來説，不難發現當時的多種規劃都有意於製造「安居樂業」説法，比如興建公屋、九年免費教育、「香港節」，以及「青年節」等等，這些來自1970年代的安排，經常都在打造「香港是我家」的想像（Leung, 1996）。因此，香港動植物公園終向公眾開放，在時間上也可巧合地扮演着帶動市民「心繫香港」，同時製造香港人「有屬於自己的動植物公園」的認同感。尤其是引入動物的規劃，更扮演了重要角色，形同官民之間的「中介」，既發放異國風情的（我／他）想像，同時積累本土集體記憶的（政治）使命。香港動植物公園因此就似是以動物介入普羅認知，製造微妙的共融關係。

4　參考自《維基百科》的説法，詳見https://en.wikipedia.org/wiki/Hong_Kong_Zoological_and_Botanical_Gardens。

5　民間有傳公園鬧鬼，也可能反映市民對公園只能「遠觀而不可褻玩」的心理投射，而另以城市傳聞想像它的特權享用角色。

報載分析——由「竹樹開花」到「孔雀開屏」的所在地

　　是次研究的剪報資料來源，是從康文署的香港公共圖書館網頁，「數碼館藏」內的「香港舊報紙」搜尋區，鍵入「兵頭花園」或「香港動植物公園」，翻看上世紀四十至七十年代的相關條目，據而進行的文本閱讀與分析。其中較多可見的，是《香港工商日報》、《華僑日報》、《大公報》，以及《工商晚報》的條目，因此下文也較多述評這些報刊報道。

　　最先可見有關「兵頭花園」的條目，是來自1946年4月27日《香港工商日報》題為「軍大會操　定明日舉行　菲士廷將軍檢閱」，內容是說香港童軍步操，並由其時陸軍少將菲士廷檢閱，同時指出政府將來會與不同組織合作，謀求兒童福祉。這篇剪報其實不以香港動植物公園為重心，因為它只是舉行了一次童軍活動的場地，然而又正因為是童軍活動，同時連帶陸軍檢閱的場地，反而突出了公園作為一個彰顯權力的空間，以扣連軍演的權威。這就正好對應了前文所言動物園與植物園本身就有政治權力的象徵，當中雖未有明言動物與植物等等的「中介角色」，但已足夠讓人知道權力所在。

引入「奇花」

　　雖說動物與植物扮演「中介」，然而並非所有植物與動物都能夠置身其中，所以不可或缺的分析課題就是「兵頭花園」如何選取、如何因應動植物的形態去製造想像，以增加對平民的感染力。就此，首先可以考究的是花的應用。在1950年代，《大公報》曾有特定欄目，宣傳當時仍然名為「兵頭花園」的「奇珍異花」，以下就是三個可舉的標題例子：

（一）「兵頭花園一片春光　杜鵑紅似火　茶花滿山坡　蒼松翠柏下　遊客樂如何」（1955年4月11日）；

（二）「兵頭花園奇景　竹樹突然開花　花似禾穗果如青橄欖」（1957年4月29日）；

（三）「兵頭花園奇觀　綠玉花兒首次怒放　花朵碧綠青翠狀如象牙　全港僅一株原產菲律賓」（1957年5月12日）。

這三篇報道都是以公園內的花開為主題，扼要記錄了花開狀況，從標題到內文都多次可見「奇景」與「奇觀」等用詞的反覆使用，可想而知那是有意以此作為招徠，惹人興趣。正如前文所述，不是任何植物物種都會得到「禮遇」，而是需要合乎奇觀性的想像，比如第二篇所強調的「竹樹突然開花」就是由此使然，把難於開花的物種帶到報道的前頭，甚至內文更說「竹樹結果」的「難能可貴」。同樣被說成是「罕見」的，除了竹樹開花結果之外，更有第三篇所列舉的綠玉花，都被想作「奇觀」，而成了被提出來的珍貴題材。

這種「奇景」與「奇觀」的言說，既以這類植物本身的罕有表現為主題，且是取其開花來代表繁茂之意，突出奇花如何成了「兵頭花園」的吸引人之處；而報道也扮演了餘暇式宣傳作用，讓平民享用公園觀賞「奇花」，同時感到優越。

開放設施

隨着全面開放勢在必行，有關修建園區設施的消息亦從不同的報載可見，比如1964年11月23日，《工商晚報》有題為「緩和中區交通擠迫　阿彬彌道與鐵崗間　新馬路明日通車　兵頭花園間行人隧道已落成」的報道，主要描述中區半山的道路建設已然落成疏導交通，其餘細節就是關於附近來往「兵頭

花園」的行人隧道亦已落成，方便市民前往，以暗示在前文提及花園地理上不方便大眾前往的位置，隨行人通道的完成而有更開放的象徵性。

到了 1971 年 7 月 2 日，《華僑日報》亦有題為「富有歷史的兵頭花園　大園門改建完成　昨日假期已重新開放」的報道，交代耗時三年的工程，以擴建連接其時港督府與「兵頭花園」的馬路已大致完成，也將正門縮入，以讓遊人使用。雖說報道仍見花園連帶其時港督府的權威性，但內文尾聲就說明遊人可以從新建成的大門進入公園，以見它已是普羅大眾可到達的公共空間。

由於「兵頭花園」需要變為公共空間，既涉及大眾使用，也換來公共關心，以致設施的完善過程亦有報載，比如 1971 年 3 月 11 日，《華僑日報》就有一篇題為「兵頭花園試燈」的報道，交代園區在「不少熱心人士籲請」之下，從善如流，裝置燈光，亦是「百年來第一次裝燈」以作夜間開放。可見園區是為開放予公眾作更理想的安排，也成為官民同樂的象徵。另外，1969 年 9 月 25 日，《香港工商日報》曾以題為「兵頭花園明晚舉行　中秋提燈遊藝晚會　招待二千市民憑券入場參觀」的報道，說明是次由不同機構聯合舉辦的晚會，以免費招待市民是「本港有史以來之創舉」。其後，1978 年 9 月 15 日，《華僑日報》繼有題為「方便市民賞月　兵頭花園海洋公園　中秋之夜延長開放」的新聞報道。按此兩則報道可見，市民要進入園區已不受門券限制。[6]

6　香港海洋公園在 1977 年正式落成與開放，雖說是私營運作，也在該報道內跟「兵頭花園」並列，被呈現成同樣扮演市民同樂的公共空間角色，詳見下文。

送來「珍禽」

　　要解讀「兵頭花園」引入花卉和設施配套，是為了明白園區開放予公眾參觀的進程，同時推展到後來的關鍵，正是1960年代末到1970年代初引入動物的安排，預示了園區的「正名」原因，也是本文提出動物作為關鍵「中介角色」，以製造香港動植物公園予市民的身分認同關係。

　　先舉1968年3月7日，《香港工商日報》題為「兵頭花園中奇禽異鳥　引起市民廣大興趣」的報道為例，說明園區擴建了鳥籠，引入了更多雀鳥，作為「活的教育」，正如前文所言，動物園源起就有所謂以「教育」之名引入動物的說法。不過更重要的，是報道強調了遊人「特別把興趣集中到那熟悉的珍禽身上，尤其那兩頭孔雀」，然後報道詳列了孔雀的特徵、神態，甚至連帶傳統想像：

> 「這兩頭孔雀，都拖著五彩繽紛的尾巴，走路時伸高那藍鮮色的頷（脖）子，昂首闊步，神氣十足，令人驚嘆不絕。不少持有照相機的遊客都見獵心喜，一心一意等待『孔雀開屏』的美景，因為在中國傳統上，孔雀開屏代表了榮華富貴，如果能夠在新年期間遇上，更是大大的好兆頭……。」

　　其中強調「孔雀開屏」以外，更強調了它代表「榮華富貴」與「好兆頭」，無不惹人聯想到，在1967年社會動盪過後，傳媒有意配合園區的設施與開放安排，進行了「非政治化」的（政治）演繹，同時誘導市民想像未來將會更好，藉以安撫民心。是故，孔雀開屏本為生物學上解釋的雄性孔雀求偶與發怒行為，更甚者是牠們遇敵時的威嚇展示；但這些生物學的理解在

文中都沒有提及，卻以「活的教育」之說，服務了所謂「榮華富貴」與「好兆頭」等近乎安頓民心的目的。

另一篇涉及類近奇禽異鳥的報道，同樣來自《香港工商日報》，那是在1972年3月29日題為「青松觀送港府在兵頭花園供眾觀賞　珍禽千歲雌雄仙鶴」，內文直言「應港府的殷設需求」，新界青松觀把自1970年已在觀內飼養的一對鶴，送交香港動植物公園。內文有詳細解說鶴的外觀，重點是要說牠們「舉步輕盈，常喜跳躍，雌鶴體積較大……比雄性較為美麗，且步伐悠然淡定，不像雄鶴的縈縈跳……」，都是從體形以至舉止上的描寫有意吸引讀者，從而滿足其時未必有很多機會看到動物的普羅大眾，有意或無意地在常識層面產生「奇禽異鳥」的想像。至於文中的餘下篇幅，除卻有部分篇幅談及鶴的飼養與產地外，更多是列出涉事者的名字，當中包括元朗鄉事委員與太平紳士等等的特權階級，也相信是為讓讀者對他們安排送鶴的「工作」感到欣慰，而肯定特權人士的「位高權重」。

其時還未正名的香港動植物公園，相信正是以此等「送贈」與「移交」，為園區擴建作出準備。1973年8月31日，《工商晚報》就以題為「兵頭花園擴建動物園」的報道，指出園區會加以擴建，把原來僅有展示猴子、鹿、豪豬與松鼠的空間，加添更多及更大的獸籠，以供放下猿類與黑熊，亦更會考慮引入多種可以繁殖的動物，以作「教育和保護野生動物的價值」。相關說法再一次與前述動物園的源起與以教育為美名的圈養模式脗合，不過更重要之處，是反映原有或僅有四類動物的園區，有意擴充作為放置多種動物的獸籠空間，以招徠遊人。

香港動植物公園至此作為「屬於香港的動物園」的官方計劃也昭然若揭，比如1975年2月5日，《華僑日報》以題為「超

過百年歷史　兵頭花園　更改名稱」報道公園的正名準備，所圈養動物已有37頭，鳥類也有千隻，更改名稱亦在文中指出是「反映動物越來越受到重視」。當然「重視」之說，相對動物保護以求動物本為的野生理念，必然是背道而馳，但作為製造「香港人的公園」而言，其「中介角色」卻是事半功倍。因為獸籠數量與面積增加，與別國的動物贈送與移交關係就更多；其中一個值得提出來的贈送項目，就是1976年7月6日，《大公報》以題為「香港動植物公園　與北京交換雀鳥　北京動物園已送來雄白枕鶴」的報道。報道指出中國與香港在1973年已達成協議，會互相贈送和轉移動物，首要的就是北京送來雄性白枕鶴，恰好與園區的雌性白枕鶴配成一對以供繁殖。除香港也回贈一批雀鳥到北京之外，北京更向倫敦送出兩對褐眼鴯雞和兩對灰斑角鴯，牠們在前往倫敦前，需要在香港檢疫30日。這是較鮮為人知環繞動物往來而有的中、英、港三方互動，當中亦涉及互贈動物的友好往來與示範。其時還未發生1980年代中英聯合聲明磋商時引起的爭論，無人想像到動物作為「非政治化」的友好象徵，竟然有這種奇妙的現實政治可能性。

香港海洋公園

　　無獨有偶，1977年開幕的香港海洋公園，雖說是獨立營運以自負盈虧，但作為1970年代初由政府帶動構思、計劃與興建的首個香港水族館，跟香港動植物公園的存在原委實有頗多共通之處。在作出全文總結之前，筆者也想將香港海洋公園對照香港動植物公園這個案例略作討論，從而進一步肯定動物如何在香港作為「中介角色」，製造港人身分認同。現先從以下四

則來自《大公報》的報道説起：

（一）「澳洲三頭海獅　落籍海洋公園」(1976年5月27日)；

（二）「海洋公園　購得鯨魚　兩週內由飛機運到」(1976年7月3日)；

（三）「海洋公園添寵物　袋鼠綿羊明抵港」(1976年7月14日)；

（四）「南美珍禽一批運港　金剛鸚鵡等將入住海洋公園」(1976年7月20日)。

正如上文提及，《大公報》曾為香港動植物公園開闢欄目報道植物「奇觀」一樣，這些有關香港海洋公園於1976年的準備與安排，同樣在《大公報》有特定欄目報道。單以標題已經可見，當中強調的比如海獅、鯨魚、袋鼠、綿羊與鸚鵡，甚至第三、四篇內文更分別提及海豚和鱷魚都同時送到香港，就可見香港在動植物公園之外，再加上海洋公園、更多地涉及海洋巨型生物的想像配合，儼然就是本文開首提及在石屎森林內的「含混中介者」，以動物作為帶動民心的「養分」，以認同香港社會與價值。

與此同時，原來在香港海洋公園的動物移送過程，也有前文提及香港動植物公園與中國的互動關係。比如1976年7月1日，《大公報》以題為「海洋公園負責人送到深圳　企鵝八頭昨運北京　北京動物園將回贈一對紅面鶴」的報道，就是細述香港海洋公園與北京動物園互贈動物。另外，1978年5月18日，《大公報》亦以題為「來自杭州動物園　雪松落籍海洋公園　海洋公園將回贈十二棵南洋杉」的報道，説及香港與國內互贈植物的關係。香港海洋公園於此就像香港動植物公園一樣，在報道裏寓「中港關係」於動物與植物的奇觀性當中，作為吸引市

民的噱頭。

　　當然更關鍵的，是作為「國寶」的熊貓也隨之送到香港海洋公園。1978年12月6日，《大公報》以題為「海洋公園自廣州借得供眾觀賞　熊貓抵港作客　五位專家護送下昨自穗安入新居　由九日起寶玲寶琍將與公園遊客會面三月」的報道，詳述兩頭熊貓如何由內地「借來」香港，即便「借來」都已成大事，因為那是「國寶」轉移的想像，更由內文另一小段題為「喜迎大明星」的報道，描述熊貓體形、舉止、習性以及轉移過程。可堪對照的，是香港在回歸之後，中國為香港海洋公園分別在1997年和2007年送來熊貓安安和佳佳，以及盈盈和樂樂，由賦予名字到送贈儀式都象徵中國以動物眷顧香港。

總結

　　本文旨在拋磚引玉，解讀香港動植物公園如何在1940至1970年代，逐步開放與公眾以及引入動植物，在報章呈現之下，或與香港身分及本土意識存在着相關性。當中固然沒有明確的條文可見以園區開放及動物奇觀，是為激發港人自身認同。不過，無可否認的是，自1960年代末所見的種種園區安排，都與其時港英政府的「非政治化」工程，以至後來不少社會研究談及的媒介與普及文化分析，同步演繹大眾如何經「屬於香港」的物事，建立一種穩定想像，讓人心繫香港。

　　動物和植物於此成了關鍵角色，也讓大眾在遊園與觀賞報章再三強調的「珍禽異獸」與「奇景奇觀」的同時，如同文首所談的動物園源起那般，或多或少認同殖民者能把他國野生動物帶到城市圈養的權威性。不過香港更特別的地方，是文末所言

兩個代表性的公園，原來在1980年代就着香港回歸的中英爭議出現之前，透過三地互贈動物的舉措，反而可見「和諧」的互動關係。雖然於此未可確定那是後來風起雲湧的前設，抑或動植物真像「中介者」能為即將面臨的主權政治衝突，向三地提供抽離的緩衝區，但客觀事實卻有如此效果。

　　動物保護的論述未必會認同動植物園與海洋公園的圈養處理，然而不能否定的，是動物除卻奇觀性的製造與論述之外，牠們都是「政治性的動物」，直接或間接地「參與」了1960、1970年代本土意識的動員，但卻被主流普及文化與公共行政分析所忽視。本文希望在這個範疇打開一扇窗，以見動物與社會，畢竟存在着這種共生關係而值得探索與深思。

參考書目

《大公報》。1955。「兵頭花園一片春光　杜鵑紅似火　茶花滿山坡　蒼松翠柏下　遊客樂如何」，4月11日，頁4。

《大公報》。1957。「兵頭花園奇景　竹樹突然開花　花似禾穗果如青橄欖」，4月29日，頁4。

《大公報》。1957。「兵頭花園奇觀　綠玉花兒首次怒放　花朵碧綠青翠狀如象牙　全港僅一株原產菲律賓」，5月12日，頁4。

《大公報》。1976。「澳洲三頭海獅　落籍海洋公園」，5月27日，頁5。

《大公報》。1976。「海洋公園負責人送到深圳　企鵝八頭昨運北京　北京動物園將回贈一對紅面鶴」，7月1日，頁4。

《大公報》。1976。「海洋公園　購得鯨魚　兩週內由飛機運到」，7月3日，頁5。

《大公報》。1976。「香港動植物公園　與北京交換雀鳥　北京動物園已送來雄白枕鶴」，7月6日，頁4。

《大公報》。1976。「海洋公園添寵物　袋鼠綿羊明抵港」，7月14日，頁5。

《大公報》。1976。「南美珍禽一批運港　金剛鸚鵡等將入住海洋公園」，7月20日，頁5。

《大公報》。1978。「來自杭州動物園　雪松落籍海洋公園　海洋公園將回贈十二棵南洋杉」，5月18日，頁4。

《大公報》。1978。「海洋公園自廣州借得供眾觀賞　熊貓抵港作客　五位專家護送下昨自穗安入新居　由九日起寶玲寶琍將與公園遊客會面三月」及「喜迎大明星」，12月6日，頁4。

《工商晚報》。1964。「緩和中區交通擠迫　阿彬彌道與鐵崗間　新馬路明日通車　兵頭花園間行人隧道已落成」，11月23日，頁3。

《工商晚報》。1973。「兵頭花園擴建動物園」，8月31日，頁1。

吳俊雄。1997。「尋找香港本土意識」。載《明報月刊》三月號，頁23-29。

《香港工商日報》。1946。「軍大會操　定明日舉行　菲士廷將軍檢閱」，4月27日，頁4。

《香港工商日報》。1968。「兵頭花園中奇禽異鳥　引起市民廣大興趣」，3月7日，頁12。

《香港工商日報》。1969。「兵頭花園明晚舉行　中秋提燈遊藝晚會　招特二千市民憑券入場參觀」，9月25日，頁5。

《香港工商日報》。1972。「青松觀送港府在兵頭公園供眾觀賞　珍禽千歲雌雄仙鶴」，3月29日，頁12。

馬傑偉。1996。《電視與文化認同》。香港：突破出版社。

《華僑日報》。1971。「兵頭花園試燈」，3月11日，頁11。

《華僑日報》。1971。「富有歷史的兵頭花園　大園門改建完成　昨日假期已重新開放」，7月2日，頁10。

《華僑日報》。1975。「超過百年歷史　兵頭花園　更改名稱」，2月5日，頁9。

《華僑日報》。1978。「方便市民賞月　兵頭花園海洋公園　中秋之夜延長開放」，9月15日，頁18。

Baratay, Eric and Elisabeth Hardouin-Fugier. 2004. *Zoo: A History of Zoological Gardens in the West.* London: Reaktion Books.

DeMello, Margo. 2012. *Animals and Society: An Introduction to Human-Animal Studies.* New York: Columbia University Press.

Franklin, Adrian. 1999. *Animals and Modern Cultures.* London: SAGE Publications.

King, Ambrose Y. K. 1975. "Administrative Absorption of Politics in Hong Kong: Emphasis on the Grass Roots Level." *Asian Survey*, 15 (May 1975): 422- 439.

Leung, Benjamin. 1996. *Perspectives on Hong Kong Society.* New York: Oxford University Press.

從港大到中大：
制度建構與香港華文高等教育的文化政治
（1908-1963）

梁卓恒

摘要

　　本文從制度形構的角度，分析港大成立過程時塑造的價值理念，如何與政府攜手在殖民地早期操作華文教育的文化政治。及後基於已建立的制度成果與價值堅持，驅使港大在二次大戰後與政府分道揚鑣，卻造就了中文大學的誕生。港大的英式大學傳統與其早期的帝國意識，間接地塑造了戰後華文教育的特徵與走向。本文試圖從港大的制度理念出發，探討中大成立的背景及其所身處的制度互動所產生的文化政治脈絡，從而說明制度理念與制度持分者對塑造或消弭文化霸權的關鍵作用，制度主義可為分析香港華文教育發展的理論框架。

關鍵詞

華文教育、港大、中大、制度理念、文化霸權

引言：從制度主義看文化霸權

　　殖民統治除了剝奪土地與經濟利益外，亦着重形塑人心，營造文明進步的形象。因此，教育是殖民者需要刻意經營的項目。大英帝國的殖民事業，向來着重傳播西方知識與價值，建立文化權威，而在海外領土建立大學乃帝國形塑文化權威的一貫做法（Darwin, 2012）。殖民者在海外領地建立高等院校，並不必然考慮屬民的福祉，反而更在意於鞏固帝國的統治及維護其經濟利益。

　　興辦大學涉及知識建構，然而在殖民地，知識卻不可能是中性的，殖民者往往透過知識來建立統治論述（discourse）。薩伊德（Edward Said）（1978）所言的東方主義（orientalism），正是西方對東方的知識與文化的典型築構，設想東方為落後、未開發，而西方知識則嘗試充當東方的代言，傳遞意識形態及塑造文化優越性。然而，論述的傳播與再現，需要文化與權力機制（apparatus）的協助，制度的建構亦非常關鍵（Slemon, 1994）。與此同時，被壓迫者也不是完全被動，殖民者需要協調反抗力量，吸納其於殖民論述之中，並運用文化機制加以宣揚（Loomba, 2005）。殖民地的知識建構並沒有單一模式，不同的歷史事態造就差異的殖民經驗，構成不同的符號、脈絡與文化機制的互動，並形成不同的知識與論述過程（Young, 2004）。因此，研究殖民地的文化與教育制度的落實，將有助明白殖民管治與知識建構的關係，剖析文化政治（cultural politics）在教育場域的運作狀況（Johnson, 1996; Vaughan, 1993; Viswanathan, 1990），大學則是其中一個重要的制度場所，有助透視殖民管治的文化意識與知識建構。

在二十世紀，港英政府先後在殖民地上設立了香港大學和香港中文大學，從批判社會學（critical sociology）的角度來看，兩所大學的成立均須服務殖民地的管治目標。縱然長久以來，社會大眾對香港大學與中文大學普遍存在不同的認知：港大是學術首府，屬於典型的殖民地大學，其核心使命是為帝國利益服務；中文大學則為後起之秀，旨在回應社會對華文高等教育的需求而創立，坊間更往往強調中大的人文傳統及批判立場。可是，在知識的生產和傳授上，兩所大學的運作及功能均須符合港英政府的管治利益，大學之間的差異最後都要趨同至殖民地穩定管治的需求上。港大的定位固然符合政府利益，中大由成員書院共組創立後，亦屬於建制一部分，對維持社會穩定具積極作用。

就此，黃庭康（2008）指出，中大的創立固然有其社會需求，但亦不乏政治考量。鑑於當時中文高等教育的匱乏，國民黨與共產黨皆欲借興辦華文學校和吸納香港學生到台灣與大陸升學作為兩黨爭鬥的延伸。殖民地當局亦擔心華文教育問題演化成社會不穩定因素，因而決定成立中大。政府透過對中文專上學院與師範體系進行文化吸納，收編華文教育於制度之內，從而形成一種文化霸權（cultural hegemony），讓華文教育體系併入建制的支配（dominance）。因此，華文學校成為了塑造國家權力（state power）的一環，屬於其霸權能夠形成所需的媒介。在此背景之下，中文大學的成立造就了服務殖民地管治的客觀效果。

這種分析套路，無疑說明了殖民地政府籌劃中大時的政治考慮，也得以將中大的創立放置在華文教育的文化政治脈絡中，解釋中大在政府收編華文教育和回應境外干預時擔當的角

色。然而批判社會學的進路，主要從統治者的統戰策略及宏觀的文化霸權構成作分析，揭示國家權力的形構及影響，這種視角往往忽視了各持分者的制度利益（institutional interest），也未能有效說明這些利益考慮所促成的各方互動，如何最終合力建立殖民地的高等教育管治系統。其實，在帝國的文化霸權的大戰略下，各持分者為了維護自身的制度利益，仍有可能或明或暗地與殖民者進行角力。

　　從制度主義（institutionalism）的觀點來看，權力的運作需要制度建構，統治者在過程中會授予其他持分者權力，從而建立管治聯盟，這對殖民管治來說尤其重要。這些持分者發展成為權力系統內的各種制度形式（institutional form），各自有其制度的能動性（institutional agency），並關注自身的制度利益。在這些制度形式確立後，他們所考慮的制度利益卻未必經常與統治者的籌謀一致。歷史制度主義（historical institutionalism）強調制度創立後具有內在的延續性。而制度的建立則由政策選擇（policy choice）催生出來，是故政策的設定對制度的發展可以產生巨大的影響力，造成長久的路徑依賴（path dependence）（Peters, 2012）。換句話說，探索制訂政策的理念，是說明制度結構及其發展路徑的重要因素，這些制度理念（institutional ideas）會於制度形塑早期逐漸成形，並深刻地影響着制度的演化（evolution）（Hall, 1989; Peters, 2012）。

　　縱然殖民地的有效管治依然是各方的共謀基礎，目標上具有高度的凌駕性，但統治系統的建立與文化霸權的操作，卻往往由各制度形式之間的競逐與妥協而達成。華文教育的文化政治，並非全由自上而下的意識形態所支配，或單由殖民主義一手撰寫劇本，繼而由各共謀者依計行事。殖民地當局固然有其

政治與文化企圖，但各制度形式（包括殖民地政府、港大、中大成員書院等），在很大程度上都是考慮自身的制度利益來決定行動，並反過來共同促成華文高等教育的收編效能。

「中文」因素一直是殖民地教育中的考慮要項，但受地緣政治局勢的影響，於不同的歷史段落中時隱時現，各制度持分者對「中文教育」及「與中文／東亞相關」知識的呈現和制度位置皆有不同的理解與回應策略。因此，若將各持分者的行動皆詮釋為積極配合殖民地的高等教育的文化霸權政策，或將中文大學統攝在華文教育的收編形式來了解其發展歷程，則不見得是完全恰當。

關於中文大學作為文化霸權的殖民制約這論述，我們有必要從各持分者的角度檢視，重構華文教育的文化政治如何透過各制度形式的競爭和妥協中開展。香港大學作為殖民地早期的唯一大學，一直成功確立深植於高等教育體系的英語文化霸權，因而殖民時代早期的高等教育發展實乃解說華文大學構成的重要前奏曲。從制度形構與互動的角度來說，香港中文大學的創立，離不開香港大學這個競爭對手，談華文教育及中國相關知識的教授與傳播，甚或華文教育的文化政治操作，亦必須從香港大學這一個持分者說起。本文將從制度形構（institutional formation）的角度，分析港大成立過程時塑造的價值理念，如何與政府攜手在殖民地早期操作華文教育的文化政治。而基於港大已建立的制度成果與價值堅持，又如何驅使港大在二次大戰後與政府分道揚鑣，造就了中文大學的誕生。港大的英式大學傳統與其早期的帝國意識，對殖民地的高等教育發展帶來深遠影響，亦間接地塑造了華文教育的特徵與走向。本文試圖從港大的制度視角出發，探討中大成立的背景及

其所身處的制度互動所產生的文化政治脈絡，從而說明制度理念及其持分者對塑造或消弭文化霸權的影響力，並很大程度上主導了殖民地華文教育的相關發展。

港大的制度形構與帝國在遠東的文化企圖

大英帝國海外屬地的高等教育政策，必然要配合帝國的利益。然而帝國在遠東的利益，卻需要由代理人執行，不同派系對於帝國利益的詮釋與執行方略皆有不同的理解，容易衍生制度內的爭逐。香港大學的成立，固然是服務殖民地需求及帝國的遠東利益。但在第十四任港督盧吉（Sir Frederick Lugard）成立港大之時，英國本土精英卻曾醞釀於中國大陸成立另一間大學，企圖與德國、美國及日本等列強競逐文化影響力，港大自身在草創之時，已受到制度內的其他持分者挑戰。1909 年初，在香港大學籌備委員會正式落實建校計劃之際，盧吉發現一群牛津、劍橋與倫敦大學的學者同時組成了委員會，建議於中國內陸的漢口市建立一所英式大學（Cunich, 2012: 103-104）。這項名為「中國的大學」計劃（University for China project），由薛施勳爵（Lord William Cecil）領導，[1] 主張英國政府動用部分庚子賠款（350,000 英鎊），建立一所基督教大學，傳授西方知識及道德精神（T1/11650/14764）。縱然最後這所英式中國基

1　威廉・薛施（William Cecil）是具影響力的人物，於 1916 年起任艾希特郡主教（Bishop of Exeter）。父親梳士貝利（Lord Salisbury）是維多利亞女皇時期的英國首相，兄長曉治（Hugh Cecil）是國會議員，活躍於政壇，曾組代表團替威廉游說英國政府支持「中國大學計劃」撥款（T1/11650/14764）。

督教大學未能辦成，英國政府也沒有實質資金援助港大建設，但在港大成立初期，兩方集團的競爭仍然激烈，在競逐的過程中，港大則衍生出自己的價值與理念。

1913 年 8 月，在港大已經運作了一年之際，漢口計劃正處於最後游說階段，支持計劃的英國國會議員組成代表團，與時任財務大臣勞萊·喬治（David Lloyd George）說項，[2] 宣稱在漢口建立英式大學，能讓英國有效參與處於變革期中國的教育與文化事務，並抗衡美國及德國在中國北部建立的文化與政治影響力。代表團成員更認為港大位於中國的南端，未能吸引北方學子就讀，不利實踐帝國的文化收編政策，希望勞萊·喬治能支持撥款。與此同時，港大則委派工程學院教授史密夫（C. A. Middleton Smith），攜同大學首年報告書拜訪財政部高層官員，當面解說港大如何成功辦學，強調港大能夠吸引全中國的優秀學生報讀，增強英國對華的文化影響力。史氏繼而指出，相比於政治局勢不穩的中國大陸，在英國的屬地香港辦大學則進退得宜，更能促進帝國的遠東利益（T1/11650/14764）。顯然，勞萊·喬治與財務部皆傾向港大一方，再加上薛施未能從商界籌得資助，卻只用心於謀劃庚子賠款，帝國政府因此並不同意漢口方案。中國政權轉移帶來不確定性亦令帝國政府卻步，在歐洲大戰來臨的前夕，漢口計劃最終胎死腹中，港大成為帝國在東亞的唯一大學。

在中國大陸建立另一所英式大學的計劃告吹後，港大幾近

2　勞萊·喬治其後於一次大戰時任英國首相，因中國於1917年參戰成為英國盟友，勞萊·喬治遂同意中方暫停繳付庚子賠款五年，直至戰後商討賠款用途再作決定，故衍生1920年代港大再次爭逐賠款的事件（Cunich, 2012）。

壟斷了帝國在遠東的高等教育文化影響力。在制度利益競逐過程中，港大的教育目標和文化願景得以逐漸清楚呈現。值得注意的是，在這時期，無論是盧吉推動的香港大學或薛施提出的中國大學計劃，皆旨在傳播西方知識，承擔教育中國青年的使命及促進中國現代化。教育是首要事務，再藉此擴展英國的軟實力。

　　然而，在落實英式大學教育時，雙方卻有不同的立場。薛施提倡的是基督教大學，借傳播西學來弘揚基督宗教。盧吉主張的是世俗化大學，宗教傳播並非辦大學的主因。另外，兩人對中文的定位亦有不同意見。薛施的計劃是從英國派遣一些教授前往中國，再從當地招聘中國教師，大學則主要以中文授課。可是盧吉從一開始籌辦香港大學時，其辦學方針已認定英文為教學語言，也是唯一可取的溝通媒介。就此觀點，他甚至具有帝國主義的知識論立場：

> 「我們一方面希望確保英語在遠東既有的高尚位階，另一方面……我們亦相信，若果中國有朝一日能夠適應一種外來語言作為實現新思想與表達形式的共通媒介，則這必然是英語。這種情況正如西方諸國當年的經驗一樣，拉丁文就是屬於智者與科學文獻的語言。」（Lugard, 1910: 4; 引自 Cunich, 2012: 98-99）

　　制度理念的確立，並非是自發的，尤其在制度形構初期，它需要政策推手護航（Alexander, 2005; Kingdom, 2003）。盧吉正是奠基者，為港大注入英語傳統的制度理念，這種英語傳統的優越性，多少也與帝國主義互為表裏。他認為辦大學的目的是傳播西學，讓中國青年的知識與價值得以轉化，有利促進華

人與英人的相互了解，但這個西方知識學習歷程，必須是透過
掌握英語而得來。這無疑是一種語言學的帝國主義觀點。他
更預期來自中國各省份的學生，在港大均會以英語作為溝通媒
介，以打破彼此在方言上的阻隔。基於對英語的尊崇，盧吉亦
否決了商人何啟提出籌辦大學中文先修班的提議，抹殺了不諳
英語的華人子弟入讀大學的機會，這與造福華人學子的初衷背
道而馳（Cunich, 2012: 98-99）。港大在制度的競逐中脫穎而出，
奠定了殖民地大學數十年以來辦學策略，但薛施對於港大的辦
學理念，仍然提出了有力的質問：

> 「香港大學的建立將會非常有利殖民地發展，該城市的
> 商人與市民展示出慷慨大方的貢獻。可是就謀求在當地
> 引進我們高尚文化這目標而言，若果大學不是設立在中
> 國之內，不是在中國國旗之下，亦不使用當地人最慣常
> 的語言，將會使我們的計劃陷於極大的劣勢。」（Cecil,
> 1910; 引用自 Mellor, 1980: 29-30）

　　港大尊崇英語，直接令到華文教育在制度內的發展變得艱
難。盧吉卻無疑是將英語看成權力語言，暗示中文無法充分認
知西學。然而摒棄中文卻沒有令港大的吸引力下降，因為中國
民眾對新式教育有熱切需求，中國沿海及華南廣東地區則對西
學持更開放態度。報讀港大的學生除了本地華人外，也有來自
中國大陸各省及東南亞地區的學生。及至1920年，已有35%
的考生來自廣東、上海、漢口、武昌、新加坡、檳城等海外試
場。文學院有四成學生並非來自本地中學系統，當中還未計
算早於本地中學就讀的大陸學生（Cunich, 2012: 185-188）。港
大的辦學理念得到華人社會普遍支持，除了麼地（Hormusjee

Mody）及殖民地的英國商人捐款外，本地華人社群與廣東及南
洋華僑商人也承擔了大額的港大籌建資金，中國政府官員在過
程中亦曾積極配合。

　　因地緣政治形勢及與競爭對手角逐的關係，港大在創立
時期，初始的政策選擇着重於英式大學傳統及英語文化權威，
不免具有帝國主義意識。由於制度創立後有其延續性，並成為
大學的制度理念，造成長久的路徑依賴，因而影響着制度的演
變（Hall, 1989）。港大對英語教育的堅持，並視之為自己的優
越性傳統，以及它與殖民地管治之間的緊密關係，正是其制度
形構時期的理念產物。港大成立初期，積極與潛在的競爭對手
對弈，務求鞏固其制度利益，為此港大有意將自身定位放在帝
國利益立場考慮。在革命後的中國傳播西方知識及塑造英國形
象，讓英國能夠有機會影響共和國的走向。[3]

　　有趣的是，港大計劃縱然懷有帝國主義抱負，但英國政府
與殖民地辦公室卻始終不願花大量金錢投資在遠東的細小殖民
地上。早在港大籌辦之時，盧吉亦意識到帝國在亞洲（如印度
和馬來亞）的其他高等院校，對港大的建立並不熱衷，亦不予
配合。在整個大英帝國體系中，駐廣東大使霍斯（Harry Fox）
和駐北京大臣佐敦（Sir John Jordan）算是具忠誠度的支持者。
前者曾替盧吉分析列強在中國內地的辦學狀況，探索港大的競
爭之道，並積極配合港大在廣東的籌款計劃和招生事宜；後者
則協助盧吉從清朝政府獲得資金援助，繼後亦幫助首任校長

3　　其實早於港大成立之前，香港一直扮演着為中國訓練通曉現代商業、
　　政治交往的雙語人才，亦曾訓練中國的官員。二十世紀初期在中國沿
　　海城市任職的官員，有部分是中央書院（期後的皇仁書院）的畢業生
　　（陸鴻基，2003；Cunich, 2012）。

儀禮（Sir Charles Eliot）說服北京政府發放大額獎學金予港大（Cunich, 2012; Mellor, 1980）。

港大在制度形塑過程中，其主要盟友並非遠在倫敦的英國政府，而是透過殖民地的統治階層、本地與大陸華人社會精英、海外華僑及中國各地方政府官員，共同成就協調而來。盧吉那套深具帝國權威與文化企圖的想法，在建校過程時需要與在地的利益磨合，並慢慢調整為以殖民地及港大利益作重心，從而得到管治階層的配合及華人社群的支持。例如何啟曾努力說服華人士紳，港大的設立並非另有所謀，希望他們能捐款資助（Cunich, 2012）。由於制度形構時有不同的持分者介入，故在成立初期，港大能於在地的殖民地利益與帝國在遠東宏大的文化企圖之間作出良性的平衡，縱然兩者往往在終極的目標上並不相悖。

如羅永生（2015）所言，港大的成立建基一種勾結共謀的殖民權力（collaborative colonial power）結構（139-143），這迫使殖民地當局將港大的關注點多放在本地利益及華人社群認同的價值上。縱然帝國在北京、廣東和香港的代表欲支援港大在中國的潛在文化政治拓展，然而實質的帝國主義企圖在大學創立初期卻未能有效實現。舉例來說，用英語傳播西方知識以教化中國青年，固然充滿典型的帝國主義知識論色彩，但港大重視英語傳播及其知識生產的角色，亦客觀上符合殖民管治的需求，能進一步深化勾結共謀的殖民地權力結構。港大初創期的帝國主義意識較傾向形式性設置，其英語教化效能，亦不見得有助帝國與德、日等列強在中國大陸的文化政治競逐中扭轉劣勢。

誠然，殖民地的存在本身就是帝國主義的產物，然而帝

國主義的企圖與利益總是多層次的，整個系統中也容納了不同的制度形式，各自認可的制度理念與政策優次亦有所不同（Darwin, 2012; Oto-Peralías & Romero-Ávila, 2017）。不過，在總體上，港大在創立時期，縱然在制度理念上較傾向帝國主義崇尚的文化權威，但卻會重點考慮自身的制度利益及殖民地的在地管治需要，並較受香港周邊的地緣政治影響，校方的規劃並非處處為帝國的鴻圖大計着想。故此有論者認為港大較傾向是一所殖民地大學（colonial university），而不是典型的帝國大學（imperial university）（Cunich, 2012; Lin, 2002）。以英語文化傳統作為大學的制度理念，在港大的初創時期卻能分別契合殖民地需要及帝國的文化企圖，為大學的制度發展奠定基礎，並高度地約束了繼後港大持分者的決定。華文教育／知識若要在大學系統內佔一席位，必然需要得到既有的制度理念及其持分者的認可，或奮起創立新的制度形式與之抗衡。

中國元素、東方知識與港大的中文教育

港大在制度形構的過程中，衍生的制度理念包括傳承英式教育、配合殖民地管治，以及服務帝國遠東的廣泛利益。三者對港大的重要性來說，固然有輕重之分。這些價值在一般情況並不相互排斥，甚至理應是一脈相承的。然而在地緣政治的帶動下，在介入特定的文化政治議題時，它們可能在實踐上構成張力。長久以來，殖民地當局對華文教育的處理，亦放置於英語傳統、殖民地治理與帝國在遠東的謀略之中思考。不過在二次大戰前，港大及其持分者還未感受到制度理念的內在張力，港大與政府在華文教育議題上的利益與價值追求仍然一致，因

而有利攜手操作中國元素於大學體制之內，以謀求共同的回報。

　　港大雖然以英語授課，但在籌辦階段時，盧吉已考慮容許適量地用中文教授一些與中國語文及文學相關的科目。港大成立時，設有醫學院、工程學院及文學院。從成立開始，文學院已設有漢文課程，由賴際熙和區大典主持，兩人皆為前清朝翰林院太史，教授古典中國文化，乃大學唯一以中文講授的學科（楊永安，2017）。初創時期的港大，文學院除了歷史、英語，也包含數學、物理和化學等學科，亦設有商業、經濟與法律課程，並會頒發文學士予科學主修（Cunich, 2012）。至1917年，文學院開辦教師培訓課程，吸引大批來自中國及馬來亞的學生報讀（Sweeting, 1998）。這個時期的漢文課程，並不屬於主修項目，所有文學院的學生皆可選修，分別涵蓋「歷史」和「文學」兩單元，教授《二十四史》、《資治通鑑》、《四書》、《五經》等傳統重要經史典籍（Tanigaki, 2018）。

　　直至1925年，省港大罷工及沙基慘案導致英國的聲譽受損，反英情緒蔓延，令香港社會出現動盪，影響到港府的管治效能。當時的第十七任港督金文泰（Cecil Clementi）有意借助改革港大的漢文課程來舒緩香港民情，並回應本地華人士紳對港大長期投放文科教育資源不足的不滿（Luk, 1991）。在校長康寧（William Hornell）與賴際熙前往南洋籌得經費後，文學院於1927年創立中文學院，並在再籌得本地華商捐款後，建成鄧志昂樓和馮平山圖書館，作為學院主要的教育與研究場所（楊永安，2017；Cunich, 2012）。中文學院創立後，課程內容在1930年稍作調整，除「經學」與「歷史」外，增設「文詞」、「翻譯」及「哲學」單元。然而校方卻對學院的課程質素有保

留，直至 1932 年前，中文課程畢業生只獲發證書，不予頒授學位（方駿、熊賢君，2008）。

其實，港大高層並不信任賴際熙和區大典有能力發展中文學院，原欲聘請一名外籍中文講座教授（Professor）為領導，後因撥款有限而作罷，故分別委任賴、區二人為中國歷史及中國文學教授（Reader）。當時，賴氏兼任學院主任，另聘一全職講師負責翻譯科目，並委派牧師韋斯（H. R. Wells）為學院顧問，以作監督（Cunich, 2012: 280）。這時期的港大對「中文」及其指涉的「東方知識」，存在一種兩難的張力。鑑於當時中國大陸正進行新文化運動，學者大力主張西學，推動白話文運動，港大從確立制度實力的角度考慮，擔心一些新辦的中國大學蛻變成有能力生產現代化東方知識的場所，若港大還在教授舊式中文，恐在新時代未能充當前沿知識的代表，削弱了大學在中國的競爭力。故此，校方要求學院將課程現代化。1930 年的課程調整正是回應這種壓力，致使「經學」與「哲學」同時出現在課程之內。[4]

另一方面，五四新文化運動主張「科學與民主」，並要求「消滅儒家思想和封建主義」，白話文運動甚至提出將漢語拉丁文化。這些文化激進主義提綱，牽動強烈的中華國族主義，殖民地政府需要刻意防範。因此，金文泰主張捍衛「中華傳統主義」（羅永生，2015：139-143）。港大沿用古典中文作為漢文課程主要內容，可與殖民地的整體保守中文教育綱領相符，政

4　這時期的中國「哲學」由兼任講師任教，開始以「孔孟哲學」、「周末至魏晉諸子」等主題教授，科目設計初見現代中國哲學探究的輪廓（中文學院簡史）。

府理應樂觀其成。值得留意的是，「中國」元素牽動的地緣政治局勢變動，一直是左右港大決策的其中一個重要原因，當中衍生的制度利益有可能與政府的一致，也有可能不一致，雙方就華文教育議題所造成的矛盾與張力，在二次大戰後政府籌建中文大學時則最為顯著。

除了在殖民地實行中華保守主義外，中文學院的創立亦與港大競逐帝國的資源有關。早在籌辦港大之時，盧吉已打算跟漢口計劃角逐庚子賠款。港大教授史密夫曾於1913年暑假遊走英國各地爭取支持，不過英國政府最終選擇用庚子賠款償還英國國債，對盧吉和薛施的大學計劃皆不給予財務上的支援（方駿、熊賢君，2008；Mellor, 1992: 37-38）。其後，由於中國參與一次大戰，英國於1922年承諾以後庚子賠款必須用於有助「中國與英國的平等利益」的事情上，並在1925及1931年通過〈中國賠款條例〉，教育事宜因此順利地成為最可行的項目，讓各方再次掀起爭奪（Cunich, 2012: 249-250; Mellor, 1980: 66-68）。

港大創立初年，財政資源短絀。1920年代初期，更陷於財政危機，校方曾向英國政府提出從庚子賠款撥款三百萬港元的申請，計劃雖然得到殖民地大臣及駐北京大臣支持，但英國外交部卻傾向支援由英美教會在濟南興辦的齊魯大學，港大隨即陷入帝國高層的內部政治角力中。英國政府遂決定成立威靈頓代表團（Willingdon deputation）於1926年出訪中國，以研究賠款的合適用途。與此同時，盧吉建議港大應以增強「中文與中國元素」，來取悅中國民眾及中國政府，以此對外交部施壓（CO129/511/14）。金文泰與校長康寧皆同意此觀點，並提出建立中文學院和發展中國研究作為港大爭取庚子賠款的策略（Cunich, 2012: 249-250; Mellor, 1992: 177-178）。港大為了爭取

資源，主動展示其帝國遠東代表的身分，並願意有限度地將華文教育與東方知識收編於制度內。

至此華文教育與中國元素成為港大制度完善化的鑰匙，亦讓港大的文化霸權得以鞏固。金文泰隨即去信威靈頓，以增辦中文學院的名義申請庚子賠款。威靈頓其後到訪港大，並留下良好印象。港府遂向英國政府重申香港對帝國在中國建立文化影響力的有利位置，強調在中國內部軍事衝突頻繁之際，港大乃全中國最安全的地方，有利實踐帝國的文化企圖，校方更積極游說上海的英國商會支持港大。及至1928年，中國大陸政局越發不穩，英國政府明白不可能在中國成立信託管理基金分配庚子賠款，在多方壓力下外交部最終同意撥款，南京的中國政府亦支持港大動用賠款，最後港大獲批265,000英鎊，成功解決創校以來的財務問題（CO129/524/2; Cunich, 2012: 251-253; Mellor, 1980: 74-92）。港大在制度上崇尚英語，然而在危急關頭，卻透過操作華文教育和中國元素，成功將危機瓦解。

然而，有鑑於學術傳統的差異，港大的漢文課程總是與校內其他西方現代知識顯得格格不入。校方一直不滿意中文學院的課程內容及質素，落後於中國大陸的其他大學，以經典作為重心的課程也不受學生歡迎。庚子撥款於1931年存入香港大學的倫敦戶口後，校方決定稍為調整中華保守主義，並對中文學院進行改革（Cunich, 2012: 322-325）。中文學院於1933年改組為中文系，賴際熙離任港大，「經學」正式排除在課程以外。到了1935年，港大經胡適推薦，聘得許地山擔任中文系系主任，中文系課程改為由「中國文學」、「中國史」、「中國哲學」及「翻譯」四範疇組成，略見現代大學的知識分類與結構，系方亦分別增聘馬鑑及陳君葆任教中國文學及翻譯科目（中文學

院簡史）。許地山要求一年級的學生必修中國史科目，同時認為港大無力與中國其他大學在中國文學與哲學方面競逐，故應主力發展中國華南史作課程賣點（Tanigaki, 2018: 105-106）。總體而言，中文系在二戰前穩妥發展，在文學、歷史及哲學類別開設科目達35科，四大範疇的分類亦一直沿用至戰後才稍作更改（中文學院簡史）。在港大制度形構過程中，校方嘗試操作中國元素，將中文教育收編，並改造為適應於現代英式大學的層構之中，整個改革過程皆在殖民地辦公室的嚴格監督下完成（Cunich, 2012）。

　　二次大戰後，港大的中文系迎來了豐盛期，在林仰山（Frederick Seguier Drake）的主理下，許多著名學者（包括不少南來學人）皆在中文系任教或擔任研究工作（楊永安，2017）。然而林氏並非第一位擔任中文系講座教授的西人，在他之前的一次任命亦值得研究，當中可見殖民政府對於中文教育及中國元素仍是異常敏感。自中文學院成立以來，講座教授職位一直懸空，歷屆系主任皆不獲委任。二次大戰結束後，馬鑑出任系主任重整學系，直至1950年退休（中文學院簡史）。港大委任了雪梨大學講座教授賴歐（J. K. Rideout）任中文系講座教授兼系主任。賴歐是位36歲的年輕學者，乃唐史專家，可是在1950年履新後一個月卻離奇暴斃，被發現死於大嶼山沿岸（CO129/625/8）。這位英籍教授的死，引發殖民地政府內部的一陣小恐慌。

　　由於1949年中國政權易主，大量難民從北方湧入，香港社會處於極度不穩定狀態。殖民地政府覺得賴歐的死有疑點，鑑於當時華人社群對港大任命西人為中文系講座教授存有反感，故擔心他是被本地華人殺害，政府更懼怕事件與

中共的特工有關，於是通報倫敦的殖民地部，並展開詳細調查，包括審問港大學生。驗屍報告其後證實賴歐是溺斃，但警方仍然未能排除他殺的可能性。英國殖民地部高度關注事件，擔心會造成香港政局不穩，亦令港大將來的招聘更加困難（CO129/625/8）。事件反映就着中文教育和東方知識相關的議題，香港政府與港大皆受制於地緣政治局勢的變化，尤其是中國因素，這點在冷戰時期將更為重要。

英式教育傳統與英語教育為港大重要的制度理念，然而大學的發展與其置身的地緣政治位置高度相關，每當政治形勢變動或涉及資源爭逐，在不影響英語/英式教育傳統的前提下，港大仍願意配合殖民當局對華文教育的收編政策。中文學院的設立，對港大來說是以自身制度駕馭東方知識，可容納一定程度的中文元素。在其政治能量運作完畢後，再將之改造成西方知識系統接受的面貌，亦合乎帝國建構東方知識的間接統治套路。誠然，這套路在效果上是文化霸權的建立與操演，然而其出現及推動卻是源於港大的制度利益與理念價值。在二次大戰前，英語傳統與西方知識範式、殖民地管治利益及帝國的遠東經營方略這三套制度性理念仍能匯流共存。東方知識與華文教育，在二次大戰前仍然處於一種未被完整收編，留有充足操縱與挪用的彈性空間，因此港大在崇尚英語的同時，可以接納華文教育及經營中文學院。

由抗拒到參與：港大對中大成立的態度轉變

香港在二次大戰後，由於中國大陸政權易主，再加上政治局勢影響，導致大量難民遷入。戰後香港人口剩70餘萬，

到1950年已達200萬，1961年更增至310多萬。人口驟增導致各種社會需求的壓力，高等教育的需求是其中一環（陸鴻基，2003）。然而，長久以來，香港大學作為唯一的高等學府，只集中招收英文中學的畢業生，中文學校的畢業生大多望門興嘆。隨着人口增多，戰後香港的中文中學亦急劇增加，學生人數在1952年已達二萬人（方駿、熊賢君，2008）。戰前中文中學的畢業生已經難考上港大，如若決定繼續升學，大多選擇返回中國大陸的大學。1949年中華人民共和國成立，對大部分南逃來港的學子來説，前往中國升學變得不可行。在此因緣際會之下，戰後香港的華文高等教育便由南遷的知識分子負責。崇基、新亞、聯合三所書院，也是其後成立中文大學的成員書院，均是戰後在港逐步發展起來。1960年代，香港邁向工業化，中小企業慢慢蓬勃起來，社會對人才有新的需求（吳倫霓霞，1993）。香港中文大學的創立，正源於戰後這種社會發展的趨勢，民間對華文高等教育有其需求。

其次，冷戰時期的地緣政治格局，亦有助促成中文大學的建立。前述三所成員書院的成立及發展，它們所接受的外國資金援助等，均離不開冷戰格局和地緣政治條件影響。另外，在英國殖民地部和香港殖民政府這些決策者的考慮當中，冷戰所催生的各種不穩定政治因素，亦是開辦中大的重要原因。戰後香港高等教育資源匱乏，中文中學畢業生在港苦無升學機會，中國大陸與台灣的敵對狀態，亦令香港的華文高等教育議題更趨複雜。國共兩黨在香港進行統戰及諜報活動，各自積極拉攏本地華人社群支持，並創立學校宣揚自身的政治理念。根據黃庭康（2008）的分析，兩黨的鬥爭，亦延續至高等教育。在1950年代初，港大拒絕政府的建議，堅決不招收中文中學的畢

業生，北京與台北則開始積極爭取學生，分別有數以百計的港生前往中國大陸和台灣升讀大學。殖民地當局擔憂，大批外流的青年學生返港後，有可能帶回激進的政治思想，危害香港的社會穩定（185-189）。

　　1949年後，中國共產黨執政，美蘇冷戰展開，改變了香港周邊的地緣政治面貌。戰後形勢亦令英國政府調整帝國策略，遠東的殖民地不再是重點的關注。從前中國是英國實踐帝國主義圖謀的對象，此刻的中國政權則成為了殖民地的潛在威脅。香港作為殖民地的帝國任務，從戰前在中國積極滲透英國影響力，轉變為固守既有力量，集中本地施政與管治，以便繼續挪用香港的經濟利益。在這背景下，華文教育亦從戰前長久以來作為操作本地文化政治的手段，以及用作影響中國政治走向的中介，變成被視為引來社會不安的因素，故需積極防範或設法收編。

　　在此形勢下，殖民當局稍為加強決心處理華文高等教育短缺的難題。其實，早在1952年，《賈士域報告書》（Keswick Report）就對香港高等教育作出審視，批評香港政府對華文高等教育資源投放不足，建議香港大學文學院開辦以中文講授的文科及商科的學位課程（吳倫霓霞，1993）。為削弱國共兩黨對本地華文教育的影響力，殖民政府同年舉辦了首屆「中文中學會考」，可是卻未能為考生提供適當的高等教育機會，這讓北京與台北繼續得以介入香港的華文學校政治。故從政府的角度來看，由於渴望在高等教育這層次上為華文教育的文化政治爭鬥扳回一城，殖民地當局於是要求港大開設中文授課的文學學士課程（黃庭康，2008）。就取錄中文學校學生一事，在港大內部亦掀起一番爭論。校內有聲音認同《賈士域報告書》，亦有人認為應把握時機收納華文教育，擴大港大在高等教育的

領導位置（周愛靈，2010）。

　　然而，大學高層對此卻有強烈的反對聲音。1952年6月，五位講座教授及院長聯署致信校方，反對文學院開辦以中文授課的學位課程，認為計劃操之過急，取錄中文中學畢業生亦會影響大學整體水平（BW90/589）。經濟系教授基比（E. S. Kirby）更明言，政府要求港大開設中文學位是「有政治目的」，港大不必跟隨，理應「保持政治中立」，強調「英式教育」不應對「中國元素」妥協（BW90/589）。最後港大以資源不足及適逢大學學制改革為理由，堅決反對提案（黃庭康，2008）。殖民政府在駕馭的是地緣政治牽動的文化政治威脅，港大則受制於制度理念與固有價值，須從其制度利益出發捍衛「英式傳統」，兩者在華文教育的操作上開始出現深刻的矛盾。對港大而言，維持英語教育制度上的凌駕性與服務殖民地管治需要開始產生張力。

　　殖民地政府在1950年代多次向校方施壓，期望港大能分擔華文高等教育的責任，最終卻不得要領。期間港大提出設立「特別預科班」，給中文會考優異生修讀英文，並準備報考港大入學試，然而成效並不顯著（黃庭康，2008）。與此同時，殖民地的私立中文專上學院正逐漸發展，它們大多是戰後從中國大陸南遷的院校，或是由南來知識分子在港創辦，較著名的除了崇基學院與新亞書院外，還有浸會書院、珠海書院、能仁書院，以及合併成為聯合書院的五所文商學院等。中文專上學院為中文中學畢業生提供升學機會，稍稍舒緩殖民地政府的壓力。由於教育則例所限，私立專上學院沒有法定地位。至1956年，雅禮協會駐新亞書院代表郎家恒（Rev. Charles Long），致信殖民地教育司高詩雅（Douglas Crozier），建議訂立法例承認

專上學院的地位，改由政府主力撥款資助，並擁有頒授學位的資格。新亞、崇基及聯合書院隨後於1957年成立「香港中文專上學校協會」，致力爭取政府資助及頒授學位資格。香港政府至此才認真考慮籌建另一所大學，並向英國海外大學校際委員會（Inter-University Council for Higher Education Overseas）尋求意見。經過差不多一年的商討，殖民當局於1958年中決定成立一所以中文授課的大學，並於1959年正式宣布資助崇基、新亞及聯合三所書院，作為籌辦新大學的開端（吳倫霓霞，1993）。

　　其實，從中文專上學院的冒起，至醞釀創立新大學，到中文大學籌辦過程中，港大皆有不少機會與政府互動，殖民地當局長期以來都希望港大能領導事態發展。早在1953年，崇基學院要求政府承認專上學院資格時，政府便委任港大教育系教授皮斯理（K. E. Priestley）任委員會主席，研究崇基在香港應有的定位，然而皮氏卻認為崇基乃初級學院，不適宜與港大合作開辦學位課程（吳倫霓霞，1993）。同年，由港大校方委派研究的《曾寧士、盧根報告書》（*Jennings-Logan Report*）出台，建議港大不宜過度擴張，應集中資源辦英語大學，這再次喚起校內對開辦中文學位的議論，多名教授分別撰寫意見書予校方，普遍質疑以中文講授學位課程的可行性（BW90/589）。要留意的是，制度性價值所產生的路徑依賴，需要由制度內的持分者積極護航，制度對形塑個體價值觀亦有相當的影響力，而這些制度中的個體與行動者，又會嘗試持續鞏固制度的理念和利益（Peters, 2012）。因此，港大教授對維護大學的制度性價值有關鍵作用（Alexander, 2005）。對於中文專上學院的爭權運動，他們均採取抵制的立場。不過，及至1956年初，教育署

仍然持續研究港大招收中文中學畢業生的可能性。在收到雅禮協會的意見書後，副教育司毛勤（L. G. Morgan）在同年10月的一份呈交港督的備忘錄中，才首次提及中文專上學院頒授學位及成立一間中文大學的構想，不過重點仍然放在要求港大增設中文預科班，以收取中文中學畢業生上（吳倫霓霞，1993）。

　　然而，在中文專上學院努力爭取興辦新大學之時，港大校長賴廉士（Lindsay Ride），在1957年底回覆英國大學校際委員會的信中，仍強調中文中學的畢業生會拉低港大的水平，他亦不認同當時華文高等教育的質素，並高度關注中文專上學院將來所能頒授的學歷資格（BW90/589）。港大對華文高等教育的排斥，並不只是受制度習慣所限，因而拒絕在港大提供中文學位。其對華文教育的看法，甚至是帶有本質上的不認同。有部分港大教授更認為中文並不適合用作學術語言，皮斯理與基比兩位教授，正是這種激進主義的代表者。基比早在1954年的內部討論中，聲稱基於「語言學上的缺陷」，中文未能成為有效的語言以承載西方知識（BW90/589）。皮斯理曾於1957年向港大校方提交一份詳細的自撰報告書，質疑中文專上學院是否有資格頒授學位。他在報告中斷言，「中文作為教學語言的機構，不應頒授學位」，因為現存「缺乏中文的教科書」，而且最重要的是，現今「學習西方的醫學、工程科學，總不能離開英語」，而「衡量學術水平的標準，最終也是用英語世界的標準」，若要勉強讓專上學院頒授學位，則會使香港生產「在亞洲低水準的私立大學」（CO1030/571）。這些想法不僅用於港大內部參考，為了回應專上學院的行動，皮斯理更將報告的修改版在電台廣播及刊於報章，引來三所書院強烈回應（周愛靈，2010；Sweeting, 2004）。

　　另一方面，港大的中文系作為體系內唯一使用中文教學的單位，其對中文專上學院的立場與回應亦值得關注。從1952至1964年間，林仰山擔任中文系系主任，邀得羅香林、饒宗頤、劉百閔、唐君毅及牟宗三等加盟，教學與研究得到長足的發展（楊永安，2017）。就中文大學的設立，中文系的制度性考慮則與港大整體立場相近。林仰山於1956年回應毛勤的備忘錄，認為港大無力承擔香港戰後的高等教育難題，中文系亦無法取錄眾多的中文中學畢業生，並聲稱港大擴大參與華文高等教育的時機已過，中文專上學院可負責應付華人社會的需求（CO1030/571）。對中文系而言，縱然承認中文作為研究與教學的媒介，但並不願意承擔整體社會的華文教育責任。港大的中文系要求學生能夠同時用中文及英文研究中國知識，故入學試的英文成績須與其他學系等同。這亦是港大接納漢文教育於其系統內運作的條件，中文知識仍然放在英式教育標準之內作評鑑，整體概念上大致仍不異於西方知識界的帝國式人類學框架（Apter, 1999）。在這意義下，中文知識在本地華人社群的建立與轉化，就不是其關注所在。

　　正當中文專上學院直接介入本地華文高等教育之時，中文系除了充實系內教育外，亦積極發展研究，林仰山於1952年成立東方文化研究院（Institute of Oriental Studies），並任院長，其後該院歸入中文系編制（中文學院簡史）。這研究院呈現了中文系在華文教育與中國元素操作中的曖昧角色。東方文化研究院除了邀請著名學者，如新亞書院的錢穆、牟宗三等擔任榮譽研究員外，亦以中文作媒介研究中國學問；它另一個重要角色，是擔當訓練從英國來的官員的語言學習中心。從研究院1963及1964年呈上殖民地部的報告中可見，語言教學（廣

東話及普通話）佔了全年活動的大部分，學員包括從英國來的殖民地官員、軍人及港大的教職員。東方文化研究院亦以官員及外籍人士為對象，用英語舉辦講座，介紹關於香港風俗文化及人文地理知識，在促進東西文化溝通之餘，亦為服務殖民地的管治需要（BW90/589）。東方研究所對駕馭東方知識的需要，乃訴諸帝國主義、殖民管治和地緣政治的因素。研究院設立的本身亦是二次大戰後經倫敦殖民地部長期協議下的成果（CO129/610/4 & CO129/625/8）。

雖然在《賈士域報告書》出台後，校長賴廉士曾對招收「說廣東話的學生」學習英式教育表示歡迎，認為報告書提出的計劃相當進取（周愛靈，2010）。然而這類想法很快便受壓於制度內的反對聲音，制度內的持分者很快便組織起來捍衛「英式教育傳統」，來自醫學院與理學院的幾位講座教授、理學院及文學院的院長，皆反對港大開設中文學位，大學議會最後堅決反對提案（BW90/589）。英式教育傳統與英語教育作為港大的制度性理念，深刻地影響着制度結構內的個體判斷，並以此為基礎延續制度特色與形態。誠然，英語教育的優越性，是建基於華文教育這「他者」。追本溯源，當中的形構過程固然有帝國意識與殖民支配的參與，但當英式傳統教育這制度性理念，在制度形構中得以確立後，並不代表它會時刻與統治者的立場一致。縱然長久以來港大身處「帝國雄圖」與「殖民管治」的拉扯中，很多時都較配合殖民地的管治立場，但「華文教育」卻明顯與「英語教育」這制度理念存在張力，港大無法毫無保留地支持殖民當局對華文教育的文化收編政策。對於港大而言，只能接受華文教育在英式教育傳統的規訓下運作，中文系的既有安排已經是英式傳統下的最後妥協，校方不能接受在大學正

規體制內出現中文學位。[5]

　　然而，對政府來說，殖民地向來實施間接管治，中國元素並不必然站在管治的對立面。對華文教育的文化政治操作，從盧吉到金文泰以來一直是殖民當局慣用的手法。殖民地政府的制度形構，亦依靠一些制度性理念。對於殖民地政府而言，操作英人文化優秀性與收編及介入華人的社會文化，並不是不相容的項目。如果操作得宜，宣揚英式文化優越性與吸納華人/華文化於建制之內，實可相互並存，這可以達致階級分層管治及穩定社會等目的。這種文化政治的操作與挪用，一向是殖民地間接管治的桎梏。在華文高等教育與成立中文大學這事情上，港大的考慮與殖民地政府的利益並不相符。

　　在這樣的背景下，直至1957年底港大仍然盡力阻止中文大學的成立，皮斯理的電台廣播及其後的報刊文章將反對聲音推向高峰，賴廉士在12月回覆校際委員會時，仍然態度強硬，並對中文專上學院頒授學位的認受性提出質疑。從1957年中開始，教育司高詩雅與英國殖民地部教育顧問郭仕（Christopher Cox）及校際委員會的莫理士（Charles Morris）與卡桑德斯（Alexander Carr-Saunders）緊密商討另籌辦一所新大學的可能性，最後於1958年中建議成立中文大學。鑑於形勢轉變，賴廉士在1958年1月再次回覆校際委員會秘書長禾斯利（S. J. Worsley）時，承認香港大學需要承擔香港社會發展的責任，並會考慮調整入學試要求，以方便招收中文中學畢業生入

5　雖然港大堅拒開辦以中文為授課語言的文學學士，然而為了回應政府的壓力，港大最終於1967年同意接辦原為夜校的「官立文商專科學校」成為「校外進修部」，以廣東話開辦語文、商業及傳播等課程，並頒授文憑證書。

讀港大（BW90/589）。然而港大的表態來不及改變事態發展，政府於1959年宣佈籌辦中大。至此，既然另一所大學勢必成立，港大遂改變策略，試圖在中大籌辦階段多作介入，務求影響新大學的未來走向。港大開始轉過來向政府施壓，賴廉士在1960年寫給校際委員會的信中，批評殖民地副教育司毛勤，憂心港府對未來中大的管制，會蔓延至港大。賴廉士亦一再強調，中大的成立是基於政治需要，擔心港府考慮政治多於學術（CO1045/802）。此外，港大亦擔心政府在成立中大之後，會對大學體制進行更多干預，故不斷對政府施壓。作為殖民地唯一的大學，港大顯然對籌辦另一所大學具發言權。當決定了創辦中大之後，政府也樂於聽取港大的意見，而事實上賴廉士與校際委員會亦多有溝通，並給予多項建議。至1962年賴廉士以港大校長身分，與教務長一起加入中大臨時校董會，協助中大的籌辦事宜。

　　基於制度的路徑依賴，香港大學對承擔華文高等教育的社會責任不感興趣，東方知識的研究必須放置在英式傳統的大學制度運作中。港大通常願意配合殖民地的管治需要而對華文教育進行挪用及收編，然而政策的實踐卻不能牴觸大學的制度理念。可是冷戰時期的地緣政治形勢卻驅動着殖民地當局改變華文教育政策，港大作為制度上的既得利益者，再加上受制於制度理念，無法適時調整立場應對社會環境的改變（Reich, 1990）。英式傳統教育與殖民地管治利益構成張力，在長期的制度形構過程中，港大始終定位自身為學術機構多於殖民地的管治單位，致使政府最後終不能靠港大解決華文教育問題。堅持英式傳統這制度理念，令港大的持分者無法像殖民地官員般彈性地處理華文教育元素，未有考慮其他選項回應政府及中文

專上學院的要求。若港大能及早把握風向，願意與中文專上學院合辦學位課程，則可以直接地看管華文教育，並參與學院的制度形構，改寫香港的專上教育發展史。

結語：中大歷史詮釋的啟示

香港高等教育的發展，於二次大戰前一直都是殖民地官員、本地商人與士紳間協調的結果。港大的成立乃高等教育制度化的開端，制度理念逐步建立，並主導大學體制的發展。然而地緣政治的變化，卻不時挑戰着制度化的理念系統，衝擊制度的路徑依賴，醞釀制度變更的契機。華文教育與中國元素始終是誘發制度變更的關鍵時刻（critical juncture）。制度持分者需要適時應對環境變化，帶領制度革新（Capoccia & Kelemen, 2007）。中文大學的成立，亦是受地緣政治壓力所牽動，在殖民地政府主導下進行高等教育系統內的制度性整合，最後產生了收編華文教育的效果。政府作為一種制度形式，在殖民地早期與其他制度共同管治，多數情況下政府與港大的制度利益皆為一致，及至戰後華文教育的處理問題上出現分歧，政府繼而需另建立新的制度回應時局。

殖民地政府雖然有操作華文教育以達文化霸權的企圖，然而具體實行仍需要不同的持分者相互競逐發展，期間或改變了既有制度的理念與利益關係，或需建立新的制度以制衡舊有權力關係。在新制度創立與新形勢推進下，既有制度亦會依據新的資訊來調整理念，從而達致一定程度的制度變革（Peters, 2012; Sabatier, 1988）。殖民地政府藉着收編中文專上學院，提升華文高等教育的認受性，繼而建立中文大學，有助政府操弄

「中文」這文化符號，制約華人社會的國族與身分認同政治，回應境外政權對透過華文學校操縱中國民族主義的威脅，替殖民地建立華文教育的文化霸權（黃庭康，2008）。

　　然而，對詮釋中文大學的角色來說，卻不應過度集中於文化霸權論述。文化收編論可能只適用於創立初年來說明中大的社會效能，大學在制度成形後收編功能已慢慢減弱。大學建立後，制度形構時期的經歷會塑造大學的制度性理念，與港大的情況相似，制度創立者會釐定政策以樹立大學的目標與價值（Alexander, 2005; Kingdom, 2003），大學中央與各成員書院的制度角力亦會影響發展走向。這些制度的長遠發展，並不一定達到馴化中文知識與華文教育的功能。更重要的是，在制度的形構過程中，中大的持分者慢慢發現，原先期望的制度效益，在大學建立後仍然敵不過既有的權力關係時，中大的制度性理念便開始植入批判意識，並將之與華文教育及中文學術成就掛鈎，繼續其在制度內的爭權運動。這是何以對於中大歷史的詮釋，除了官方論述外，坊間、校友與學生組織常常另有人文傳統的批判詮釋（李敏剛，2015）。這種傳統經常將中大的歷史發展及價值使命扣連至大學內外的社會抗爭，包括中大學位的社會認受性與畢業生薪酬問題、中文爭權為法定語言的運動、中大醫學院事件及後來的大學四年制轉為三年制等抗議。

　　有趣的是，這反叛意識的展現，從殖民批判的角度來看，固然是回應文化壓迫與語言政治的一種反動。但不能忘記，中大的成立正是書院爭取走入建制的舉動，從制度主義的觀點來看，中大的創立是代表整個大學體制的制度性整合過程。經歷英國與中美兩套學術傳統的交匯，這種制度利益與價值整合，本質上不必然是殖民的文化霸凌。香港華文高等教育的發展，

從二十世紀初的港大開始，自有一套制度形構的路徑，其衍生的制度性理念與利益，一直制約着持分者對華文教育的認知與回應，並促成相關的文化政治效果。港大對英語文化教育傳統的制度性理念堅持，正好側面地展現出中大創立的制度背景與文化脈絡。香港華文高等教育自中大的創立，得以與舊有制度分離，而自成體制。自 1960 年代開始，香港高等教育的發展轉變為港府、港大與中大的制度對弈，這種建制內的競逐、互動與協調，在 1990 年代之前主導了大學教育的發展脈絡。徘徊於中大官方史的社會發展論、批判教育學的華文教育收編論及人文傳統的批判意識等各自詮釋，制度主義的視角或許可以提供統整的分析框架，以論述香港華文高等教育與中文大學的發展歷程。

參考書目

〈中文學院簡史〉。香港大學中文學院網頁。http://www.chinese.hku.hk/main/school-history/。瀏覽查詢日期：2019 年 6 月 15 日。

李敏剛。2015。〈中文之為大學理想〉。《中大五十年》，頁 28-43。香港：中大五十年編輯委員會。

方駿、熊賢君。2008。《香港教育通史》。香港：齡記出版有限公司。

吳倫霓霞。1993。〈建校的歷程〉。吳倫霓霞（編）。《邁進中的大學：香港中文大學三十年》，頁 1-26。香港：中文大學出版社。

英國國家檔案館。BW90/589、CO129/511/14、CO129/524/2、CO129/610/4、CO129/625/8、CO1045/802、T1/11650/14764

周愛靈。2010。《花果飄零：冷戰時期殖民地的新亞書院》（羅美嫻譯）。香港：商務印書館。

香港政府檔案館。CO1030/571

陸鴻基。2003。《從榕樹下到電腦前：香港教育的故事》。香港：進一步。

黃庭康。2008。《比較霸權：戰後新加坡及香港的華文學校政治》。台北：群學出版。

楊永安（主編）。2017。《足跡：香港大學中文學院九十年》。香港：中華書局。

羅永生。2015。《勾結共謀的殖民權力》。香港：牛津大學出版社。

Alexander, E. R. 2005. 'Institutional Transformation and Planning: From Institutionalization Theory to Policy Design.' *Planning Theory* 4: 209-33.

Apter, Andrew. 1999. 'Africa, Empire, and Anthropology: A Philological Exploration of Anthropology's Heart of Darkness.' *Annual Review of Anthropology*, 28: 577-598.

Capoccia, Giovanni & Kelemen, R. Daniel. 2007. 'The Study of Critical Junctures: Theory, Narrative, and Counterfactuals in Historical Institutionalism.' World Politics, 59(3): 341-369.

Cecil, William. 1910. *Changing China*, London: Nisbet.

Cunich, Peter. 2012. *A History of the University of Hong Kong*, Hong Kong: Hong University Press.

Darwin, John. 2012. *Unfinished Empire: The Global Expansion of Britain*, London: Allen Lane.

Hall, P. A. 1989. *The Power of Economic Ideas*, Princeton: Princeton University Press.

Johnson, David. 1996. *Shakespeare and South Africa*, Oxford: Clarendon Press.

Kingdom, John W. 2003. *Agendas, Alternatives and Public Policies*, Boston: Little Brown.

Lin, Alfred H. Y. 2002. 'The Founding of the University of Hong Kong: British Imperial Ideals and Chinese Practical Common Sense.' in Chan Lau Kit-ching & Peter Cunich (eds.), *An Impossible Dream: Hong Kong University from Foundation to Re-establishment, 1910-1950*, Hong Kong: Oxford University Press, 1-22.

Loomba, Ania. 2005. *Colonialism/Postcolonialism* (2nd Edition), London & New York: Routledge.

Lugard, Frederick D. 1910. *Hongkong University: Objects, History, Present Position and Prospects*, Hong Kong: Noronha.

Luk, Bernard H.-K. 1991. 'Chinese Culture in the Hong Kong Curriculum: Heritage and Colonialism.' *Comparative Education Review*, 35(4): 650-668.

Mellor, Bernard. 1980. *The University of Hong Kong: An Informal History*, Hong Kong: Hong Kong University Press

Mellor, Bernard. 1992. *Lugard in Hong Kong: Empire, Education and A Governor at Work 1907-1912*, Hong Kong: Hong Kong University Press.

Oto-Peralías, Daniel & Romero-Ávila, Diego. 2017. *Colonial Theories of Institutional Development: Towards a Model of Styles of Imperialism*, Cham: Springer.

Peters, B. Guy. 2012. *Institutional Theory in Political Science: The New Institutionalism*, New York & London: Continuum.

Reich, Robert B. 1990. *The Power of Public Ideas*, Cambridge, MA: Harvard University Press.

Sabatier, Paul A. 1988. 'An Advocacy-Coalition Model of Policy Change and the Role of Policy-Oriented Learning Therein.' *Policy Sciences,* 21: 129-168.

Said, Edward. 1978. *Orientalism*, New York: Pantheon.

Slemon, Stephen. 1994. 'The Scramble for Post-Colonialism.' in Chris Tiffin & Alan Lawson (Eds.), *De-Scribing Empire: Post-Colonialism and Textuality*, London & New York: Routledge.

Sweeting, Anthony. 1998. 'Teacher Education at HongKong University: A Brief History (Part 1: 1917-1951).' *Curriculum Forum*, 7(2) (May).

Sweeting, Anthony. 2004. *Education in Hong Kong, 1941 to 2001: Visions and Revisions*, Hong Kong: Hong Kong University Press.

Tanigaki, Mariko. 2018. 'The Changing "China" Elements in China Studies in the University of Hong Kong: The Perspective of Intellectual History.' *China Report*, 54(1): 99-117.

Vaughan, Megan. 1993. 'Madness and Colonialism, Colonialism as Madness.' *Paideuma* 39: 45-55.

Viswanathan, Gauri. 1990. *Masks of Conquest: Liberty Study and British Rule in India*, London: Faber and Faber

Young, Robert. 2004. *White Mythologies* (2nd edition), London: Routledge.

殖民統治下的文化治理：
早期的《獅子山下》

謝曉陽

摘要

　　第二次世界大戰後，歐美國家急需重整管治方略，結果電視劇成為統治階層舉足輕重的文化治理手段。當中，處境喜劇常見的情節鋪排，如「客廳裏的戲劇」及「屢教不改的主角」等，成為文化治理技術的重要元素。1970年代，香港殖民政府面對各種內外挑戰，急於調整管治策略，強化管治效能。香港電台推出了《獅子山下》，借用處境喜劇元素，暗渡陳倉，不僅有效傳遞統治者訊息，更出乎意料地增進了本土身分認同，既成為劃時代的電視節目，也屬於歐美殖民者進行文化治理的成功案例。

　　那麼，在甚麼歷史脈絡及現實考量下，當年的港英政府決定成立官方電視部門，並透過它去解釋政府立場和推展政策？相較同期肩負傳達政府訊息的電視節目，《獅子山下》作為處境喜劇，具有甚麼特質？從文化治理及治理技術角度來看，《獅子山下》又具有甚麼獨特性，使之能夠同時滿足官方傳達訊息及民間接受訊息的要求，成為殖民文化治理的成功案例？本文嘗試探討這些課題。

關鍵詞

香港電台、殖民香港、殖民文化治理、獅子山下、處境喜劇

前言

　　第二次世界大戰之後，歐美各國急須重建統治秩序，電視傳播順勢成為統治階層主要的文化治理手段。意思就是統治階層特意透過電視來形塑主流文化秩序，從而贏得受統治階層的「自發性認同」（spontaneous consent）（Gramsci, 1971; McGuigan, 1996）。當中，電視戲劇不僅發揮穩定社會制度的作用，甚至產生建構身分認同的功能（Dunleavy, 2009; Dhoest, 2004）。1950年代，美國媒體大量製作圍繞着家庭為題材的電視劇，以重構戰後脫離傳統價值的家庭關係（Spigel, 1992）。戰後的英國，不管是保守黨還是工黨，均直接或間接地透過英國廣播公司（BBC）去加強政權統治的合理性，主張節目內容與政府政策應「緊密地聯繫在一起」，並在電視戲劇中鑲嵌宣傳「公共服務」的功能（Kandiah, 1995; Abercrombie, 1996; Dunleavy, 2009）。1950年代的比利時官方電視台，更堂而皇之地透過電視劇來強化國民認同（Van den Bulck, 2001）。

　　香港作為歐美殖民文化史中電視廣播發達的城市，英國殖民政府在經歷「六七暴動」後，同樣急需調整統治秩序，按吳昊研究所得（2003），電視廣播在香港，尤其是戲劇，順時應勢，被選為重要的文化治理手段。就此，本文嘗試追問，並以由香港電台製作的處境喜劇《獅子山下》為例，探討在這個殖民管治技術轉折中，一個要肩負政策推廣任務的電視節目，如何能同時廣受歡迎，並在本土的大眾流行文化史上記下重要一筆？

殖民治下的電視媒介

　　1960年代之前，殖民政府沒有強烈意圖透過廣播媒體協助管治，明顯的政策調整出現在1967年的社會動盪之後（Hampton, 2011: 305-322）。在此之前，儘管倫敦多次催促，但港英政府依然固守「自由放任」的政經思維，只鼓勵商業營運的電視台擴展，而不願投資太多公帑在廣播媒體上。即使到了1960年代初，戴麟趾政府要求當時唯一的商營電視台「麗的電視」播放政府製作的節目，仍是集中在製作中小學生的視像教材，未及政府施政。「六七暴動」後，殖民政府出現「認受性危機」（legitimacy crisis），加上當時電視普及率大升，商營電視台未能配合官方的管治需求。統治階層終在1970年決意成立隸屬官方的電視製作部門（HKRS163-9-370; HKRS70-3-441; RTHK Annual Report, 1970/71; Lee, 2003: 188-204）。[1]

　　根據當時的〈廣播條例〉，商營電視台需要負起提供娛樂節目、加強社會融和的責任，正如李少南指出，這些「去政治化、少社會爭議、具娛樂性」的商營電視台節目，往往成為人們日常生活話題，也經常起着構建香港人身分認同的效果，好像無綫電視翡翠台（TVB）製作的電視連續劇《狂潮》（1976）就是透過描述個人命運中的事業成敗、愛情波折、財富及名利起落等不同面向，扣連了本土內部的集體意識和經驗（Lee, 2003）。

1　1966年，香港只有67,000個電視登記戶，到了1970年，這個數字上升至60萬。

　　然而，僅僅透過去政治化的節目，只是消極的管治方式，後期戴麟趾政府則表現得更為進取。概括來説，打從二次大戰後，港英政府已開始透過官方收音廣播製作政治立場鮮明的節目，以推廣政策（Hampton, 2011）。[2]後來，為了化解1960年代末出現的認受性危機，戴麟趾政府開始着力成立一個專為政府推廣公共服務，全名為「公共事務電視部」（Public Affairs Television Unit）的電視部門（HKRS70-1-230-1; HKRS163-9-370）。根據1970/71香港電台年報，新成立的電視部應該像一座「去發展及支持政府與人民之間聯繫」（to develop and sustain strong links between the Government and the people）的橋樑（RTHK Annual Report, 1968/69），同時，這座橋樑還需要「以客觀的方式去傳達特別訊息及資訊」（RTHK Annual Report, 1970/71），這些訊息亦應具有公信力及中立無私（credibility and impartiality）（RTHK Annual Report, 1970/71），從而達致有效傳遞政治訊息的效果。

　　儘管統治者期待電視製作為穩定社會的機制／工具，但傳播活動往往與人們的「文化形成與世界觀建立」密切相關，這使得他們總是無法完全預計或掌控電視節目所帶來的成效（管中祥，2002）。1970年初香港電台製作的節目，屢屢觸礁，這些節目或因社會認受性低，而收視不佳，或因不獲統治階層接納，先後被迫腰斬或修訂。然而，由官方製作、亦被認為是「闡釋政府政策」、「宣傳政府觀點」的戲劇《獅子山下》，卻是

2　第二次世界大戰後，港英政府開始系統地以收音廣播作為重要的大眾媒介，傳達政府訊息，但局限於節目形式、內容及所使用之語言，在民間社會的影響力有限。

脫穎而出（吳昊，2003）（HKRS70-3-441）。它早在1970年代初已獲公眾認可及高收視率之餘，同時亦備受各方讚賞，其強勁的能動力（agency）延續至今，成為香港人緬懷過去，演繹當下，甚至期盼未來的行為圖像以及精神泉源。職是之故，要探討殖民政府如何透過電視媒介協助管治，《獅子山下》顯然是重要的案例，尤其是最早期的劇目。

　　為何是早期的《獅子山下》？

　　《獅子山下》於1972年啟播，直至2020年，播放超過200集，當中以1976年為分水嶺。1972至1976年間是黃華麒任《獅子山下》監製的「黃華麒時期」，而1976年後，則是由張敏儀任《獅子山下》監製的「張敏儀時期」。兩段時期在故事背景及拍攝風格均有明顯差異，因而吳俊雄曾以「新舊兩派」來作識別。[3,4] 首先，黃華麒時期，劇中主要角色為居住徙置大廈的基層百姓，至於張敏儀時期，主角則轉向社會不同階層。其次，早期的劇集類型為扣連時事的處境喜劇，主要宣傳公共政策；後來，新浪潮風格上場。1976年播出的〈喬遷〉更是《獅子山下》從描述基層百姓日常生活轉向社會不同階層故事的起步點。[5]

　　在此之前，《獅子山下》由1972年播放第一集〈馬路尋寶〉開始，故事內容便以住在橫頭磡徙置大廈居民「高就德」（德叔）

---

[3] 為了補充現有檔案、文獻、研究、剪報之不足，作者先後三次訪問黃華麒，兩次為面訪，一次為電話訪問，共約八小時。

[4] 張敏儀訪問，https://www.youtube.com/watch?v=55w4kJ_3jB4。

[5] 1975年播放的〈新鄰居〉，內容講述德叔的兒子、媳婦及孫兒一家三口遷往居屋、新鄰居入住的故事。該集之後，《獅子山下》的風格出現明顯變化。接下來那一集，已經是頗具新浪潮風格的〈他的下半生〉。

一家的日常生活為主軸。直至1976年的〈喬遷〉，故事才講述「德叔」及其他徙置大廈居民開始思考，不應該再「習慣」住在徙置大廈，因為大家不應再忍受着狹窄走廊、數量不足的公共浴室、不安全的公共廁所，並道出「有得搬就搬喇」的結語。官方的說法是，到了1970年代，香港人的生活水平已經提高，生活環境也改變，故事不應只集中在徙置區。[6]

因此，在1976年之後，《獅子山下》除了改變故事場景，劇集的題材也大大不同。黃華麒時期，劇本以風趣幽默的方式，將公共政策包裝成故事，鑲嵌進居民的日常生活，包括呼籲市民理性面對噪音問題的〈永無寧日〉（1973）、改善警察形象的〈警察〉（1974）和〈鄰居〉（1974），以及呼籲市民節約用水的〈細水長流〉。到了1970年代中後期，新浪潮類型片全面進場。這時，大批受到新浪潮電影風格影響的香港導演進入了《獅子山下》的製作團隊，包括較為人熟悉的許鞍華及方育平。節目題材遠離公共政策的宣導，轉向社會紀實及探討人生喜怒哀樂的議題，包括講述越南難民的〈來客〉（1978）、數名台灣女子在香港的不同遭遇的〈夢的選擇〉（1978），以及描述受刑人出獄後命運的〈新生〉（1979）。劇集形式也從以往的半小時處境喜劇改為每集一小時的單元劇。

必須補充的是，以1976年為分水嶺去劃分《獅子山下》新舊兩派之別，雖然有其可取之處，但不完全精準。在轉折之間，部分劇目同時兼具新舊時代特徵，使得內容突兀、失調，但這也正好說明舊派是如何倉促隱退，新派是如何急發

6　張敏儀後來接受訪問如是說。

冒起。[7] 為了有效分析港英時期如何透過《獅子山下》進行文化
治理，本文以下部分將先說明黃華麒時期的《獅子山下》在公
眾中的認受性，然後檢視官方如何給予《獅子山下》特別的認
可。

　　就公眾對劇集的認受性來說，量化的數據顯示，黃華麒時
期的《獅子山下》的收視率，高於同期所有電視節目，以及張
敏儀及後的製作。在頂峰的 1974 年，香港市場研究社（Survey
Research Hong Kong Limited）的調查顯示，收看《獅子山下》的
人次有 270 萬，為全年所有電視節目之冠；當時香港總人口約
四百萬（HKRS70-7-244-1; Hong Kong Star, 27/11/1974）。同年，
另一項由政府統計署進行的調查亦指出，在擁有電視機的家庭
中，只有 1% 沒有看過《獅子山下》（《華僑日報》，20/12/1974：
第 7 張第 3 頁）。後來製作的《獅子山下》，從未超越此成績。
此外，當年除了官方的香港電台，還有兩家商業電視台——無
綫電視及麗的電視，它們同時播放着廣受歡迎的電視劇，像無
綫電視古裝劇《啼笑因緣》、麗的電視的《家春秋》等，但它們
的收視率均敗於《獅子山下》。

7　以 1977 年播放的〈行〉為例。〈行〉由兩位風格迥異的導演合作而成，
　　一位是從 1972 年就開始擔任《獅子山下》導演的梁立人，另一位則是新
　　浪潮導演方育平。〈行〉內容講述一名留洋回港的設計師，性格奇齒孤
　　僻，常常受到年輕同事排擠。在公益金百萬行前夕，同事不僅要求設
　　計師贊助他們參加步行，還要這位有長期腳患的設計師親自參與。劇
　　情從而道出設計師的沉痛過去。這是劇本的前大半部，頗為符合新浪
　　潮導演透過個人故事，折射出人生的無奈及悲苦命運。然而，有趣的
　　是，在節目尾段，導演不忘加上為公益金宣傳、呼籲市民解囊相助，
　　並喊出「一齊做好心，請捐公益金」的口號。

　　從質性的影響力來看，黃華麒時期的《獅子山下》所輸出的訊息，亦牢牢地鑲進了人們的記憶，甚至影響人們的現實行為。1974年統計署的調查同時顯示，受訪者中，認為該劇「十分好看」和「好看」的分別有18%及67%，只有1%認為「不好看」。當中，他們認為好看的原因，包括相信「故事的可信性」及「人物的真確性」。同時，有67%受訪者對《獅子山下》的印象較其他電視節目為佳。這種影響力，不僅使人們當下將虛構的劇情「信以為真」，它更進入了人們的記憶，使他們「記得劇集中的情節」，以及「人物的對白」。這種擬真的故事及影像，蓋過同時期其他電視節目，對現實中的生活文化及行為，產生真實而具體的影響。

　　這些由受統治階層發出的量化及質性認同，成為統治者認可、甚至器重《獅子山下》的重要依據。1974年，香港電影製片商希望取得《獅子山下》的電影製作版權，卻被廣播處處長何國棟（James Hawthorne）拒絕，因為《獅子山下》非常具有社會價值，希望它裏面的角色特質可以維持，不致於被其他製作人扭曲（HKRS70-7-244-1; Hong Kong Star, 11/04/1974）。另一個《獅子山下》受器重的例子是，1975年，全球石油危機導致的經濟低迷未見起色，香港政府財政收入亦受重創，需大幅削減部門開支，但當廣播處決定刪減香港電台的預算時，《獅子山下》作為戲劇，雖然製作費比其他時事節目更高，卻不僅得以保留，更成為少數官方力捧的節目（HKRS70-7-244-1）。

　　弔詭的是，儘管黃華麒時期的《獅子山下》具有高度的認受性，但後來人們談及《獅子山下》及其延伸出來的「獅子山精神」時，往往出現誤讀。也許研究者以至大眾較熟知張敏儀及當時一群新浪潮風格的導演，加上他們的作品屢屢獲得國際獎

項，從而將他們製作的劇集認作《獅子山下》系列的代表。因此，當人們以刻苦耐勞、同舟共濟、深信努力必得回報這些概念及行為來構建1970年代出現的「獅子山精神」，甚或身分認同時，往往指向張敏儀及其後的製作，而非黃華麒時期（Lam, 2007；羅志華，2014）。然而，若仔細分析不同時期的劇集內容，不難發現，今天香港人指認的「獅子山精神」，更多是隔代相傳自黃華麒主導的《獅子山下》的作品。

　　綜觀黃華麒時期的《獅子山下》作品，其題材主要集中在兩大類型。首先，大部分作品在營造「刻苦耐勞、同舟共濟」的精神，像〈祖母的祈求〉（1974），講述愛秩序灣五千多名艇民的生活苦況，並呼籲居住徙置大廈的居民支持政府的加租政策，以協助艇民「上樓」；〈百子千孫〉（1974），呼籲市民響應政府控制生育的政策；〈細水長流〉（1974），講述公屋居民面對有限度供水的困境，應有秩序排隊輪候自來水，有能力的居民更應協助弱勢家庭提水。此外，部分故事則集中改善政府形象，當中以〈警察〉及〈鄰居〉系列（1974），致力改變當時貪腐懶散的警察形象。但不管是哪一種類型，在在顯見其加強管治者地位的用心。

電視節目的細節政治學

　　文化治理中除了講求統治階層及受統治階層的相互制約（Hall, 1997: 228）外，落到具體的文化政策範疇時，行政技術官僚如何透過專業技藝將政策鑲嵌在文化當中，往往成為統治階層是否能合理化自身的治理行為的關鍵。引用傅柯的說法，這是一種「細節的政治學」（Foucault, 1991: 102-103; Bennett,

1998: 84）。

　　早在公共事務電視部成立之前，港英政府官員已經注意到各種務實技術的重要性。至少在1969年開始，政府便開始培訓高級公務員面對大眾媒介的技巧。1970年，廣播處長布祿士（Donald Edgar Brooks）在回覆市民查詢時指出，政府已於1969年6月啟動了訓練高級公務員面對電台廣播的計劃，希望藉此增加他們在接受訪問及出席公眾討論會時的技能及自信心（RTHK Annual Report, 1968/69; HKRS70-3-441: 102）。1970年代初，訓練的語言更集中在廣東話，媒介則以電視為主。訓練內容包括在短時間內回答問題、簡要表達意見的能力。接受訓練的政府部門包括工務局、市政事務署、交通事務署、醫務署及勞工署等高級公務員（HKRS70-7-244-1：77；《華僑日報》，23/02/1973）。

　　在製作技巧上，這種「細節的政治學」透過播放長度、節目形式、表達技巧以吸引觀眾支持。港英官員深受英國文化傳播影響，明白要透過官方宣傳機器去建造一座有效傳達資訊和政策的橋樑，需要嘗試不同類型的節目。早於電視部籌備成立的時候，官方便提出製作的節目可以包括新聞簡報、新聞雜誌、公共事務討論、談話及紀錄片等（RTHK Annual Report, 1968/69）。這些節目有不同類型的出席者及展現形式，包括由官員、社會賢達、專業人士及／或節目主持人，分別以單向介紹資訊及政策；剪輯不同訪問市民片段配以音樂及短片以呈現訊息；邀請官員、社會賢達、專業人士與市民進行即時雙向溝通等（表一）。但最終，這些節目都無法確切完成殖民政府的治理任務，主要有三個原因：

1. 部分節目（如《觀點與角度》）形式傾向直白說教，缺乏民間

取向，使節目失去作為政府與民間的「橋樑」的合理性。[8,9]
（HKRS70-8-3779; SCMP, 09/05/1972; Chang, 05/06/1972）；

2. 部分節目（如《針鋒相對》）形式反而過於民間取向，使統治階層感到不快，即使收視率高，也遭到腰斬。[10,11]（HKRS2139-8-7; HKRS70-8-3779; HKRS934-2-77）；

3. 另一些節目（如API）則因展現形式傾向娛樂化，未能「有效傳達資訊和政策」，亦被叫停。[12]

　　反觀1972年首播的《獅子山下》，卻從量化及質性上，成功傳遞官方訊息之餘，同時引發了受統治者自發性的認同，成為一道堅實而靈巧的溝通橋樑。因此，要從技術層面了解殖民統治的文化治理，需要深入研究《獅子山下》這類劇種的特色及其殖民性。

8　《觀點與角度》同時在英文台播放，名稱為Viewpoint（觀點）。

9　讀者去信港台，詢問節目是否有被審查。

10　《針鋒相對》的節目形式是，每週選擇一則公共議題作為討論主題，邀請一個由十數名政府官員與專家組成的小組，與50位隨機抽樣的市民，一同到攝影棚進行現場討論。此外，節目還安排家庭觀眾透過電話向小組成員發問。這種即時、雙向的模式，很受市民歡迎，放在今天也是絕無僅有。根據1974年香港大學的調查，這個節目有兩百萬收看人次，僅次於《獅子山下》。

11　1974年4月，47名商人在一個宴會上，公開向《針鋒相對》發炮，指某一回節目討論到價格操控及通貨膨脹問題，並不恰當。他們更表明會向行政局施壓，要求港台停播。表面上，時任廣播處處長何國棟拒絕了商人的提議，但五個月後，港台還是大幅度收窄了《針鋒相對》的言論開放形式。新的形式由錄影取代現場直播，出席市民均需預約及經過相關部門篩選，家庭觀眾也不能再以直接打電話方式向官員及專家發問，只能夠將意見透過書信寄到電視部，再由工作人員轉給交相關部門作「參考」（for reference）。

12　API為一新聞雜誌式節目，內容類似政府廣告。參考表一。

表一：香港電台電視部成立初期主要製作的節目

節目名稱	主要觀眾群	播放長度	目的	類型及形式	題材
API（*Announcements of Public Interest*）（1971）	沒有明確指出	30秒 - 75秒	宣佈單一政府訊息	新聞廣告雜誌形式	人口普查、道路安全、新界的垃圾處理、游泳衛生等
《家是香港》（*Home is Hong Kong*）（1971）	有觀看電視習慣的家庭；集中於藍領及勞工階層；這些人多居住在徙置區、廉租屋	30分鐘	刺激公眾對某些議題的興趣	新聞雜誌，包括紀錄片、訪問、歌星藝人演繹	新界的農業械化、青少年罪問題、社會福利、工業安全教育、房屋、數族裔在香港
《觀點》（*View Point*）（1972）	沒有明確指出	5分鐘	反映與公眾利益有關的公共議題，並同時解釋政府在相關議題的立場；要平行雙方[13]	官員直面鏡頭，解釋政策及政府訊息	廣播政策、市局選舉、罪案上升
《警訊》（*Police Report*）（1971）	沒有明確指出	5分鐘	改善警隊形象	由警方及主持人直面鏡頭，介紹及解釋與治安有關的工作	騙案、街頭搶劫、貪污
《針鋒相對》（*Needle Point*）（1974）	沒有明確指出	45分鐘	增加市民的參與度及政策認受性	一名主持人，一群由官員及專家組成的小組，回應現場約五十位市民及家庭觀眾電話的發問	墮胎合法化、立廉政公署、影審查制度、視節目暴力化
《獅子山下》（*Below the Lion Rock*）（1972）	以徙置區居民為主要對象；中低收入群體	15分鐘延長至30分鐘	透過劇集中的角色，去進入大多數家庭的生活，以及影響他們的想法	處境喜劇	以政府政策及民經常遇到問題為主題包括住屋、家計劃、小販、水、警察貪污

13　香港電台年報1972/73: According to these two aims, we can find, on one hand, the program not only tells the policies in one dimension-way, but also try to reflect the public opinion. On the other hand, the government also tried to defense strongly their policies and criticized the opposite voice. This strong attitude made people feeling discontent with it.

殖民治下的處境喜劇

　　從一開始，《獅子山下》便被官方設定為一部「處境喜劇」，更準確來說，它是一部「具有殖民性的處境喜劇」。這個特質，可以從BBC開始談起。

　　香港電台電視部成立之初，從人事任命至節目內容定位，均見BBC的蹤影（RTHK Annual Report, 1970/71）。1960年代末，當時身為電台節目主任的黃華麒及另外兩名港台員工，被派往BBC受訓。黃華麒後來成為多個電視節目的導演及監製，並備受上司讚賞（RTHK Annual Report, 1973/74）。1972年接任廣播處處長的何國棟，亦曾任職BBC。他每週都會參與香港電台的節目製作會議。[14]《獅子山下》的定位，亦仿效BBC。早期的BBC，已定位為「公共服務」，其製作的處境喜劇往往扣連時事，以達致倡導「公共服務」的目標。[15]回看黃華麒時期的《獅子山下》，亦往往強調「公共服務」的重要性。[16]所不同者，這種「公共服務」在殖民治下，彰顯了它的獨特性。

14　每一週，香港電台都會有節目會議，參與人士包括廣播處處長及不同節目的製作人。會議討論如何釐訂節目方向，以及檢討每一集的節目內容等。

15　早在1930年，BBC開台三年後，製作了第一套戲劇 The man with the flower in his mouth。當時BBC理事會成員由政府任命，電視部也定位於「公共服務」，戲劇內容反映政府政策及官方資訊。到了1951年，BBC第一套處境喜劇 Pinwright's Progress 誕生，內容圍繞一家小商店的老闆、夥計及老闆的死對頭之間的故事展開。一共有10集，每集半小時。Pinwright's Progress 的題材往往扣連時事，包括小店如何準備聖誕商品、如何面對現金流危機，以及與吉卜賽人的關係等。

16　根據作者訪問黃華麒，黃氏不認為構思「獅子山下」是參照BBC的做法。

　　儘管《獅子山下》在巨大的BBC影子下誕生，但香港不是倫敦，不可能生出一個 *Marriage Lines*。[17] 這也正是這部處境喜劇具有特殊殖民性所在。1970年代初，香港電台電視部成立不久，社會輿論要求港台開放言論，不能做政府喉舌（Government mouthpiece）（SCMP, 24/02/1973）。但何國棟否決了這些建議，更反過來為港台的角色定調。他在一場題為「廣播的樂事與困難」的公開演講中指出，「BBC是英國社會的一個產物，（構成這個產物的因素）包括一個公開的、幽默的、叛逆的及好爭論的社會」。他解釋，在英國，開放式的廣播較容易生存，因為社會能夠承受不同風格的節目內容。但在香港，廣播則要較小心，尤其是香港電台是官方媒體（HKRS70-7-244-1）。何國棟這段話，不僅明確點出當時香港電台的定位及限制，也說明了《獅子山下》打從一開始，已經不可能僅僅是一部傳達「公共服務」的處境喜劇，它更有不可推卸的政治任務，只是，與其他政治任務不同的是，它是透過文化治理去實踐。

　　官方所以選擇透過處境喜劇去宣傳政策，與此劇種的一般特質密切相關。總的來說，它具有某程度的保守特質，包括故事發生情境以家庭為主（Dunleavy, 2009：164），故事內容偏重單面向、不鼓勵立體及深入思考。因此，當學者研究處境喜劇時，除了發現每集播放時間不會超過半小時外，並會透過「客廳裏的戲劇」、「圈套與衝突」、「情境靜止」、「概念停滯」等概念進行分析。（Dunleavy, 2009；Spigel, 1992；Kandiah, 1995）

17　*Marriage Lines* 是BBC第一部以家庭為故事核心的處境喜劇，於1963年至1966年間播放，故事圍繞一對新婚夫婦生活要面對的各種問題，包括住屋困難。

　　《獅子山下》是香港第一部以處境喜劇形式製作的電視節目，在它帶動的風潮下，1970年代至1980年代中期，官方及商營電視台大量製作類似劇種。1976年，香港電台播出以新界第一座公營房屋瀝源邨為故事背景的《小時候》，以及後來講述不同居住形態城市人故事的《屋簷下》（1978）。無綫電視則從1973年開始推出首部處境喜劇《73》，之後更陸續製作《同屋共主》（1975）、《相見好》（1975）、《家在香港》（1979）等。1980年代上半葉，無綫電視將這種處境喜劇推至高峰，1981年開始製作、並連續六年在黃金時段播放「香港81至香港86」系列，該劇集的人物角色，至今仍深入民心。但無論如何，後來者均無法超越《獅子山下》同時兼具政策宣傳及贏得被統治階層自發性認同、其影響力穿越直到今天的能動力。

　　除了具有保守特質，《獅子山下》作為「具有殖民性的處境喜劇」，它亦兼具生產性。這些生產性包括強化社會的穩定機制、營造和諧氣氛以弱化社會衝突、配合及延伸政府政策，甚至激活體制內自省，走在矛盾白熱化之前。本文透過〈祖母的祈求〉、〈百子千孫〉、〈警察〉、〈鄰居〉、〈細水長流〉及〈誘惑〉，分析在文化治理的脈絡下，《獅子山下》的這些特質如何呈現。（表二）

　　首先，在強化社會保守機制上，處境喜劇往往被稱作「客廳裏的戲劇」，它首先轉化客廳成為凝聚家庭成員的空間，並從而透過虛構的家庭故事，強化家庭在現實社會中的功能。傅柯分析各種規訓權力如何在社會運作時，就提出「家庭」在當中的角色（Foucault, 2003: 81-88）。他指出，家庭是社會上各種規訓機制的「鏈接器」（la charnière），它將不同成員鑲固在不同機制上。譬如：為了維持一個安穩的家，父親必須到大公司

表二：部分黃華麒時期製作的《獅子山下》

劇集名稱	播出年份	政策背景	故事內容
祖母的祈求	1974	1970年代初，麥理浩在資金不足的情況下強推「十年建屋計劃」。到1974年，仍有大量居民等候進住，社會尤其關注生活在愛秩序灣、居住環境極之惡劣的「艇戶」。政府為了增加收入以補助興建新公屋，重提在「六七暴動」後暫緩多年的公屋加租政策。	故事講述政府要增加置大廈居民的租金，民反抗很大。後來得艇戶悲慘的生活環境便接受政府以加租來快興建公營房屋、使戶可盡快入住的呼籲。
百子千孫	1974	1970年代初，香港戰後嬰兒潮所帶來的社會問題浮現，政府推出人口控制政策，包括絕育、「兩個夠晒數」等。	故事講述一對老人看到鄰居子孫滿堂，分羨慕。奈何兒子是一代，知道生兒容易養困難。加上老人後看到鄰人小孩多負擔重，最終打消了百子孫的念頭。
警察 & 鄰居	1974	1970年代初，殖民政府急須改變「六七暴動」之後警隊日益嚴重的貪腐濫權形象。1973年10月一次廣播處處長與港台編輯部的會議中，政府代表明言，希望導演黃華麒能夠在《獅子山下》裏構思一個「警察」的角色，以「改善警察形象」。	兩集連續推出，故事容大致是市民對警察印象非常差，認為他只懂得搞人事關係、污、無能執法，以致民遇到劫案也不主動警。但其實，市民是會了警察。
誘惑	1974	1970年代初，香港公務員普遍貪污嚴重，除了警察，其他行政部門的貪污情況亦屢見不鮮，大大打擊了政府的管治威信。政府希望加強內部廉政風氣。	故事改編自真實個案述一名房屋部門的公員收取賄款，以協助請人提前獲得住屋資格
細水長流	1975	1950年代第一座徙置大廈落成後，政府便以自來水供應嚴重不足為由，限制水量供應。由於徙置大廈每層只有一個公用水龍頭，居民經常因爭水而起爭執。到了1970年代，儘管自來水供應量增加，亦偶有制水。1975年，香港水荒，政府再次呼籲市民節約用水。	1975年，政府間斷供措施期間，公屋居民「公」非常浪費水源，「居民甲」戲弄。

上班，以求穩定收入。又或是，為了家庭當刻的整全及未來的福祉，小孩也要到學校好好念書。傅柯同時指出，「家庭」又充當各種規訓權力的「交換器」（l'échangeur）。當學生在學校犯規，甚至面對被趕出學校的命運時，家庭就要負上教育和照顧的責任，若小孩屢教不改，繼續犯事，他就有可能被送往另一個規訓機制：監獄。

　　早期的《獅子山下》，就是一部「客廳裏的家庭處境喜劇」。從1973年開播至1976年〈喬遷〉，《獅子山下》大多數劇集都圍繞着「德叔」這個家庭而展開，那是一個混雜典型華人文化及西方現代價值的家庭。經濟上，依然是男性主導的結構，當中包括當代書的「德叔」及當記者的兒子「高定天」，「德嬸」及「天嫂」就是家庭主婦。所不同者，這些家庭主婦，尤其是年輕一代，為了回應時代及政府施政，已走出傳統中國文化中對男性言聽計從的範式。譬如，天嫂在家裏，拒絕成為傳宗接代的身體（〈百子千孫〉）；在社區，更經常協助鄰居解決紛爭（〈細水長流〉）。這些圍繞着家庭故事而展開的處境喜劇，將當時香港混雜華洋文化及價值的特性鑲嵌在劇情當中，展現出傅柯筆下「家庭」在不同規訓機制之間的能動性。

　　處境喜劇第二個保守的特質，是營造和諧氣氛以弱化社會衝突。這些特質主要透過劇本鋪陳而呈現，包括每集劇情均以「圈套與衝突」的模式鋪排，從而產生「循環敘事」的效果（Dunleavy, 2009）。所謂的「圈套與衝突」，是指在劇情中故意安排主角不自覺掉落某種認知及理解的誤區，從而產生衝突，透過劇情的張力吸引觀眾收看，甚或參與相關討論。但最終，該「衝突」會透過「和衷共濟」的方式得以解決，回歸和諧。

　　以1975年播放的〈細水長流〉為例。〈細水長流〉講述政

府間斷供水措施之下，有一居民「八公」非常浪費水源。有一天，他到公共浴室洗澡，要小兒不斷到水龍頭提水，給自己大桶大桶水淋到身上，被同在公共浴室內的「居民甲」指責。以下是他們的對話：

> 居民甲：「八公，政府叫你節約用水，你為何那麼浪費水呢？！」
>
> 八公：「政府也有叫人多做善事，你為何不將全部薪水捐到公益金呢！」
>
> 居民甲：「做善事是便宜別人，節制用水是便宜自己的。」
>
> 八公：「我沖涼也是為我自己着想。」
>
> 居民甲：「八公，你唔記得（當年）四天供水四小時的慘況？」
>
> 八公：「我記得清楚過你啊！所以依家唔用幾時用。水是政府出錢買的，又不用自己掏錢，何必緊張。」

一輪唇槍舌劍後，居民甲將八公最後一桶水倒光：「我在浪費政府的水，與你無關。」並留下滿身泡沫的八公。劇集以天嫂協助鄰居挽水、展現「同舟同濟」精神作結。

每一集的《獅子山下》，都會出現像八公一樣的人物，主人翁陷入事件的誤區，從而與他人發生衝突，但相關衝突總會在同一集內得到解決。在編劇精心佈局下，設計了多種解決方式，包括像八公一樣得到教訓、當事人經旁人提醒或親身經歷，自我反省。像〈鄰居〉（1974）中的德叔一開始不信任警察，遇到劫案也不去報警，到後來對警察改觀。這些有關「同舟同濟」及「自我反省」的劇情鋪排，不僅可以化解不滿及誤

會，更能導引市民「正確」對待政府政策及公務人員，營造和諧社會。此外，《獅子山下》每集之間出現的「情境靜止」狀態，亦有助弱化社會矛盾。「情境靜止」是指「圈套與衝突」只會在不同劇目中自我循環，產生「循環敘事」的效果。每集結束時，衝突必須得到解決。如此，相關衝突才不會延伸至下一集，得以產生「概念停滯」（conceptual stasis）的效果。按 Eaton（1981: 26-52）分析，處境喜劇若將衝突事件延伸至下一集，需要更複雜細緻的情境假設（situational premise）及內在衝突（inherent conflict）的描述。若是如此，除了強化衝突內容，也會促使觀眾進一步並立體去思考相關問題，和諧共識，更難以達成。

處境喜劇具有保守特質之外，在獨特殖民背景之下，《獅子山下》還具有生產性，包括殖民政府透過《獅子山下》去改善形象及推廣政策、甚至進行內部改革。綜觀黃華麒時期的《獅子山下》，部分劇集發揮了改善執法者形象的功能。以 1974 年播放的〈警察〉為例。1970 年代初，殖民政府急需改變「六七暴動」之後警察日益嚴重的貪腐濫權形象，1971 年開播的《警訊》，是首個警察以親民形象出現於電視媒體的節目。到了 1973 年 10 月，一次警方、廣播處處長與港台編輯的會議中，政府代表更明言為了「改善警察的形象」，希望導演黃華麒能夠在《獅子山下》裏構思一個「警察」的角色（HKRS2139-8-7）。約半年後，以凸顯警察正面形象的劇目陸續播出，包括〈警察〉、〈鄰居〉、〈富哥與我〉及〈十日十夜〉等，都是以警察清正廉潔、除暴安良為主題。

與此同時，屬推廣政府政策的劇目則明顯更多。譬如 1974 年播放的〈祖母的祈求〉。1973 年，麥理浩在資金及資源不足

的情況下強推「十年建屋計劃」，希望藉此增加管治威信。但錢從何來？首先，依靠兩年一次增加公營房屋租金以補助興建費用的政策，已在「六七暴動」後暫緩（謝曉陽，2018：19-38）。1974年，政府財政收入又受石油危機影響，大幅削減。於是，政府宣稱若不加租，將無法維持興建公營房屋的數目，不能如期安排更多人入住公屋，尤其是居住環境非常差的「艇戶」（HKRS77-3-6-1）。於是製作了〈祖母的祈求〉及〈加不加〉。此外，解釋道路工程所引起不便的〈馬路尋寶〉（1973），以及支持政府家庭計劃的〈百子千孫〉等，都是透過處境喜劇從而達致政治社會目的（socio-political aims）的例子（Dunleavy, 2009: 74-75）。

　　殖民政府這種文化治理方式，不僅極度稀釋管治者與受管治者間的壓制與抵抗的關係，甚至還嘗試透過同樣的手段，在統治階層內部（行政機構）進行內在的批判及反身式的自我監控，以完善管治機制。

　　1970年代初，香港公務員普遍貪污嚴重，警察之外，其他行政部門的貪污情況亦屢見不鮮，這將不利於麥理浩籌謀的各項「善政」。1974年，《獅子山下》根據真實個案，改編成一個公務員貪污的故事——〈誘惑〉，內容講述房屋部門的公務員收取賄款，以協助申請人提前取得住屋資格。結果，這位貪污官員被廉政公署調查。劇集播出後，引起大批公務員反對，「香港文員協會」在報章頭版刊登廣告，要求製作人黃華麒及香港電台公開道歉，因為劇集「污衊」了香港公務員的形象（HKRS70-7-244-1）。從文化治理的角度來看，〈誘惑〉儼如一個政府機構進行內部批判的「反身治理」手段，最終目的，不僅讓這道文化的橋通向被管治者，亦同時迴向自身，淡化與受

管治者的對立，以增加管治威信。

　　《獅子山下》與文化治理這一段特殊的緣分，轉瞬即逝。1976年，殖民地官員在一份檢視香港電台節目的報告中反映了這一點。首先，報告確認《獅子山下》是開台以來最受歡迎的節目，尤其獲得那些住在公營房屋的大眾的激賞，因為他們「潛意識中已經將個人日常生活扣連劇中人物的設定上」。然而，報告筆鋒一轉，官員開始批評1976年製作的《獅子山下》。報告指一般市民「不喜歡」黃華麒離任之後的劇集內容，因為它們不能夠提供一個「平衡的觀點」（a balanced view），結局更使觀眾「模糊不清及感到不快」（dissolutioned and unhappy）（HKRS934-2-77; HAD 11/21/120 C）。這份報告雖然只有兩頁，但已確切地為早期《獅子山下》作為殖民管治成功文化治理案例劃下註腳，也為這段特殊的管治歷史寫上句號。

結語

　　借來的地方，特定的時間，造就了《獅子山下》成為殖民政權統治時期成功的文化治理案例。《獅子山下》出眾之處在於，它充滿着靈巧多變的能動力，使它不僅得以成功虛構當下，介入真實，將一個個以和諧作結的故事鑲進了並融化了原本具有尖銳爭議的政治意圖及政策裏。更甚者，在接下數十年不同的歷史階段中，在它的能動力的吸力下，不管是管治者或是受管治者的表述，不管是經濟委靡不振或是強烈的政治訴求的情景，它都成為炙手可熱的靈感泉源，使得各種內涵迥異的表述及情景都能迴向那既空洞又堅實的「香港精神」。

鳴謝

　　本文之完成，特別鳴謝《獅子山下》監製及導演、廣播處前處長黃華麒先生提供部分歷史材料，以及多次接受深度訪談。

參考書目

《華僑日報》。1973。「各機構高級公務員參加廣播訓練班」，2月23日。

《華僑日報》。1974。「港大學生調查指出 只有百分之一未看過獅子山下」。12月20日。

吳昊。2003。《香港電視史話 I》。香港：次文化堂。

管中祥。2002。「從 Habermas 的溝通觀再思考媒體傳播過程的權力意義」。，《中華傳播學刊》（2），頁 185 - 220。

謝曉陽。2018。「統治與統計」，《香港社會科學學報》，第 52 期，頁 19-38。

羅志華。2014。〈創作自由就是獅子山下精神！專訪張敏儀〉。https://www.pentoy.hk/ 羅志華：創作自由就是獅子山下精神！專訪張敏儀 /。查詢日期：2020 年 06 月 10 日。

官方檔案。HAD11/21/120 C、HKRS163-9-370、HKRS2139-8-7、HKRS70-1-230-1、HKRS70-3-441、HKRS70-7-244-1、HKRS70-8-3779、HKRS77-3-6-1、HKRS 934-2-77。

Abercrombie, Nicholas. 1996. *Television and Society*, UK Cambridge: Polity Press.

Bennett, Tony. 1998. *Culture: A Reformer's Science*. London : Sage Publications.

Chang Kuo Sin. 1972, June 5. 'Time to review HK Govt policy on radio and television.' *South China Morning Post*. HKRS70-3-441.

Dhoest, Alexander. 2004. 'Negotiating Images of the Nation: The Production of Flemish TV Drama, 1953-89', *Media, Culture & Society*, 26 (3):, pp. 393-408.

Dunleavy, Trisha. 2009. *Television Drama – Form, Agency, Innovation*. New York: Palgrave Macmillan.

Eaton, Mick. 1981. *Television Situation Comedy*, in Popular Television and Film. London: British Film Institute Open University Press.

Foucault, Michel. 2003. *Le Pouvoir Psychiatrique*. Paris : Hautes Etudes, Gallimard, Seuil.

Gramsci, Antonio. 1971. *Selections from the Prison Notebooks of Antonio Gramsci*, New York, International Publishers.

Hall, S. (Ed.). 1997. *Culture, media and identities. Representation: Cultural representations and signifying practices*. Sage Publications, Inc. Open University Press.

Hampton, Mark. 2011. 'Early Hong Kong Television 1950s–1970s:

Commercialisation, public service and Britishness.', *Media History*, 17:(3):, pp. 305-322.

Hong Kong Star, 1974, Apr 11. "Producers want 'Below Lion Rock' filming right". HKRS70-7-244-1

Hong Kong Star, 1974, Nov 27. "Lion Rock attracts 2.7million viewers". HKRS70-7-244-1.

Kandiah, Michael David. 1995. 'Television enters British politics: The Conservative Party's central office and political broadcasting, 1945-55.', *Historical Journal of Film, Radio & Television*, Vol. 15, Issue (2):, pp. 265-284

Lam, Wai-man. 2007. 'Depoliticization, citizenship and the politics of community in Hong Kong.' in Chan Kwok-bun (ed). *East-West Identities: Globalization, Localization, and Hybridization*. International Comparative Social Studies, Vol:15:, pp. 55-75

Lee, Paul S.N. 2003. 'Television in the formation of civil society – The role of a non-controversial public space in Hong Kong.' in Philip Kitley (ed.). *Television, Regulation and Civil Society in Asia*. Routledge, pp. 188-204.

McGuigan, Jim. 1996. *Culture and the Public Sphere*. Routledge.

RTHK Annual Report 1968/69. Hong Kong: Government of Hong Kong.

RTHK Annual Report 1970/71. Hong Kong: Government of Hong Kong.

RTHK Annual Report 1972/73. Hong Kong: Government of Hong Kong.

RTHK Annual Report 1973/74. Hong Kong: Government of Hong Kong.

South China Morning Post. 1972, May 9. 'Hong Kong does not need a single voice.'

South China Morning Post. 1973, Feb 24. 'Criticisms of Radio Hong Kong's Role.' HKRS70-7-244-1.

Spigel, Lynn. 1992. *Make Room for TV-Television and the Family Ideal in Postwar America*. Chicago and London: The University of Chicago Press.

Van den Bulck, H. 2001. 'Public Service Television and National Identity as a Project of Modernity: The Example of Flemish Television.', *Media, Culture & Society* 23(1):, pp. 53–69.